# 日本の原風景99

写真・文
近藤 正文

# はじめに

日本の風土は、自然の風景も、人がつくり出した景色も、豊かな多様性と包容性に富んでいます。旅に出るとそれを発見し、とても幸せな国に生まれたと、改めて思います。

旅の語源は、「他火(たび)」にあるといわれます。その昔、自分の棲家を離れ他所(よそ)の土地に出かければ、何はさておき、食することが不可欠です。まず、「他人の火」にお世話になります。「たび」は、この他火から生まれたといいます。夜、火を囲んで四方山話(よもやまばなし)に花が咲き、面々の顔が暗闇に白く浮かび上がります。この興に乗った楽しい情景を「面白い(おもしろい)」と表(ひょう)しました。「たびはおもしろさ」で満ち溢れています。

旅先で、新しい知見に触れ、危険な目にも遭って家に帰り着き、改めて自分の故郷(ふるさと)の良さを知ります。旅とは、日常の生活から一時離れて、自己を見直して観ることでもあります。いつもとは異なった環境に身をおき、自然や文化、また人と出会い、自らの確認や発見の糸口を見つけることかも知れません。旅(たび)は、今の旅行や観光とは少し違った概念かも知れません。

旅に出ると、自然はもちろん、人々のさまざまな営みに出会います。長閑(のどか)な里山、深い山村、大漁に沸いた漁村、立派な城下町、賑わった門前町、旅愁漂う宿場町、魅惑的な港町、繁盛した在郷町、殷賑極めた花街、忘れられた鉱山町。坦々と続く平凡な風景もあれば、思いかけず感動的な風景に巡り合うこともあります。どうして、人々がここに集まり暮らすようになったのか。何故、このような魅力的な風景ができ上ったのだろうか知りたくなります。そこには、地形や気象条件、時代の背景や人々の生業(なりわい)など、何らかのきっかけがあり、それが育てられた必然性があったはずです。街や村の姿は、人びとの暮らしの証しであり作品です。地表に描いた落書きともいえましょうが、そこには、人々が生き抜いてきた大真面目さが横たわっています。確かな等質性があり、同時に魅力的な変化や遊び心が散らばっており、それは美しさにも繋がっています。本書の原風景は、お城や寺社が発する権力や権威の象徴ではなく、ごく普通の人びとが、その土地柄と生業の中で育んできた風景です。それは、日々の暮らしが生み育んできた生活の美であり、柳宗悦らの唱えた「民芸」に似たものかも知れません。

　併せて、旅には、面白い地名に出会う楽しさもあります。地名は、地形や暮らしが色濃く圧縮されていて、総じて、簡明で響きの良いものとなっています。これは、奈良時代初め、朝廷より「好字二字化令」というお触れが出されたことによります。古来、地名の呼び方はかなりバラバラでしたが、唐に倣って佳字二字とされました。例えば、「武蔵」は、漢字三字で「牟邪志」と当てていたものを二字に直したものです。こうしたことから、難読地名や珍地名も生まれています。変わったところでは、「昼飯」（大垣市）、「京終」（奈良市）、「手向」（鶴岡市）などがあり、言語の融合から、北の「国後島」、南の「西表島」もあります。また、目出度いという意を籠めた瑞祥地名も多く、「喜多方」（北方）、大久保（大窪）、「吉原」（葦原）などがあります。ところが、中には「血洗島」（深谷市）という少々穏当でない地名に出会い暫し立ち竦みます。その由来を聞けばなるほどと頷けます。地名は歴史の証人。興味がつきません。

春の棚田（儀明）。雪解けとともに、コブシが田起こしを、ヤマザクラが田植えの時を告げる。地すべり地形の東頸城山塊には、美しい棚田が広がり旨い米がとれる。

　昔の旅は、自らの足で歩きました。日本は襞の細かい地形から、大きな峠や小さな垰を越えて行かなければなりませんでした。土地の境目にある峠には、旅先の安全を願って、お地蔵さまや道祖神が祀られました。また、難儀な峠には、笛吹峠、雁坂峠、鳥越峠、顔振峠、杖突峠、暗峠（くらがり）、星峠などと、その情景や心情を伝える印象的な名前がつけられました。今では、その多くがトンネル化され、知らぬ間に他国に入ってしまい、残念ながら、峠を越える苦労や喜びがなくなりました。

さて、同じ「城下町」でも、土地柄、藩の規模や財力、また藩主の趣向によって、町の趣きが随分違います。百万石の金沢城下と、三万石の郡上八幡城下を、同じ城下町として一括りにはできません。江戸時代、各地にお城があり、お殿様が国を治め、その存在を強く主張していました。しかし、明治新政府は中央集権国家を目指し、藩主は、新しい東京に集められ一（いち）役人化（サラリーマン化）。地元への愛着も遠退きます。

「港町」ほど、強烈な個性と主張を持つ町はありません。多様多彩な人々が交錯して溶け合った坩堝（るつぼ）なのでしょうか。幕末開港の「横浜」と「神戸」は似ていますが、同じ北海道でも「函館」と「小樽」は、成り立ちから発展まで異にしています。瀬戸内海でも、「鞆の浦」と「御手洗」では、歴史性の違いから漂う気配はずいぶん異なります。薩摩の「坊津（ぼうのつ）」も謎めいた湊です。

また、ひと山隔てるだけで、まったく異なる風景に出会うこともあります。例えば「白川郷」（岐阜県）と「白峰（しらみね）」（石川県）。この二つの村は、白山（標高二七〇二m）を挟んで、東の庄川と西の手取川の谷底平野にあり、似たような地形条件にあります。ところが、白川郷は、急勾配の茅葺合掌造りの家が整然と並び、白峰では、緩勾配で石置屋根の大型民家が散在していました。両者とも、豪雪地帯で天領。熱心な浄土真宗の里であり、近世には養蚕や山仕事を生業としてきました。あえて違う点を探せば、白川郷は焔硝（えんしょう）（火薬原料）を秘業とし、白峰は、白山信仰の登拝基地といったところでしょうか。気候風土や暮らし向きが似ているのに、なぜ、白山の東と西で、あんなに屋根の形が違ってくるのでしょうか。

このように、旅先で出会う風景や空気感は多様性に富んでいます。本書で取り上げた原風景は、人々の暮らしの中で育てられてきた風景の一部に過ぎません。「日本の原風景九十九」の「九十九」は、さまざまな数多くのという意味です。原風景は、どこの風景が一番とかというようなものでなく、優劣つけるものでもありません。もちろん、「絶景百選」とか「三大名園」というように特定すべきものでもありません。

本書の原風景は、私が昭和四〇年代から半世紀余りにわたって歩いてきたものです。ちょうど高度経済成長期の中で、昔のものは古臭く良くないとされ、不要なものとして無残に壊され棄てられていました。しかし、その一方で、街並保存の胎動も力強く始まろうとしていました。

当時、私は、地図上に新しい地図を描くような町づくりの仕事をしていたことから、街や村の源流を探ってみたいという思いに駆られ、伝統的な街や村を歩き始めました。掲載した写真は、昭和五〇年代初めからのもので、今では壊されて存在しないものもあります。ある町を象徴する写真を一齣でどう撮り切るか、個人の趣向もあり難しい問題です。鳥の目、人の目、虫の目で見ながら、数枚の写真も添えました。

原風景は、心奥にある心象風景で、人によって異なるものかも知れませんが、どこか、琴線に触れるものが確かに共有されています。これらの原風景は、人々が暮らしの中で知恵と工夫を出し合いながら、生まれ育ててきた遺産です。そこには、私たちに学ぶべきものが多くあります。本書では、このような素直な問いかけを、少しでも紐解くことができればと願っています。

日本の原風景99——目次

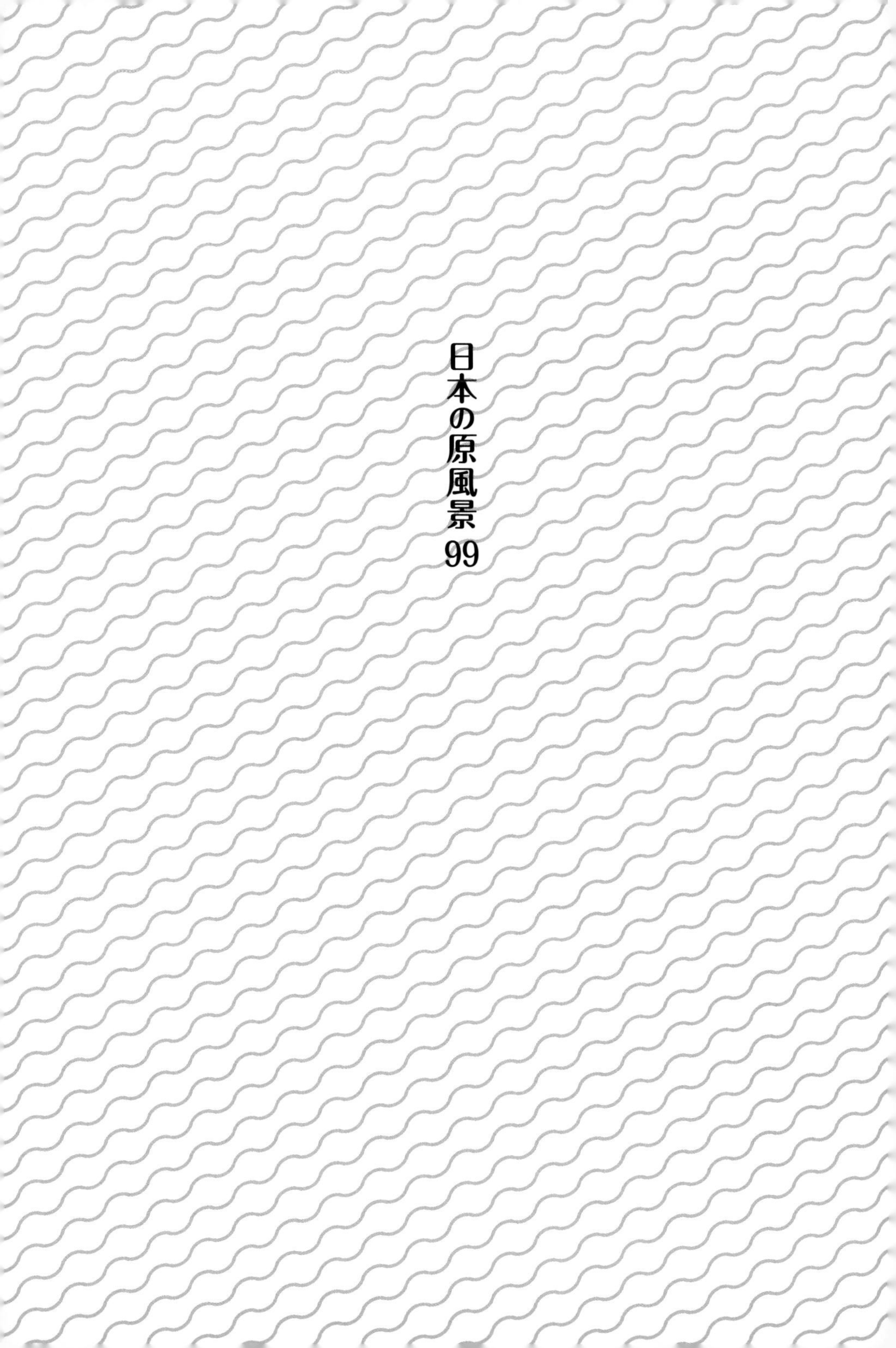

日本の原風景99

# 小樽（おたる）

## ——運河の残照

北海道小樽市色内・港町

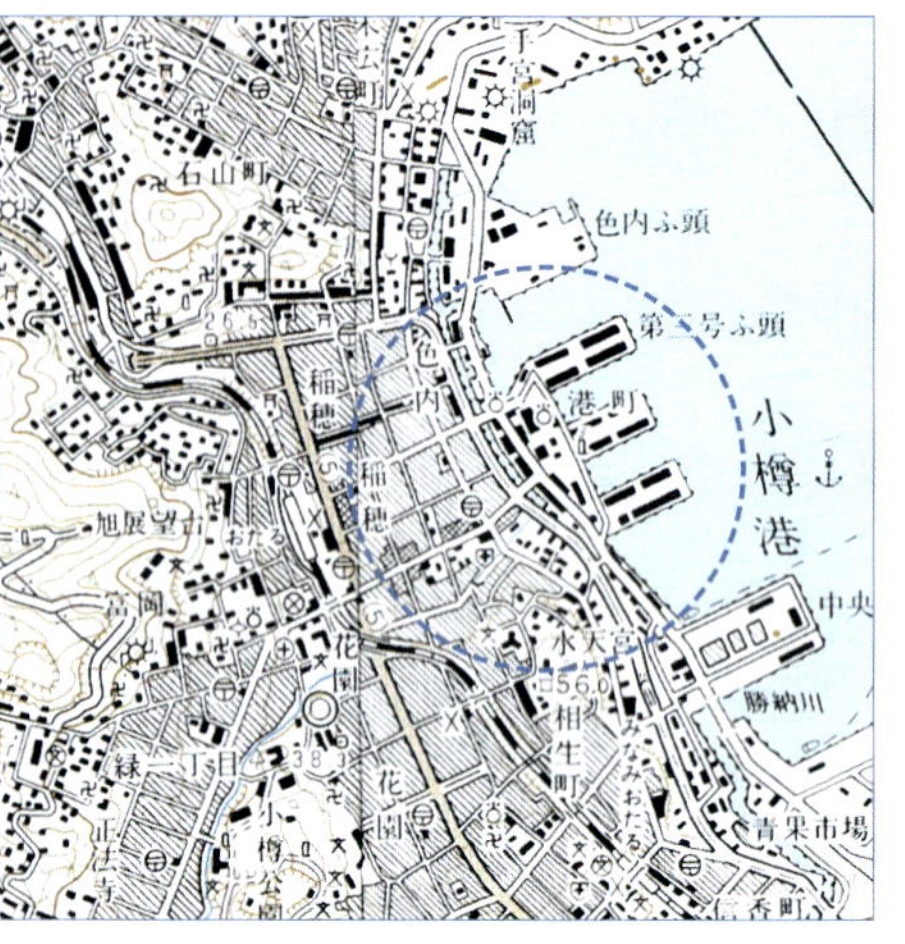


（一辺３km）

この港町には、どこか哀愁美が残照します。その魅力に惹かれて年間七百万人が訪れます。

小樽の地名は、アイヌ語の「オタルナイ」（砂浜の中の川）に因み、東寄りの「銭函（ぜにばこ）」辺りを指していました。そこには「オタルナイ場所」というアイヌと和人の交易所がありましたが、冬の季節風を避けて今の小樽に移転したといいます。文化四年（一八〇七）、近藤重蔵は、蝦夷の調査報告に「タカシマとオタルナイの中間にテミヤという天然の良港がある。荒れることの少ない港で廻船の停泊も数十隻に及ぶ。また乗組員も数百人越冬している」と記しています。この「テミヤ」が今の小樽です。手宮（てみや）洞窟には続縄文人の陰刻画が残るなど、小樽は根っからの良い港だったようです。

現在の小樽の起りは「鰊（にしん）漁」に始まります。当初、漁場は松前や江差でしたが、安永年間（一七七二〜一七八一）に魚影が消え、北の積丹半島や石狩湾へ移り、その最盛期は明治二十年代でした。小樽でも年間三〜五万トンの漁獲を記録し、ヤン衆は五〜六千人に達しました。しかし、明治二七年の大豊漁を境に減少し、昭和三〇年以降は獲れなくなりました。

明治新政府は、蝦夷地を「北海道」と改め、オタルナイを「小（お）樽（たる）」と定めます。北海道開拓使は、初め銭函に仮役所が置かれましたが、本役所が札幌にできると、小樽はその外港となります。明治

小樽運河に建ち並ぶ倉庫群。小樽港は、大正時代に沖合いを埋立てる「運河方式」で整備された。南北に長さ1324m・幅40mという大規模なもの。船荷は、沖合いの大型船と運河の倉庫群の間を「艀」で運んだ。運河には、無数の艀が身動きできないほど犇めき合って活気に溢れていた。主役だった艀の姿はもうなく、ただ、静かな水面と時を刻んだ倉庫群が昔日の賑わいを黙して語る。

色内通り。一流建築家の西洋建築が肩を並べた。左は旧三井銀行小樽支店（重要文化財／設計：曾禰達藏・中条精一郎）

十二年、「幌内炭鉱」（三笠市）が開鉱され、その石炭を運び出すために、小樽と幌内の間に幌内鉄道を敷き、手宮に巨大な高架桟橋（明治四十四年築造）ができました。北海道開発の進展に伴い、人や物の往来が急速に増大します。折しも、日露戦争の勝利によって、樺太やウラジオストックとの往来にも拍車がかかり、港湾機能の整備が急務となります。

こうした要請の中で、大正三〜十二年、沖合いを埋め立てて「運河方式」による港湾の拡大が図られます。運河方式を採用したのは、すでに海岸には倉庫が建ち並び船着場もあり、船荷は艀(はしけ)で運んでいたという実情がありました。

やがて、小樽港は、石炭に加えて大豆などの農産物の積出で飛躍的に発展します。「色内(いろない)通り」や「浅草通り」には、北海道銀行、三菱銀行、北海道拓殖銀行、第一銀行、三井銀行、日本郵船、日本銀行などの小樽支店がずらりと並び、辰野金吾ら第一級の建築家が起用されるなど異例の状況を呈します。明治四三年、「小樽高等商業学校」が開校。「商都」の名を欲しいままに、「北のウォール街」とまで呼ばれました。大正九年の国勢調査では人口十万八千百十三人。勢い、住宅は斜面を這い上がり坂の町ができていきます。

しかし、戦後、小樽経済は一気に地盤沈下します。艀方式も埠頭方式へ切り替えられ、運河は無用の長物となり放置されます。昭和四十一年、小樽市が運河を埋め立て六車線道路とする計画を発表。これが、運河の保存是非を全国

運河沿いの倉庫群は頽廃の美学を象徴。ショップやカフェに活用。

町なかには、耐火性の石造や煉瓦造の建物が散らばる。

船見坂。小樽港が一望できる坂道。防火帯でもあった。

規模で惹き起します。十数年の論争を経て、運河の南部は半分を埋め立て道路と散策路に、北部は幅四十ｍのままで残すことで結着しました。この保存運動は、日本の町並保存の基点の一つとなりました。

　現在の倉庫群は、明治二十年頃から昭和初めに建てられたものです。その多くは木骨石造という構法で、木造軸組と組積造を組み合わせたものです。因みに、世界遺産・国宝の富岡製糸場は木骨煉瓦造です。当時、鰊や鮭の加工や商品の保管に大きな建物が必要で、大火が多く耐火性も求められました。近くで「小樽軟石」（札幌軟石／凝灰岩）という加工しやすい石材が採石できました。「小樽倉庫」（現小樽プラザ）は、加賀・橋立の船主・西出孫左衛門らが建てたもので、立派な鯱（しゃちほこ）は、先発の近江商人に対抗した宣伝塔ともいわれます。「大家倉庫」も、同じ加賀・瀬越の大家七平が建てたものです。

　江戸時代、近江商人が鰊漁を場所請負で仕切り、明治には、祝津の白鳥家、茨木家、青山家などの網元が引き継ぎ、やがて、北陸の船主らが押し掛け、大正期には大手資本が一斉に参入しました。この半世紀余りの間に、小樽は、高揚する経済の坩堝の中で一気に膨れ上がりました。

　小樽には、閉山した鉱山町に似た頽廃の美学が漂っており、運河と倉庫群はその象徴です。北海道の勝手口だった小樽には、表玄関の函館とは異なった空気が流れています。

# 函館（はこだて）

## ――北海道の表玄関

北海道函館市元町ほか

（一辺３km）

函館の夜景は、かつて「百万ドルの夜景」といわれ、香港やナポリとともに世界三大夜景とされました。この美しい陸繋島（りっけいとう）ができたのは、凡そ三千年前といわれます。

さて、和人が、蝦夷の地をいつどんな形で踏んだか、定かでありません。十五世紀の中頃、武田信広や河野政通らが、津軽の豪族・安東政季（まさすえ）に従って渡り、政通が「宇須岸（ウショロケシ）」の地（アイヌ語で「湾の端」）に、箱のような館を築いたと伝わります。

箱館は、その後一時衰微しますが、江戸の中頃には「巴港（ともえみなと）」と呼ばれ、天然の良港として注目を浴びます。松前や江差より遅れ、高田屋嘉兵衛が、ここを拠点に根室や国後島方面に活躍します。一方、幕府は、ロシアの南下に備えて蝦夷を直轄地とし、享和二年（一八〇二）、元町に「箱館奉行所」を置きました。

安政元年（一八五四）、日米和親条約が締結され、箱館は下田とともに薪炭、食料、水の補給港とされます。ペリーは、その足で調査と称して箱館にやって来て十八日間も滞在。市中見物を楽しんでいます。彼は、函館をジブラルタルに似た素晴らしい港と讃えました。

安政六年、貿易港として正式に開港します。運上所（税関）が置かれ、各国の領事館や外国人居留地ができます。新しい国際港として文明開化の洗礼を受けながら人口が増加。同時に、外国船の襲来

函館の起点は函館山（標高334m）の北麓一帯。中世、河野政通が蝦夷地に渡って築いた館が、方形の「箱」のようだったので「箱館」と呼んだという。明治新政府が「箱」を「函」と改め「函館」とした。この箱館の地名は、和名で北海道では珍しいといえる。

銀座通りの「不燃建築帯」に建てられた洒落た建築群。左の建物は旧「衛生湯」（現美容室）。

に備え、弁天台場（砲台）が築造されます。この時、箱館奉行所は、砲弾の届かない内陸の五稜郭へ移されました。しかし、明治元年、箱館の町は、新政府軍と旧幕府軍の内戦「箱館戦争」に巻き込まれます。

中心地区の基坂（もといざか）周辺には、開拓使函館支庁、函館税関、警察、郵便局、イギリス領事館などの官庁施設が置かれました。海岸の大通りに銀行や商店が並び、末広町の辺りには、埋立地に掘割（運河）が通され、倉庫や造船所が建ちました。金森倉庫などが今に残ります。また、山麓には、函館ハリストス教会や東本願寺函館別館も、仲良く隣合せて建っています。

函館の建築には、西洋文化の影響を受けて、異国情緒の漂うハイカラなものが見られます。和洋の混在する興味深い建物もあります。例えば、旧金森洋物店や旧太刀川米穀店は、煉瓦造でありながら、外壁を白漆喰で塗り、日本の伝統的な土蔵造りのように見えます。また、民家には、「上下和洋折衷様式」という独特の意匠が見られます。一階は和風の格子出窓や簓子（ささらご）下見板張り、二階は洋風の縦長窓とし、下見板張りに明るい色のペンキが塗られています。床は一、二階とも畳で、屋根は庇の短い寄棟です。これらの和洋同居する妙なスタイルは、同じ開港の横浜や神戸には見られないもので、函館独特のものです。函館っ子の屈託ない先取精神を覗かせています。

黄色の消火栓。大火との戦いを物語る。

函館独特の「上下和洋折衷様式」の民家。１階は和風で２階は洋風の意匠を纏う。屋根は庇の短い寄棟。

ところで、函館の町は、度重なる大火との戦いの中で、都市改造されてきました。明治から昭和九年の間に、焼失家屋二千戸以上の大火に六回もみまわれています。広い街路や緑道は、大火の度に防火帯として造られたものです。これらの防火帯は、今では、函館を象徴する魅力的な港の見える坂道となっています。

明治十一年の大火後、弥生坂の西側は、延焼防止と消火活動のために、大通りを十二間、小路を六間以上に拡幅。翌十二年の大火でも、基坂や二十間坂が二十間となり、街区も整然と構成されました。大正十年の大火の後、銀座通りと二十間坂に防火線街路が設定され不燃建築が建てられます。さらに、昭和九年の大火は空前のものとなりました。西部地区は二十間坂で延焼が食い止められましたが、東部一帯を焼き尽くす大惨事となりました。このため、東部地区には、防火緑樹帯道路として、東西に五本の広小路（幅三十間）とグリーンベルト（幅二十間）が整備されます。交差部に、市役所、寺院、学校を配置するなど、都市計画史上で高く評価されています。また、函館の消火栓は、よく目立つように黄色に塗られています。同じく火事に悩まされた小樽では、消火栓を配水単位毎に赤・黄・青に塗分ける工夫がされています。

函館は、開国の港そして北海道の表玄関として、多様な人々の往来で発展しました。そのため、五目飯のような多面性と包容性を持ち合わせています。坂道から港を一望すると、多彩な歴史とともに、大火との苦闘を想わずにはいられません。

# 黒石（くろいし）

## ——こみせの温もり

青森県黒石市中町

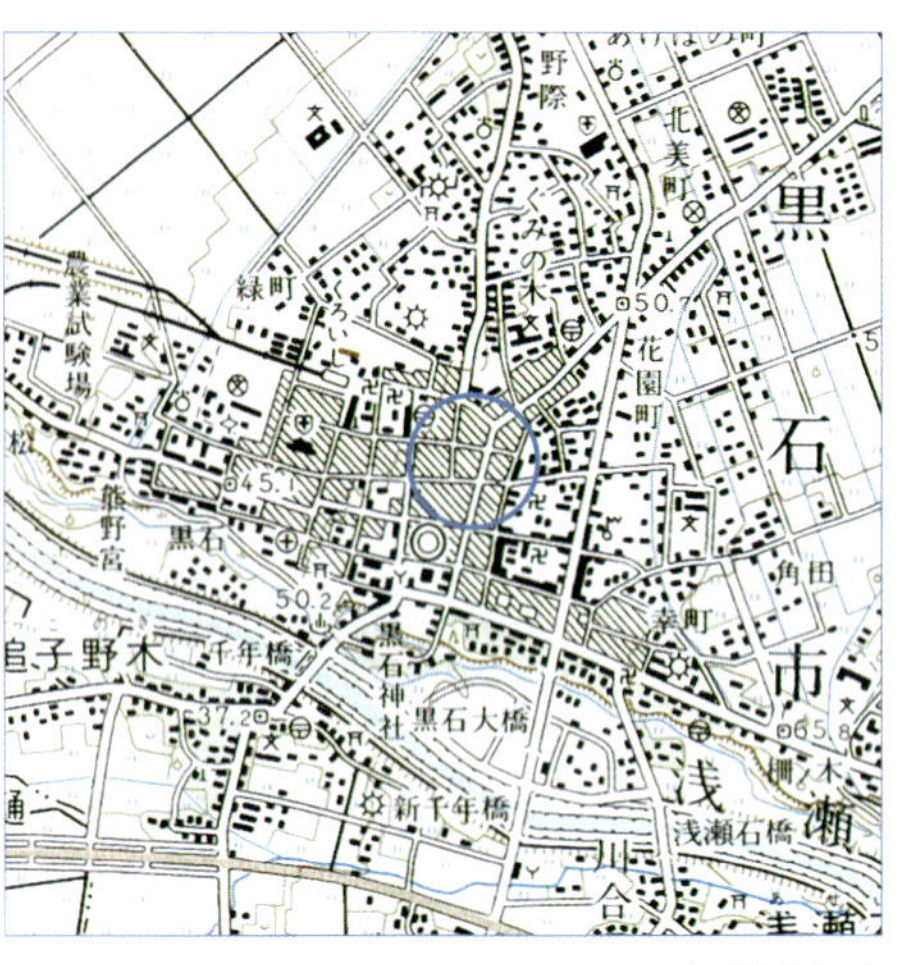


（一辺3km）

黒石は、八甲田山系の西にある小さな城下町です。雪国の廊下である「こみせ」の連なる町として知られます。

「くろいしごう」の地名は鎌倉期に初見され、弘前や青森へつながる浜街道にありました。この町が発展するのは、江戸時代になってからです。明暦二年（一六五六）、津軽信英（のぶふさ）が弘前藩から五千石を分知されて、この地に黒石陣屋を構えたことに始まります。江戸後期に、蝦夷警備の功などにより六千石を加増されて一万石の大名となり、文久六年（一八〇五）、「黒石藩」として立藩します。

さて、「こみせ」とは、深い雪の中でも町なかを自由に行き来できるように、軒先に設けた屋根付きの通路のことです。今風にいえば、私的なアーケード。この辺りでは「こみせ」といいます。米沢（山形県）では「こまや」、高田（新潟県）や飯山（長野県）で「がんぎ」、若桜（わかさ）（鳥取県）で「かりや」などと、土地によって呼び方が違っています。

黒石の「こみせ」は、藩祖・津軽信英が、陣屋町の建設に際して、宗藩の弘前城下に倣って奨励したと伝わります。町なかに張りめぐらされ、最盛期には、総延長は四・八㎞にも及んだといわれます。

この「こみせ」という「半囲み空間」は、雪除けはもちろん、雨除けや日除けにも役立ちます。その居心地の良さは、帰属願望や胎

中町通りには「こみせ」が連なり深い雪国の佇まいを見せる。中村亀吉酒造には、大きな直径1m余の「酒林」が揚げられひときわ目を惹く。力強く堂々とした切妻・妻入形式の建物で、大正2年創業で「玉垂」の銘柄で知られる。大河ドラマ「いのち」(NHK／1986)のロケ地にもなった。東北の内陸部には、このような質実豪壮な酒蔵が見られる。

「こみせ」が整然と連なる中町。中央の家はかつての豪商・高橋家（国の重要文化財）。

内願望に通じるものがあります。凡そ幅一・八m・高さ二・三mほどの小箱のような空間は、ちょっとした挨拶を交わし世間話に弾み、また、子供たちが遊ぶのに恰好の場です。「こみせ」は小見世とか小店とも書き、冬場、商いの店を開くにも好都合でした。もちろん、雪が中へ吹き込まないように、下部には「しとみ」（板戸）を落とし込めるようにしてあり、上部にも幕板や欄間を取り付ける工夫もされています。

中町の表通りには、煤竹色の整列する列柱、赤い大屋根、妻の白壁に貫と束の化粧小屋組、連子格子が巧みに織り込まれた街並が連なります。その懐に「こみせ」という半囲み空間を宿し、雪国ならではの魅力的な街並が演出されています。

これに似たものに、南欧の「柱廊」（ポルティコ）があります。ここを散歩し喫茶する人々の姿は、とても微笑ましい光景です。ただ、ポルティコのような大空洞のスケール感は大味で、繊細な日本人には馴染みにくいかも知れません。

ところで、元来、「こみせ」は、道端（公開地）に庇（私有物）を出して、雪や雨でも公共の往来に支障のないようにした知恵でした。古い町の軒下で見かける「犬矢来」の部分は、「犬走り」と呼ばれる通路でした。ところが、明治の地租改正の際、庇下にある土地は「沽券地（こけんち）」（私有地）とされ課税対象となります。このことは、町なかの道を狭くした一因ともされ、税制が街の形を変えた悪例ともいわれます。この「公」

「半囲み空間」は、雪が積もれば積るほど帰属願望や胎内願望を叶えてくれる。右側にはかつて店が。

と「私」の中間領域ともいえる曖昧な空間である「こみせ」は、その効用や所有形態について、もっと関心を持つべき存在です。

さて、黒石は酒どころでもあります。浅瀬石川が八甲田山系の雪解け水を集めて、津軽平野へ流れ出る扇状地の扇頂に当たり、豊かな良質の水に恵まれています。かつて、この小さな町に酒造業者が十一軒もあったそうです。今では二軒しか残っていませんが、いずれも立派な構えをした蔵元です。「鳴海酒造」は、文化三年（一八〇六）創業の老舗です。また、「中村亀吉酒造」は大正二年創業で、東北地方の酒蔵建築の集大成ともいえる豪壮な建物です。この酒林（さかばやし）は、直径一・一間・重さ四百貫目もあるそうです。蔵元では、表通りに掲げる酒林では、日本一と自慢しています。

この「酒林」とは、新しい酒ができたことを知らせる印（しるし）で、「杉玉」、「酒箒」、「酒旗」などとも呼ばれます。通常、大きさは直径二尺止まりで、骨組に杉の葉を張りつけて作ります。晩秋の頃、新しい青い酒林に掛け替えられます。ところで、ウィーンの町にも、「ホイリゲ」(Heurige／今年の意）という居酒屋では、新ワインができると軒先に松や樅の枝を飾って知らせる習慣があります。日本の酒林と似ています。

町の人気者・第三分団第三消防部屯所。

黒石の町を歩くと、雪国ならではの面白い発見があります。突然ある街角で、愛嬌ある真っ赤な「火見櫓」に出会ったりします。人々の町への強い愛着が伝わってきて退屈させてくれません。

# 村田(むらた)

## ——紅花商人の在郷町

宮城県村田町村田

(一辺3km)

「紅花(べにばな)」は、たいへん高価な赤色染料の原料でした。特に、羽前(山形県)の「最上(もがみ)紅花」が有名です。

江戸時代の中頃になると、各地で栽培されるようになり、仙台や福島の紅花(紅餅)は、この村田に集められ、上方や江戸へ運ばれました。村田商人は、紅花を軸に、生糸、醸造、金融業など、手広い萬商(よろずあきな)いで財をなしました。町なかには、立派な商家の店蔵が残り、紅花がいかに豊かな富をもたらしたかを知ることができます。

紅花の原産地は、ナイル川流域とされます。シルクロードを通って三世紀頃に日本にもたらされ、上流貴族たちは、紅花の美しさに魅了されました。戦国期になると、東北地方でも栽培されていたようで、最上義光が湯殿山に病気平癒のお礼に紅花を贈った文書も残ります。

村田の町は、東西と北を丘陵に囲まれた半盆地状の土地です。南に奥州街道、西に笹谷(ささや)街道(羽前街道)と主要な往還にも近接していました。嘉吉年間(一四四一〜一四四三)、下野国(しもつけこく)の小山九郎業朝(おやまくろうなりとも)が合戦に敗れ、この地に落ち延び居館を築いたことに始まると伝わります。江戸時代初め、村田城と荒川の間に、武家地と町人地が南北に細長く町割りされました。町人地には本町、荒町、南町があり「市」も立ちました。一国一城令の後、仙台・伊達藩の「村田所」となります。

堅実な商家の街並が続き、洒落た佇まいを見せる。表通りには、「店蔵と表門」が一対となって並んでおり、まるで標準設計の繰り返しのようである。これは、奥の主屋の南側に「アイコ」（庭）を採っていることに因る。店蔵は土蔵に置き屋根をのせ、桟瓦葺きの赤瓦と黒瓦が混在する。商家らしい四半貼りの海鼠壁が、アクセントとなり町の意匠を引き締める。

大沼酒造の見事な庵看板。富を象徴する。

大沼家住宅・主屋前（南側）の庭。この庭は隣戸からアイコとしても使った。狭い間口の家では路地程度。

仙南地方の紅花栽培は、宝暦年間（一七五一～一七六三）の頃から盛んになり、それを取り扱う村田商人が出現します。たいへん興味深いことに、紅花の主たる搬出ルートは日本海でした。笹谷峠（九〇六m）を越えて、最上川の大石田まで駄送し、艜船に積替えて酒田湊へ出しました。北前船で敦賀に陸揚げし、琵琶湖を丸子舟で大津へ運び、京都や大坂の問屋に卸されました。特に京都では、西陣織の貴重な染料でした。他方、江戸へも駄送で運ばれました。

　上方からの帰り途には、呉服、古着、陶磁器、薬、砂糖、酒田の海産物を持ち帰り売り捌きました。近江商人の所謂「ノコギリ商法」で、村田商人は彼らから多くを学び、山形商人とも連携。大きな富を蓄えていきました。このような往来によって、上方文化が東北の太平洋側へも持ち込まれました。近江商人は商いだけでなく、文化伝播にも一役買っていました。

　村田の古い街並は、本町と荒町の通りに南北四七〇m・東西一八〇mにわたって広がります。間口は凡そ三～六間と狭く、奥行は深く、表通りの東側では四十八間（約八十六m）、西側で四十間（約七十二m）もあります。主屋は、表通りに面する店蔵の裏側に建てられ、その奥に土蔵や付属棟があります。

　表通りに面して、切妻・平入の店蔵と表門があり、屋根は置き屋根の桟瓦葺きが基本となっています。細かく見ると、赤瓦や黒瓦のもの、一階の袖壁や二階の腰壁に四半貼りの海鼠壁を張るものもあります。村田の町は、堅実な商家のお手本のような街並で、節度感を持ちながらあか抜けした装いをしています。川越の店蔵のような大袈裟さはありません。大沼家住宅（屋号・やましょう／重文）は、村田を代表する商家建築です。また、大沼酒造の見事な庵看板（いおりかんばん）は、この町の豊かな繁栄を伝えています。

「谷地」（山形県）の紅花商人の屋敷構え。村田と同じように土蔵と表門が一対方式で連なる。

興味深いことに、店構えは、南側に表門、北側に店蔵という定型パターンになっています。すなわち、街並は、店蔵と表門が交互に繰り返される恰好です。これには「アイコ」と呼ばれる空間が設けられているという事情があります。間口が狭く奥深い敷地なので、隣地境には塀など設けず、必要に応じて、お互いにアイコを通路のように使い合っています。アイコとは「お互い様」（五分五分／相持ち）という意味合いのようです。なお、最上川中流に、「谷地（やち）」という紅花豪商の町があります。ここにも、表門と土蔵が村田と同じように一対の定型な形で並んでいます。谷地とは、どんな行き来があったのでしょうか。

村田の町は、仙南地方屈指の在郷町として繁栄し、日本海の酒田湊を通じて上方と繋がっていました。日本海側は、一時期、「裏日本」と呼ばれたことがありましたが、近世には、北前船による物資や文化の大動脈で、まさに「表日本」でした。このことは、東北を旅する際、肝に命じておかなければなりません。旅の面白さが倍増します。

# 角館（かくのだて）

## ——杜（もり）に包まれた城下町

秋田県仙北市角館町

（一辺3km）

角館は、横手盆地の北端にあります。近世の武家屋敷群が、そのまま凍結されたように残る町で、春夏秋冬、さまざまに彩られます。春はしだれ桜に華やぎ、夏は濃い緑陰に覆われ、秋は鮮やかな紅葉に輝き、冬は白く雪に閉されます。その豊かな表情の移り変わりは人々を魅了してやみません。

凛とした響きのカクノダテという地名は、院内川が桧木内川（ひのきないがわ）に合流する角地（かどち）に館（やかた）があったからといいます。室町から戦国期には、戸沢氏が古城山（ふるしろやま）の角館城に拠り差配していました。関ケ原の後、常陸（茨城県）へ転封となります。

江戸時代になって、常陸の名門・佐竹義宣が、関ケ原での挙動不審を咎められ、五十四万石から二十万石に減封され、出羽（秋田）に移されます。角館の地は、秋田藩領（久保田藩）となり、実弟の蘆名（あしな）義勝が所預（ところあずかり）として入ります。その館は古城山の南麓に置かれ、一国一城令後に陣屋町となります。蘆名家には跡継ぎがなく、明暦二年（一六五六年）、佐竹一族の北家・佐竹義隣（よしちか）が入って明治に至ります。

この地は、西に桧木内川、南に玉川を外濠とし、北を古城山、東を外ノ山・田町山の丘陵に囲まれ、防御に適したところでした。町割りは、南北に細長く一・五kmほどにわたります。ちょうど中ほどに、町を東西に貫く土塁と堀割の「火除地（ひよけち）」（幅十二間・長さ百六

杜に覆われる城下町（古城山から）。武家屋敷には、樅、楓、松、桜などが植えられており、それらの古木が高く鬱蒼と繁る。このような杜に包まれた城下町は、今ではこの角館でしか見ることができない。とりわけ、春の枝垂れ桜は見事の一語に尽きる。

内町（武家地）の東勝楽丁の表通り（幅六間）。武家屋敷からの樹陰が覆い被さる。右は青柳家の蔵。

武家屋敷の黒板塀。駒繋石や武者窓。

十間）を設けて、大きく二つに分け、北側を武家地（内町）、南側を町人地（外町）としました。

武家地の中心は、北寄りの表町と東勝楽丁で、表通りは幅六間と広く、遠見遮断の「鉤の手」が設けられています。ここに、上級武士や中級武士の屋敷が配されました。その裏町に当たる歩行町、小人町、裏町などには下級武士が住み、また谷地町や竹原町に足軽屋敷が置かれました。一方、火除地の南に当たる町人地には、横町、中町、上新町、下新町、岩瀬町、七日町などが広がっていました。これらの町名は今にそのまま残ります。

家臣の屋敷は、大身屋敷では間口が二〇間を超えるものもありましたが、上級武士や中級武士で一〇～一五間、また裏町の下級武士ではその半分ほどでした。北の内町には、石黒家、青柳家、岩橋家、河原田家、小田野家、松本家などの武家屋敷が、往時の姿をそのまま留めています。また、南の外町にも、安藤醸造元などの伝統的な商家が見られます。

広い屋敷内には、樅、楓、松、桜などの古木が鬱蒼と繁り、黒塀越えに涼味溢れる樹陰を落とします。高く真っすぐ伸びる樅の木は、武士にとって縁起の良い木として好まれました。しだれ桜は、公家出身の義隣が京都から持ち込んだものとも、二代目・義明の正室が、京都三条西家から輿入の際、三本の苗木持ってきたとも。これが大事に育て伝えられ、角館最大の名物となっています。早くから京文化との深い繋がりがありました。

外町（町人地）の安藤醸造元の煉瓦蔵。緑陰に赤い煉瓦蔵と黒板塀が印象的な街並を演出する。

武家屋敷の囲障を見ると、表通りは黒板塀と薬医門、また、隣家との境界は柴垣や生垣となっています。表通りは、覆い繁る巨樹の足もとに、一直線に伸びる軽妙な黒板塀が風景が卓越します。上品な黒板塀は、柿渋と松の煤（松煙）を混ぜてつくる伝統的な「渋墨塗り」で仕上げられています。塀には、「武者窓」（のぞき窓）がついているところもあります。また、門構えは、格式の高い薬医門、武家らしい豪気な冠木門、質実な塀重門などが見られます。

面白いことに、角館には武家屋敷特有の長屋門は見られません。通常の城下町では、武家屋敷は厳つい土塀を廻らし、重苦しい長屋門が構えられ威圧感を与えます。ところが、角館の武家町には、京風の軽妙な雅趣が漂っています。この気風こそが、城下町でありながら、「小京都」と呼ばれる由縁なのでしょう。

戊辰戦争では、秋田藩が奥羽越列藩同盟から離脱し、角館の町も、仙台藩や庄内藩から攻撃されます。危機一発の瀬戸際に立たされますが、南の玉川を外濠にして持ちこたえ戦禍を免れます。昭和の戦災にも遭わず、武家屋敷がそのまま残りました。私たちは、幸運にも貴重な風景遺産に巡り合えています。

# 増田（ますだ）

## ――内蔵を秘める

秋田県横手市増田町増田

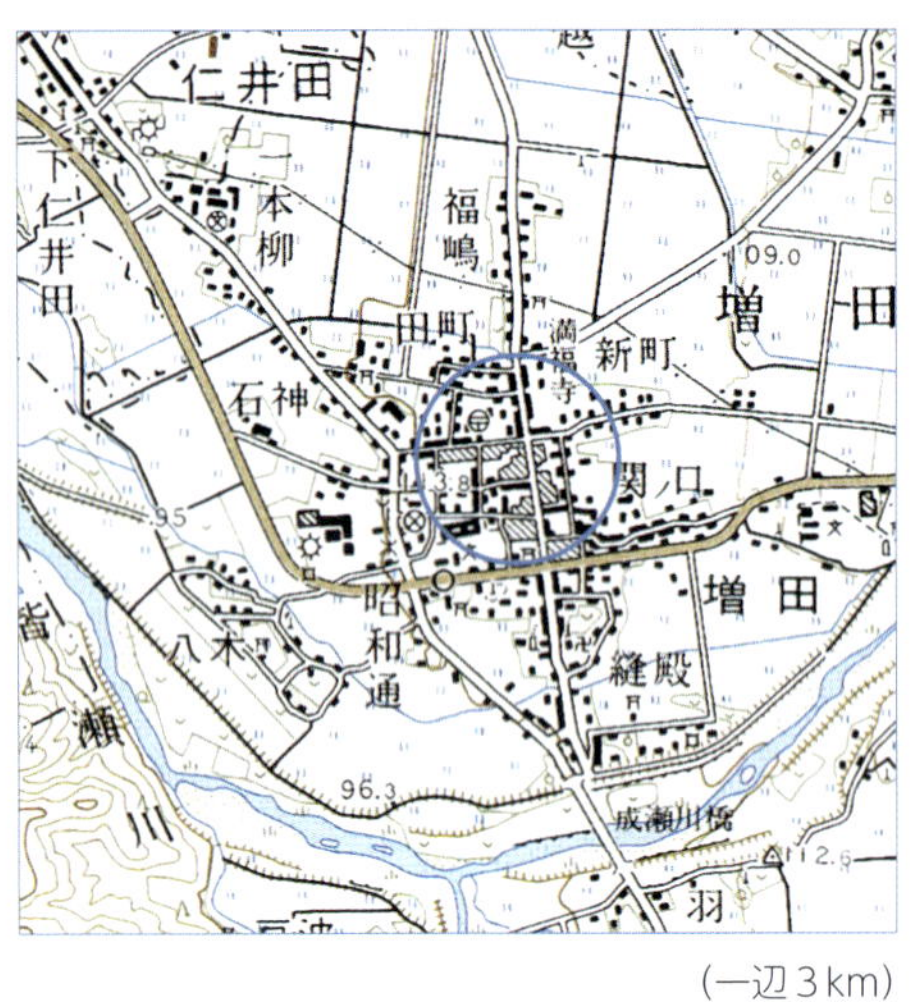


（一辺3km）

増田の商家には、裏勝り（うらまさ）の「内蔵（うちぐら）」が秘蔵されています。古い商家の連なる街並ですが、細長い家の奥深くに入ると、想像を絶する空間に出会います。この町は、雅な内蔵を秘めることから「蛍町（ほたるまち）」と呼ばれていたといいます。

江戸時代、着物の表地が地味でも、裏地は思い切り派手にすることが、江戸っ子の粋（いき）とされ裏勝りといわれました。幕府が「奢侈禁止令（しゃしきんしれい）」を出し、着物の素材や色に制限が加わっても、オシャレを楽しみたいという思いから「四十八茶百鼠（しじゅうはっちゃひゃくねずみ）」という色が生まれました。

増田の町は、横手盆地の南部に位置し、皆瀬川に成瀬川が合流する地点にあります。小安（おやす）街道や手倉（てぐら）街道が通り、交通の便にも恵まれていました。町の起こりは、室町時代に小笠原義冬が増田城を築いたことに始まるといわれます。定期的な朝市が開かれ、葉タバコや生糸などの集散地となります。さらに味噌・醤油や酒の醸造業も盛んになり、増田商人が活躍した在郷町です。

明治に隆盛期を迎え、「増田銀行」（現北都銀行）や「増田水力電気会社」が創業されるほどの勢いとなります。この電力会社は、昭和の初め、秋田市の北まで四万戸に電力供給していました。さらに大正四年には、東方五㎞にある「吉乃鉱山」で新鉱床が発見され、奥羽本線の十文字駅まで架空索道（六・四㎞）が敷かれます。増

旧石平金物店の内蔵。トオリ（土間）に沿って、表側からミセ、帳場、オエ、イマが並び、水屋（台所）の奥に、豪華な観音扉の付く「内蔵」が鎮座する。明かりは上部の横窓（南側）からを採る。トオリを抜けて裏庭に出ると外蔵や付属屋がある。

中七日町の個性的な街並。切妻・妻入が基調で、前面に下屋がつく。2階には内縁が設けられる。

内蔵の座敷蔵。柱や梁は漆で塗られている。（佐藤養助家／漆蔵資料館）

田の町は、この鉱山に働く数千人の生活を支える町にもなります。こうして、町の賑わいは、大正から昭和初期にかけて最高潮に達します。

　伝統的な古い街並は、南北四〇〇m・東西三五〇mほどにわたり色濃く残ります。特に、中七日町通りには、往時の商家が軒を連ねています。間口はわずか五間ほどですが、奥行は五〇～七〇間もある極めて細長い敷地です。

　表通りの建物は、切妻・妻入の二階建で、一階には奥行一間ほどの下屋がついています。二階は、屋根の螻羽（けらば）を大きく張り出し、小庇を付けた内縁が設けられています。妻面は、繊細な「化粧梁と束」で意匠し、太い「梁首」を飾るもの、持ち送りに彫りや絵付けをしているもの、また「二軒（ふたのき）」や「繁垂木（しげだるき）」のもの、屋根に鳥衾（とりぶすま）を揚げる家もあります。屋根は今では金属板ですが、かつては「柿葺き」だったそうです。

　ところで、この町の真骨頂は、家の奥に潜む「内蔵（うちぐら）」です。「主屋」と「鞘（さや）」が、細長い敷地の半分ほどに一体的に建てられ、この鞘は内蔵を覆っています。風雪雨の強い地域では、土蔵を保護するのに板鞘などを張りますが、増田では、主屋と内蔵を一つの大屋根ですっぽりと覆い囲います。このように、建物を一つの大屋根で覆ってしまうのを「建て包み」といいます。積雪期でも、日常的な生活が、同じ屋根の下で完結できるようにしたものです。

この内蔵は、文庫蔵や座敷蔵として使われてきました。文庫蔵は、大切な文書、家財道具、什器類、衣類の収納。座敷蔵は、冠婚葬祭を行う神聖な場とされてきました。その入口や窓は、大変重厚な掛子塗りの観音開扉となっています。内蔵の外壁や扉は、磨き上げられた黒漆喰ものもあります。また、腰壁や扉は、精巧な漆塗りの内鞘（木枠）で囲われ、傷つかないようにされています。鞘に納められた内蔵つまり玉手箱に、大切な貴重品を納めているわけです。

内鞘で覆われた豪華な内蔵。（山吉肥料店）

お互いに、その意匠や使い方を競い自慢し合ったことでしょう。一つの町に、このような豪華な内蔵が集っている所はありません。

大正から昭和初めの頃、日本の和風建築は、技術的にも材料的にも最も充実し集大成期を迎えていました。この増田でも、豊かな蓄財を背景にさまざまな意欲的な試みがされました。

横手盆地は、南北に広がる大きな盆地です。湯沢の酒、稲庭のうどん、内蔵を秘める増田、横手のかまくら、武家屋敷の角館と、個性に溢れる町が点々と繋がり、何と豊かな土地柄なのでしょうか。

# 酒田（さかた）

## ——山居（さんきょ）倉庫が語る

山形県酒田市山居町

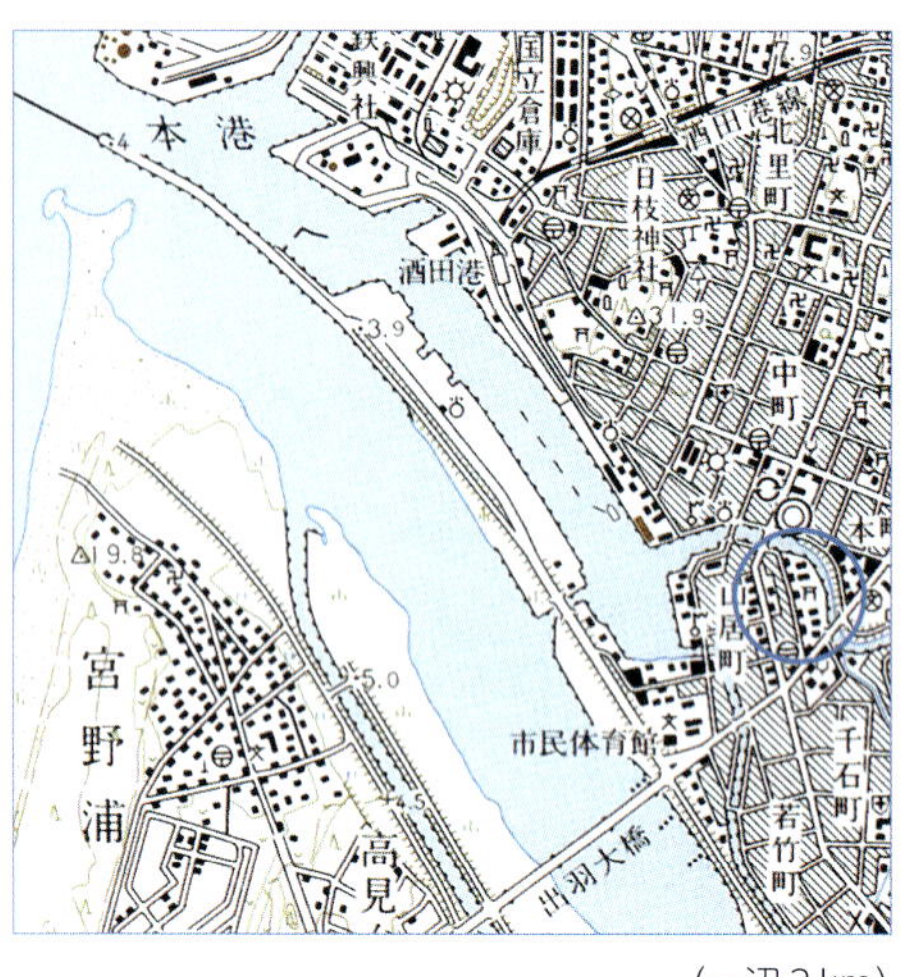

（一辺３km）

酒田といえば、「本間様には及びもせぬが、せめてなりたやお殿様」、また「照る照る酒田、堂島曇る、江戸の蔵前雨が降る」と俗謡に唄われました。この湊町は、最上川河口の右岸にあり、北前船と最上川舟運の結節点として殷賑（いんしん）を極めました。それを今に伝えるのが「山居倉庫」です。もちろん、往時の豪商屋敷や花街の残り火も点在して残ります。

鎌倉初め、奥州・藤原氏が滅ぼされた際、藤原秀郷の妹君・徳尼公が遺臣とともに、この地に逃れ移り住んだと伝わります。当時、酒田は「京」と「平泉」を結ぶ中継地にあり、彼らは、廻船業の成功で「酒田三十六人衆」という有力な町衆に成長します。十六世紀中頃、町衆は、最上川と赤川の度重なる氾濫のため右岸に移り、泉州・堺に倣って、碁盤状の町割りや自治組織など、本格的な町づくりを進めました。この頃、右岸は「当酒田」、左岸を「向い酒田」と呼んでいました。

酒田の飛躍的な発展は、寛文十二年（一六七二）、河村瑞賢の開拓した「西廻航路」に始まります。内陸部には幕府領が相当あり、積出港の整備が急務でした。これによって、山形盆地や庄内平野の米、また紅花、青苧、蝋などの特産物が上方へ、上方から木綿、古着、砂糖、塩、陶磁器などの生活物資も安全に運ばれるようになります。こうして、酒田は日本海側の屈指の湊となり、特に米の酒田

山居倉庫は、大火時の延焼から避けるため、最上川と新井田川の中州だった山居島（現在は陸続き）に建てられた。12棟の米蔵は、蔵前の大きな下屋で横につながっており、さらに新井田川の船着場へ屋根付の通路が通され、雨天でも作業や運搬ができるようになっていた。

本間家の屋敷構え（東面）。昭和51年の酒田大火の時、本間家と鐙屋は延焼から奇跡的に免れた。

山居倉庫西側の欅並木の緑陰。（南を見る）

への集散は凄まじく、井原西鶴の「日本永代蔵」には豪商・鐙屋の繁盛ぶりが窺えます。

時の流れとともに、酒田三十六人衆の顔ぶれにも変化がありました。元禄の頃、新興勢力として頭角を現してきたのが「本間家」です。大阪の米相場で得た巨利を、他の豪商たちと違ってリスクの少ない土地に投資しました。三代目・本間光丘は、盤石の礎を築き中興の祖とされます。やがて、三千町歩の田地を所有する日本一の大地主となります。

本間氏は、武蔵七党の横山党・海老名氏の流れをくみ、大佛氏の守護代として佐渡に渡った一族です。天正十七年（一五八九）、上杉景勝の佐渡侵攻の時、上杉方に与力して酒田に移ったのが「酒田本間家」の始まりです。庄内藩は、戊辰戦争で官軍に負けなかった唯一の藩として知られますが、この本間家の豊富な財力により、新兵器が調達できたためといわれます。本間家は、三井家や住友家を上回るほどの豪商でしたが、明治後も酒田の地に留まり、新しい起業には手を出しませんでした。しかし、戦後の農地解放の荒波に飲み込まれました。

さて、「山居倉庫」ですが、大きな土蔵十二棟が、南北一六〇m余りにわたり一直線に整然と建ち並びます。整列する土蔵に、素鼠の瓦と白い妻壁が織り成す姿は、壮観の一語に尽きます。その端正で旋律的な佇まいは、日本的な美意識に通じるものがあります。大屋根は桟瓦葺き、外壁は東面（正面）

が白漆喰、西面は対照的に黒板張となっています。

倉庫は木造平屋建てです。間口は十三・六m、奥行二十九・一mもあり、米俵一万六千俵余り入る大規模なものです。蔵前の広い下屋は通路兼作業場となっており、さらに屋根付通路で新井田川の舟着場へ繋がっていました。ここを「女丁持ち」と呼ばれた女性たちが、重い米俵を担いで運んだそうです。

この倉庫は、温度や湿度に対しても、さまざまな工夫が施されています。まず、温度管理は、置き屋根として屋根と天井の間に通気層を設けて熱を遮断しています。また、倉庫の西側には、欅並木を配して夏の西日に対処し、冬の風雪に覆板を張って保護しています。この並木空間は、子供たちの鬼ごっこやかくれんぼの恰好の遊び場でした。湿気の対策には、土間をニガリで固めた上に塩を敷きました。

舞娘坂に佇む旧相馬屋。日和山界隈には花街があり、多くの文人が足跡を残している。

この米蔵群は、明治二十六年、旧庄内藩主・酒井家が、酒田米穀取引所の倉庫として建てました。本間家の「いろは蔵」（新井田倉庫）が、庄内大地震で潰滅すると、当家の米もここに入庫して酒井家と本間家が共同運営しました。この倉庫を建てた棟梁は高橋兼吉です。彼は、鶴岡の洋風建築をはじめ、遠く上州・島村（伊勢崎市）まで出かけ、田島家の大きな養蚕建築（世界遺産）を見て、この山居倉庫や「松ケ岡開墾場」の大蚕室群を手がけています。

庄内地方の産業遺産に対峙すると、庄内藩の確たる矜持を感じざるを得ません。作家・藤沢周平が、あの「海坂藩」の人たちをこよなく愛したのも納得できます。

# 銀山温泉（ぎんざんおんせん）

## ——大正浪漫漂う万華鏡

山形県尾花沢市銀山新畑

（一辺３km）

この温泉に来ると、大正浪漫の屈託ない空気を満喫できます。艶めかしい姿の木造三、四階建ての旅館が、競い合うように出迎えてくれます。一瞬、遊郭を想わせる自由奔放さに圧倒されます。ある時代の日本人の心に宿った気分を追体験できます。大正浪漫のテーマパークとでもいえばいいのでしょうか。

「銀山温泉」の名は、この地に「延沢銀山（のべさわぎんざん）」（野辺沢銀山）があったことに由来します。康正二年（一四五六）、加賀の山師・儀賀市郎左衛門が銀鉱を発見したとされ、江戸初めの寛永年間に最盛期を迎えます。当時、生野銀山や大森銀山と並ぶ屈指の銀山でした。幕府は、この銀山を御直山（おじきやま）（公儀山）とし、寛永十九年（一六四二）に陣屋を置きました。この一帯には二万を超える人々が押し寄せたと伝わります。しかし、産銀量が急速に減り、陣屋も万治元年（一六五八）に尾花沢代官所に移り、元禄二年（一六八九）の大崩落で廃山となりました。

さて、温泉の方は、鉱夫が銀山川の河原に湧く温泉を発見したのが始まりといいます。この川湯を利用して湯治場が開かれ、江戸時代の「諸国温泉功能鑑」には、前頭に番付されており、名の知られた温泉だったようです。明治頃の写真にも、茅葺の建物が両岸に並び、地場の人気湯治場だったことが窺えます。

ところが、大正二年、東北地方を襲った台風の豪雨による大洪水

木造3、4階建ての温泉旅館が、銀山川の狭い谷間に個性を主張し競演するように建ち並ぶ。大正浪漫の時代風景である。建築意匠を満載する建物群と雑然とした橋の重なりは、温泉街特有の猥雑性や隠匿性を高揚する。能登屋旅館の望楼は温泉街のランドマークである。

古山閣は唐破風玄関。二階には絵巻物風の鏝絵が並べられる。

能登屋旅館はホテル風のバルコニーの付く玄関。

で壊滅的な被害を受けます。大半の家が押し流され、源泉の湧出量も減り、その復興はなかなか進みませんでした。そんな折、昭和元年、ボーリングで新源泉を掘り当て大量の湯が湧出しました。これを契機に、各旅館は一斉に建て替えを始めます。このとき、大正の気ままな気分を謳歌し、奇抜で個性的な木造高層旅館が続々と出現します。各々の旅館主は、腕の良い大工を連れて、各地の有名な温泉旅館を訪ねて歩きました。折しも、この頃は、日本建築が華やかに最も充実した時代でした。東日本でも、「樅峰苑」（強首温泉）、「向瀧」（東山温泉）、「金具屋」（渋温泉）、「積善館」（四万温泉）、「清廣館」（出湯温泉）、「東海館」（伊東温泉）、「湯之島館」（下呂温泉）などが建てられています。

　銀山温泉が際立つのは、大正浪漫の満載艦のような建築が群をなして建っていることです。旅館主たちは、再建を賭けて時勢の気分を皆で共有し一斉に立ち向いました。時代の流行を一堂に掻き集め、和洋の意匠が混然となって、痴愚伯ささえあります。何とも際どく魅惑的な街並が出現しました。これらの奇抜な発想力は、かつての山師の挑戦的な遺伝子が生きていたのでしょうか。

温泉街は、銀山川の両岸に三〇〇mほど続きます。能登屋、古山閣、古勢起屋が木造四階建てで、能登屋には望楼まであります。銅板葺で寺社建築のような反り屋根の建物もあります。また、軒は垂木現しで、白の胡粉塗りも見られます。外壁は、ガラス窓とバルコニーの開放的な設えですが、千鳥破風を奢ったものもあります。そして、玄関には凝った意匠が施され、擬大理石の洋風、絢爛な唐破風、重厚な起り屋根と個性豊かです。銀山川に架かる無雑作な橋々が、建物と不釣り合いなのは愛嬌でしょうか。

面白いのが「鏝絵」。幕末から大正に流行した建築意匠です。能登屋は、創業者の名前「木戸佐左衛門」を鏝絵で揚げています。古山閣でも十枚の鏝絵を絵巻物風に仕立てています。各旅館とも客寄せに余念がなく、戸袋に目を惹く鏝絵を広告看板として掲げています。当時の活気にみなぎる建築現場も覗いてみたくなります。

横路地から銀山川を渡ると旅館・永澤平八の玄関。

旅館・永澤平八の戸袋／鏝絵／垂木鼻の胡粉塗。

銀山温泉の名は、その個性的な街並とは裏腹に、温泉自体としてあまり世に知られていませんでした。昭和五十八年、一世を風靡した番組「おしん」のロケ地となったことで一躍注目されました。アジアからの観光客に人気があるようです。また、藤屋の女将・ジニー（米国人）は、外人女将ということで話題を捲きました。

銀山温泉は、紛れもなく異彩な温泉文化を放っています。この湯にゆったりと浸かり、大正浪漫の心意気を堪能するもの乙なものです。

# 手向（とうげ）

## ――修験道の奥義

山形県鶴岡市羽黒町手向

（一辺３km）

「手向」と書いて、「とうげ」と読みます。手向とは、手を合わせて拝む「手向け（たむけ）」のことで、神仏や死者の霊に供え物を捧げるという意味です。土地の境目だった「峠」には、旅人の平安を祈って、魔除けの地蔵や道祖神が祀られました。「峠」の読みは、この「手向け」の音便といわれます。

羽黒山の手向集落は、修験道（しゅげんどう）の山である羽黒山、月山（がっさん）、湯殿山の三山への遥拝（ようはい）、すなわち「手向け」を生業としてきた人たちの集落です。今も、三十余りの宿坊が軒を連ね、少し神懸った気配が漂います。

「修験道」とは、深い山に籠って修行し悟りを得る山岳信仰です。日本独特の宗教形態で、森羅万象に命や神霊が宿るという古神道に、新しく仏教（密教）が習合し、平安時代に確立されました。熊野三山（紀伊）、大峰山（大和）、戸隠山（とがくしやま）（信濃）、出羽三山（出羽）、英彦山（ひこさん）（肥前）などが知られています。

少し道草になりますが、「峠」という文字は和製漢字（国字）で、山の上（のぼ）り下（くだ）りを素直に表わしたものです。起伏に富む山国に暮らす日本人の感性から生まれたものです。人々は、峠をどんな思いで越えたのでしょうか。多くの峠には印象的な名前がつけられています。例えば、「杖突峠」、「風切峠」、「雁坂峠」、「夜叉神（やしゃじん）峠」、「大菩薩峠」、また「国見峠」、「十文字峠」、「十石峠」、「暗（くらがり）峠」などと

出羽三山神社への石段は2446段もある。黒味帯びた石に苔が生して神秘的な霊気に包まれる。かつて、清僧修験の堂宇が建ち並んでいたが、明治初め、廃仏毀釈の嵐で悉く破壊された。今では、柿葺の五重塔（国宝）がひっそりと残るだけである。

桜小路には、茅葺屋根に黒塀廻らし冠木門・注連縄・延し綱の宿坊が残り、異界の気配を漂わせる。

枚挙にいとまがありません。峠に立った時の心情が臨場感をもって伝わってきます。中国では「嶺」、英語で「pass」などといいますが、日本人の繊細な感覚とは少し違うように思えます。

さて、出羽三山の歴史は古く、六世紀末、崇峻天皇の子・蜂子皇子の開山とされます。観世音菩薩を本地仏とする「羽黒山」、阿弥陀如来の「月山」、大日如来の「湯殿山」。この三山詣は、これらの三関を巡って、現在・過去・未来を渡世しながら転生（生まれ変わり）する「三関三渡」の旅と捉えられていました。

ところで、修験者は「山伏」ともいい、初め、諸山を自由に遊行しながら修行を積んでいました。戦国期には、武将たちに間諜（間者）としても重宝されます。江戸時代になると、慶長十八年（一六一三）、幕府は「修験道法度」を発して仏教系に集約していきます。かつての遊行は禁止され、山岳修験から里修験へと変わり、修験者は、巷に定着して祈祷師のような存在になります。

羽黒山には、「清僧修験」と「山麓修験」の二つがありました。清僧修験は山内で暮らし、妻帯・肉食を断って修行する行者です。生涯独身ゆえに法燈*は弟子へ引き継がれ、山内には三十三ヶ所の坊がありました。一方、山麓修験の方は、山麓に住み妻帯し世襲しました。東北では「霞場」、関東では「旦那場」という縄張りを廻り、神楽などを舞いながら祈祷を行っていました。

ところが、明治の初め、維新の廃仏毀釈の嵐が吹き荒れ、山内にあった堂宇は悉く破壊され、仁王門は今の随身

自坊小路。この一角には、黒塀が神々しく廻らされており、往時の宿坊の霊気が感得できそうである。

各家の軒に飾られる神秘な「延し綱」。

門に変えられます。しかし、何故か、神社なのに立派な五重塔が建っています。この優美な柿葺き・素木造りの五重塔（国宝）は、奇跡的に破却から免れたものです。

手向集落は、山麓修験者たちが暮らした宿坊の町です。江戸時代には、三〇〇軒を超える宿坊がありました。今でも、石垣を廻らし冠木門を構え注連縄を張り、茅葺屋根や唐破風の式台玄関を設けた宿坊が散在します。その入口は、参詣者用の式台玄関と家人の通用口の二つが用意されています。軒に吊るされた綱飾りは、正月の「松例祭」でツツガ虫を焼き捨てる神事に使われた延し綱（引き綱）で、魔除けとされています。こうして、大聖坊、神林坊、大進坊といった宿坊看板に囲まれると、異界の地にやって来た気分になります。また、「自坊小路」などの裏小路を歩くと、宿坊街の生活史が見え隠れしていて興味尽きません。

手向の宿坊街は、伊勢の御師館や戸隠の宿坊に漂う気配とは異なって、修験道との一体性を強く感じます。日本人の神への真摯な姿や奥義の深さも伝わってきます。この庄内地方には、即身仏*が多く残りますが、そのわけも理解できそうな気がしてきます。手向の宿坊集落は、広い意味で宗教と政治の関わり合いの疵痕にも直に触れられる恰好の場です。

＊法燈とは、仏前に供える灯火のことで、高僧をさすこともある。

＊即身仏は、厳しい修行を経て末、自らをミイラにして残した僧侶のこと。

# 杉山（すぎやま）

## ——仲良く並ぶ蔵

福島県喜多方市岩月町入田付杉山

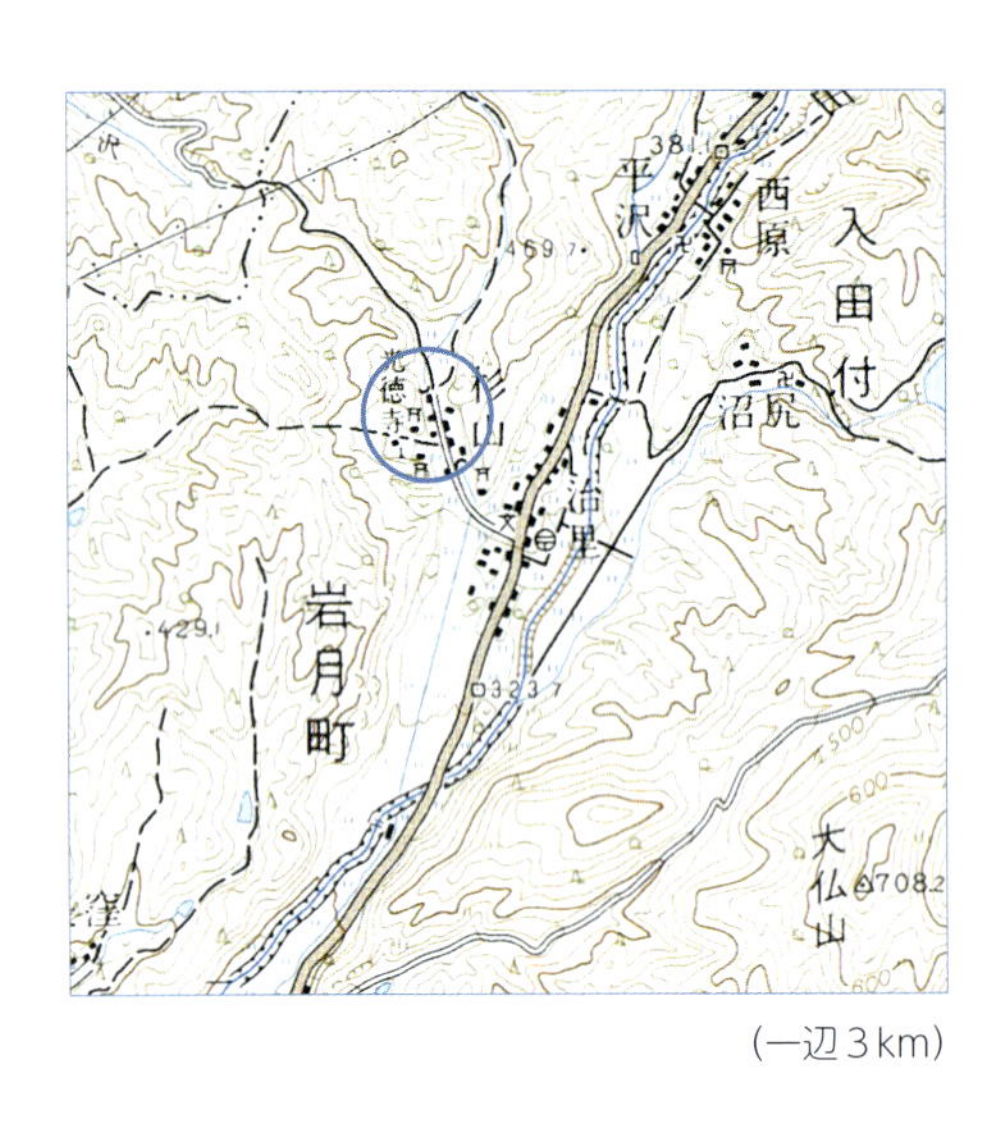


（一辺３km）

会津盆地は蔵の里です。喜多方（北方）や会津若松（南方）は、蔵の町として知られますが、郊外にも、面白い土蔵や煉瓦蔵などが散在します。この「杉山」の集落もその一つです。ここに、独特の風貌をした土蔵がいくつか仲良く並んでいます。その顔つきは、町なかの蔵とは違って、大らかで何処か愛嬌のある表情をしています。

杉山は、喜多方から北東へ七㎞ほどのところにあります。会津と米沢を結ぶ旧米沢街道（現国道百二十一号線）の傍らにある小さな集落です。蔵のある山里風景は、豊かな暮らしへの郷愁を無性に駆り立てます。

この村の起りは、定かでありません。集落の光徳寺は、文永元年（一二六四）に空行和尚が建立したと伝わるので、鎌倉の頃には開けていたようです。寛文五年（一六六五）の「小田付組土地帳」によると家数十九軒とあり、今も江戸時代とほとんど変わりません。「杉山」の地名が示すように、杉の美林に恵まれ、半農半林の暮らしを営々と続けてきた村です。この辺りは、江戸時代には「入田付村」と呼ばれ、戦後の合併で「喜多方町」に編入され、今は喜多方市となっています。

明治になって、稲作の責務が緩むと、水田は、現金収入の見込まれる「菅田（すげた）」へと転換されます。菅笠は、竹の笠骨に乾燥させた菅

集落入口にある土蔵。この建物は、一見、兜造り風にも見えるが、鞘組（屋根）が芥子色の土蔵をすっぽりと覆う「建て包み」という建て方である。その形と色合いは逸品で、蔵を大切にしてきた家主の心意気がありありと伝わってくる。この村では、蔵が家の顔となっており、主屋や付属屋は奥手（裏）に置かれる。さまざまな意匠を凝らした蔵が、通り沿いに仲良く顔を並べる不可思議な集落である。

杉山集落。緩やかに曲がる表通りにさまざまな顔をした蔵が仲良く並ぶ。

杉山集落の蔵構え。前面に白漆喰の土蔵を、奥に主屋を配し大きな鞘組で一体に覆う。

草を縫い合わせて作ります。通気性に優れていて、日除けや雨除けに重宝されました。この菅の生産・加工・販売がうまくいって財をなし、立派な蔵が建てられるようになります。土蔵は、初め作業場や菅の保管庫として建てられましたが、やがて喜多方の蔵造りの影響を受け、座敷蔵も建てられるようになります。

杉山の集落は、緩やかに曲がる通りを挟んで、個性味溢れる蔵が仲良く軒を並べています。面白いことに、蔵が通りの表側に、主屋が奥側にあり、蔵が主役、主屋は脇役となっています。しかも、各々の蔵は、それぞれ意匠を凝らして「見せる蔵」（自己表現）として競い合っています。蔵を目立させ、菅商いの広告看板にしていたのでしょうか。これらの個性豊かな蔵は、集落の生業が明治以降には半農半林でなく、半商半農だったことを示しています。

屋根は、かつて茅葺きでしたが、今ではトタン葺きとなっています。置屋根のものや鞘組のものが混在します。土蔵は、積雪にも耐える頑丈な屋根で覆われ、地元では「二重屋根」とも呼んでいるようです。鞘組の場合は、妻面上部に雨仕舞のための折れ庇が付けられ、「腰折れ切妻」（兜造り風）となっています。この形は、杉山の特徴的なもので、どこか愛嬌ある風貌は絵心を燻ります。蔵の観音扉の窓も印象的です。また、どの家も、窓のショウルームのようにそれぞれ違う装いを凝らしています。小さめの窓は保管庫、大きめの窓は座敷蔵と思われます。座敷蔵は、内部を漆塗りにするなど、冠婚葬祭や賓客を迎えるための客座敷です。これらの窓には、多雪地域でも風雪が強くないのか、窓鞘は付けられていません。また、外壁面は、白漆喰や黄漆喰で塗られ、腰壁には海鼠壁や石壁を貼っています。合掌部には、家印や水神が誇らし気に掲げられています。

　何といっても、杉山の魅力は、可愛い蔵が仲良くじゃれ合うように並ぶ山里風景です。これほど意匠に凝るとどこか嫌味になりそうですが、大らかでコミカルなところがあり、外連味（けれんみ）ない不思議な調和を奏でています。しかも、どこか垢抜けした造形感覚さえ感じさせます。この意匠感覚は、会津の蔵職人の優れた感性によるものなのでしょうか。私たちの暮らしを包む建築は、単なる棲家ではなく、人の精神形成にも少なからず影響を与えます。この楽しい蔵の里に生まれ育つと、審美眼も磨かれそうです。

　会津盆地には、この杉山のほかに多くの蔵が散在します。杉山から三㎞ほど南の「三津屋（みつや）」には煉瓦蔵の集落があります。近くの旧樋口窯業の登り窯で、釉薬をかけた煉瓦が焼かれていました。その隣りの「上岩崎」には、鏝絵の描かれた蔵が建っています。また、南部の会津高田近くの旭杉原にも、立派な土蔵の酒蔵が見られます。実に愉快な盆地です。

　会津といえば、幕末の騒動や戊辰戦争の経緯から、保守的で律儀な気質を想い浮かべます。しかし、これらの魅力的な蔵の存在は、進取の精神に溢れ豊かな暮らしが広がっていたことを物語っています。

三津屋地区の煉瓦蔵。近くの旧樋口窯業で、珍しい釉薬煉瓦が焼かれていた。

# 喜多方（きたかた）

## ——蔵三昧の在郷町

福島県喜多方市おたづき蔵通り及び、ふれあい通り

（一辺3km）

喜多方は、会津盆地の北部にあり、蔵の町やラーメンの町として知られています。東に磐梯山、北に飯豊山地と大きな山塊に包まれた豊穣の土地です。この地は、濁川、押切川、田付川が形成した緩やかな複合扇状地の先端に位置し、湧水や地下水に恵まれています。

喜多方という地名は瑞祥（ずいしょう）地名です。明治八年、小荒井村や小田付村など五ヵ村が合併した時、喜びが多い方という思いを込め「喜多方町」としました。それまでは、会津若松の南方に対し、北方と呼ばれていました。因みに、会津若松の「若松」の名は、蒲生氏郷が天正十八年（一五九〇）に入封した際、故郷の「若松の森」（滋賀県日野町）を偲んで、従来の「黒川」の地名を変えたものです。会津塗の源流も近江の日野椀にあります。

会津の地は、豊かな土地柄ゆえに、室町期に蘆名氏、戦国期に伊達政宗が侵略、その後、蒲生氏郷（九十一万石）、上杉景勝（百二十万石）と、有力大名が領してきました。

喜多方の町は、田付川を挟んで、西の「小荒井村」と東の「小田付村」の二つの村から始まりました。まず、葦名氏の時代に、小荒井村が町割され六斎市が立ち、次いで小田付村も町割され、両村に三斎市が立つようになります。この二つの市は、共にライバルとして発展しました。

「小原酒造」（おたづき蔵通り）は、麹にモーツァルトの曲を聴かせながら発酵させる地酒・蔵粋（クラシック）で知られる。店蔵の装いは、赤銅色の桟瓦に白漆喰の外壁を纏い、黒漆喰の観音扉と軒ハチマキできりりと引き締める。心にくい粋な意匠で、会津人の気概と感性を感じさせる。深い軒が雪国であることを連想させる。かつて、道路の真ん中に水路があったが、明治の三方道路敷設で埋められた。

甲斐本店の店蔵（酒造業、醸造業、地主）。黒漆喰の座敷蔵、煉瓦塀、内材も贅を尽くす。

江戸前期、会津藩では、年貢徴収を米と貨幣で納入させる「半石半永」という方法を採っていました。そのため、農民が作物を市場で上手く換金できるように市の整備に力が入れられ、喜多方は物資の一大集散地となります。やがて、商品経済の発達とともに、商人が店を並べます。彼らは、豊かな水と良質な米、麦、大豆を活かして、酒・醤油・味噌の醸造業も手がけます。こうして、会津盆地屈指の在郷町へと発展しました。

戊辰戦争で、会津盆地は荒廃します。明治十六年、県令・三島通庸の強力な主導で会津三方道路が造られ、小田付村には米沢街道が通されます。同三十七年、岩越鉄道（現ＪＲ磐越西線）が若松から喜多方まで開業。交通事情が格段に向上し、生糸・製糸工業も盛んになりました。

喜多方の町なかには、二千六百棟もの土蔵があるといわれています。明治十三年の小荒井大火の後、焼け野原に残る土蔵の光景は、人々に家財を守ってくれるのは「土蔵だ！」と改めて認識させます。商人たちは競って土蔵を建てます。「男四十にして蔵の一つも建てられないようでは男でない」といわれ、蔵造りは生涯の夢となります。

喜多方の色は「赤い瓦」です。どこか華やいだ色気ある街を感じます。藩主・保科正之の時代に、鶴ヶ城の瓦の耐凍性を高めるのに釉薬をかけて焼いたところ、赤色になったのが始まりといいます。

まず、西の「ふれあい通り」（中央通り／旧小荒井村）を歩いてみましょう。店蔵が南北に七百ｍほどに点々と軒

嶋新。店蔵の奥には長い三十八間蔵がある。

若喜商店（醸造業）。煉瓦造（三津屋の煉瓦）。

小原酒造の観音扉窓。初代は小原嘉左衛門。

を並べます。圧巻は、北端の「甲斐本家」（大正十二年築）の豪壮な店蔵と蔵座敷です。赤瓦に黒漆喰壁、観音扉に銅板、蔵座敷には銘木が惜しげなく使われています。そのほか、長い三十八間蔵の「嶋新」（荒物商）、煉瓦蔵の「若喜商店」（醸造）など、特色ある蔵があり興味尽きません。

つぎに、東の「おたづき蔵通り」（南町通り／旧小田付村）にも、赤瓦の土蔵群が集団的に建ちます。「小原酒造」は、享保二年（一七一七）創業で、店蔵は明治十年築です。赤瓦に白壁、そして観音扉（裏）と軒廻りに黒漆喰の帯を巻く粋な佇まいです。隣りには「菅井屋薬房」、「大森家店蔵」。また、向いの「金忠」の辺りにも妻入・土蔵が並び、往時の繁盛振りを伝えます。かつては、表通りの中央に水路がありました。町裏には、「中堀」と呼ばれる水路があります。

ところで、喜多方のラーメンは、あっさりした醤油味の豚骨スープに太めの縮れ麺です。地元の写真家・金田実氏の蔵写真が話題になり、観光客や写真愛好家が訪れ、気軽に食べたラーメンが評判となりました。ここには、もう一つ秘味があります。「宮古（みやこ）」という奥地に、幻の水そばがあります。飯豊山の水だけで食べるのですが、その透明感のある旨味と触感は絶品です。

会津盆地には、奇想の「さざえ堂」や「長床」など稀有な建築もあります。旅人の目も舌も楽しませ満たしてくれる土地柄です。日本に、このような個性に溢れた魅力的な町が散らばることを願ってやみません。

# 大内（おおうち）

## ――茅葺屋根が整列する

福島県下郷町大内

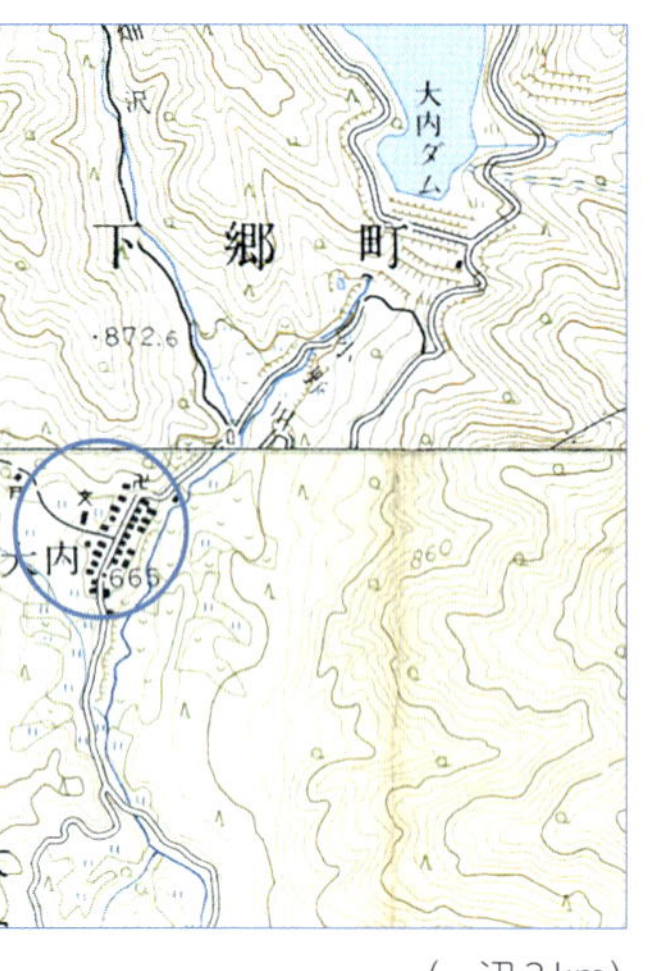


（一辺3km）

見事に茅葺屋根が並ぶ「大内宿」は、昭和四十年代初め、遺跡でも発見された如く脚光を浴びました。折しも高度経済成長の最中、問答無用に伝統的なものが壊されていく時でした。この頃、中山道の妻籠宿では、観光化を目指し修復・復元が始められようとしていました。大内も、遅れて昭和五十六年に「重要伝統的建造物群保存地区」に選定され、南東北を代表する観光地となります。

大内宿は、江戸初めに開かれた「会津西街道」（下野街道／南山通り）の宿場です。会津若松から日光の今市へ至る三十里ほどの往還で、江戸への最短路であり、利根川の舟運にも繋がっていました。会津藩、新発田藩、村上藩、米沢藩などの参勤交代、また会津藩の廻米（かいまい）などの物流の道として出発した往還です。

初め、宿場は大いに賑わいました。ところが、延宝八年（一六八〇）、幕府が参勤交代に脇街道を使うのを禁止したため、白河街道へ変更されます。ただし、物資運搬は認められました。さらに天和三年（一六八三）、日光地震で五十里（いかり）宿付近の街道が水没し通行不能となり、物流の方も「会津中街道」へと移ります。その後、街道は使えるようになりますが、他街道との過当競争を余儀なくされ、忘れられたような半農半宿の村となります。のちには、関東への屋根葺き出稼ぎの「会津茅手（かやて）」の道となっていました。

大内宿は、会津盆地から大内峠（海抜八九九m）を越えた所にあ

会津西街道に整然と並ぶ茅葺屋根の宿場。両側にある水路は、中央にあったものを車を通すために明治19年に両端に付け替えたもの。水路には清冽な水が気持ちよく流れる。屋根は、一時トタンで覆われたものが目立ったが、茅葺に葺替えられ修景された。

間取りは標準設計の如く、街道側にザシキが二つ並び、奥にカッテ、土間と続く。（玉屋）

各々の家は、街道側のザシキを土産屋や蕎麦屋などに改築。（叶屋）

ります。本陣（想定復元）や脇本陣も設置されました。北端に「鉤の手」、南端に「曲がり」が設けられ遠見遮断もされています。そこに農家風の家を画一的に整列させています。能吏な道役人が急いで教科書通りに合理的に作成した計画です。白図に機械的に町割し、鳴り物入りで普請と作事を押し進め、人々を近傍から強制的に移住させて宿駅としました。

　宿場には、寄棟茅葺の民家が、等間隔に約四百五十mにわたり続きます。各々の敷地は、間口六〜七間、奥行三十〜三十三間と均等に地割。主屋は道から少し後退させて、妻配置とし平入りとなっています。間取りも画一的で、道側にザシキ・奥にニワ（土間）が基準です。その裏手に土蔵や納屋が続きます。この建物配置は、通常の宿場町とはずいぶん違った様相で、山里の農家をそのまま街道に並べたようにも見え、旅人を温かく迎えようという気配は感じられません。物流を優先したのでしょうか。

　この異様な一律性は、馬継主体だった大内宿の特殊解なのかどうか定かでありません。この街道筋の宿場は、戊辰戦争の際に焼失し、記録が残っていません。新政府軍は日光を押えた後、この街道を会津へ攻め込みます。この時、会津軍は、追撃阻止のため大内宿も焼き払おうとしました。しかし、美濃屋・阿部大五郎が折衝し放火を逃れたと伝わります。危機一髪で奇跡的に助かりました。

この街道は、日光を通る故に多くの人に愛されたようで、面白い人たちが通っています。小田原参陣の伊達政宗が、また奥州仕置の豊臣秀吉も通ったと伝わります。興味深いのは、英国の女流旅行家イザベラ・バードが、日光から会津へ向かう途中、明治十一年六月二十七日、大内宿・美濃屋に泊まっています。翌日、市野峠を越えて会津坂下に向かっていますが、荒れ果てた鶴ヶ城や会津若松の町を避けたのかも知れません。

高倉神社の木造大鳥居。高倉宮以仁王がこの地に落ち延びた伝説がある。正面は松川屋で、高倉神社は手前側にある。

明治に入ると、会津西街道は一層衰微。明治十年、会津三方道路の「日光街道」が、東の大川(阿賀川)沿いに通され、また明治三十二年、岩越鉄道(現・JR磐越西線)が郡山から会津若松まで開通します。会津と関東の物流は、ここを通る必要がなくなりました。会津西街道はただの田舎道となり、大内集落は陸の孤島のように凍結保存されます。そして、ある時、大発見でもされたように話題になりました。

ところで、大内の観光客は、ピーク時、年間百万人を超えたともいわれます。観光業者のツアーコースに組み込まれ一気に押しかけました。休日、原宿の竹下通りのような混雑ぶりで、土産物も無国籍ものが目立ち、まるで小テーマパークのようでした。また、多くの人たちが短時間の滞在で、午後三時過になると潮が引いたように閑散とします。日本人の短絡性を象徴しているようにも思え、観光とは何かと考え込んでしまいます。大内宿は、奇跡的に残った貴重な歴史的遺産です。これから、どのようにしていくのか、皆で考えなければならないと思います。

# 栃木（とちぎ）

## ——河岸に連なる蔵屋敷

栃木県栃木市倭町ほか

（一辺3km）

北関東にある「栃木」は、古くからの商人の町です。江戸時代、「巴波川（うずまがわ）」の舟運でたいへん栄え、また「日光例幣使街道（れいへいしかいどう）」の宿場町でもありました。幕末に度重なる大火に見舞われたため、多くの土蔵が建てられ、関東では、川越や佐原とともに蔵の町として知られています。

ところで、現在、栃木県庁は宇都宮市にあり、栃木市ではありません。下野国（しもつけのくに）は、明治の廃藩置県の際、南西部が「栃木県」、北東部が「宇都宮県」となりますが、宇都宮県は明治六年に栃木県に吸収されます。ところが、栃木県令の強権政治家・三島通庸（みちつね）が、明治十七年、県庁を宇都宮へ強行移転します。自由民権運動の盛んな栃木を嫌ったからといわれます。現在でも、栃木市には「県庁堀」と呼ばれる旧県庁跡が残ります。もともと、栃木の地は皆川氏の居城でしたが、江戸の初めに改易。

元和三年（一六一七）、徳川家康の柩が久能山から日光へ改葬されます。日光東照宮の造営が始まり、さらに家光による寛永の大造替も行われます。これらの造営資材や御用荷物を運ぶために巴波川の水運が使われました。これをきっかけに、栃木の町は、北関東屈指の商業都市へと発展していきます。

巴波川の水運は、平柳河岸、栃木河岸、片柳河岸から、「部賀舟（べかぶね）」（都賀舟）という小舟で積み出し、途中で大きい高瀬舟に積み替え

巴波川には「栃木河岸」や「片柳河岸」などの河岸があった。栃木河岸には、材木問屋だった旧塚田家の広大な蔵屋敷が約120mにわたり延々と続く。栃木商人の勢いを示した圧巻の眺めである。両岸にある小道は舟を綱で曳いた「綱手道」である。近年、鯉のぼりが春の風物詩となっており、1151匹の鯉が元気よく川面を賑わす。

片柳河岸の横山家。左右対称の「両袖切妻造り」というの店構え。石は鹿沼産の深岩石。

大通り（かつての市広場）は、重厚な箱棟屋根に黒漆喰の店蔵が並び宿場町というより在郷町。

ました。そして、渡良瀬川、利根川、江戸川を経て、小名木川から隅田川に入りました。江戸まで七日ほどかかりました。栃木から、木材、薪炭、米、麦、麻、木綿、煙草、石灰などが、江戸から、東照宮の御用荷、塩、魚、油、蝋、砂糖などが運ばれました。北関東はもちろん、日光や会津方面への荷もありました。

ところで、「日光例幣使」とは、日光東照宮の例祭に天皇の代理として京都から派遣された奉幣使のことです。往路は中山道を通って、倉賀野宿から太田、天明、犬伏、栃木、楡木、鹿沼などを経て、今市宿で日光道中に合流します。これを「日光例幣使街道」といいました。往路を中山道としたのは、東海道の川止めによる遅れを避けたからです。帰りは、宇都宮へ出て江戸経由で東海道を帰りました。総勢五十～七十名ほどの行列でしたが、これがなかなかのクセモノ連中でした。

例幣使は、高官位でしたが貧乏公卿でした。ところが、例幣使をやると金儲けができるというので、結構人気がありました。出入りの商人や職人を、烏帽子直垂の地下官人に仕立てて出かけます。彼らは、駕籠を揺さぶって担げないようにして袖の下を求め、また、わざと駕籠から転げ落ちて宿場や藩から見舞金をせびりました。「強請」という言葉はこの「揺する」に因むとか。帰途には、御用済みの金色の御幣を細かく切って奉書紙に包み、江戸の大名や旗本から初穂料も集めました。途中で調達した長持は、京都に帰る頃には満杯になりました。流石の大名行列も、この胡散臭い強請集団を敬遠して迂回したとか。

この街道は、五街道につぐ街道として本陣、旅籠、人馬が整備されていたことから、東北と京・大坂を往来する者にとって、江戸を通らなくてもすむ好都合な往還でもありました。ただ、例幣使の通る時期は避けたかも知れません。今の「北関東自動車道」のようなものでしょうか。

嘉右衛門町の例幣使街道には、軒高を低くするため下屋を設けた民家が見られる。

栃木の古い街並は、巴波川の三河岸と、例幣使街道沿いに残ります。栃木河岸の「旧塚田家」は材木問屋でした。川沿いに長大な黒塀を連ね、その豪壮な構えは、商都・栃木の威勢を今によく伝えています。片柳河岸の「旧横山家」は、麻問屋と銀行を営んでいました。主屋は木造の低い厨子二階ですが、これを二つの力強い石蔵（麻蔵と文書蔵）で挟んで、左右対称の店構えです。栃木商人の粋さも伝わってきます。

日光例幣使街道は、栃木宿に入ると道幅が十間もある大通りでした。真ん中に水路があり、この通り広場は古くからの市場で、六斎市や馬市が開かれていました。今でも、間口四〜八間・奥行五十間もある町屋が並んでいます。手塚紙店、丸三家具店、佐藤家など重厚な店蔵が軒を連ね、ちょっとした小江戸を彷彿させます。北部の嘉右衛門町付近にも、岡田家（畠山陣屋）や油伝味噌などの古い家が点々と連なり、平柳河岸跡も見え隠れします。

明治十九年、東北本線が宇都宮まで通じると、巴波川の舟運は役目を終えました。

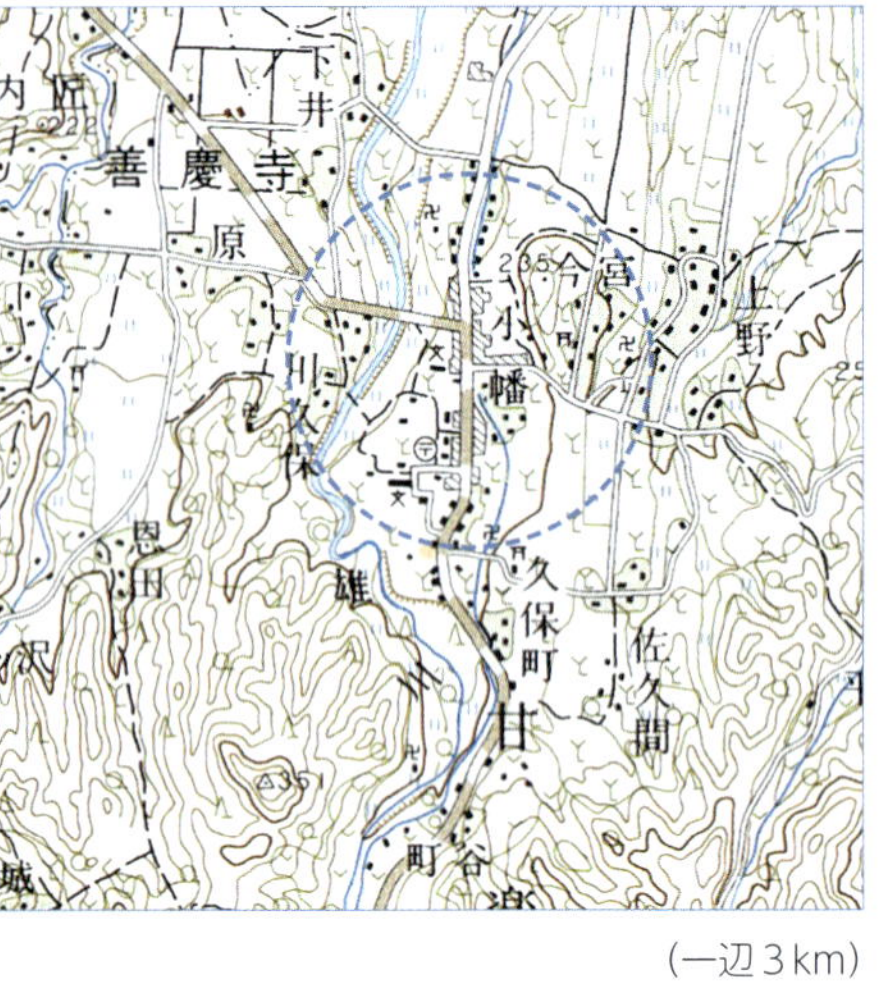

(一辺3km)

# 小幡(おばた)

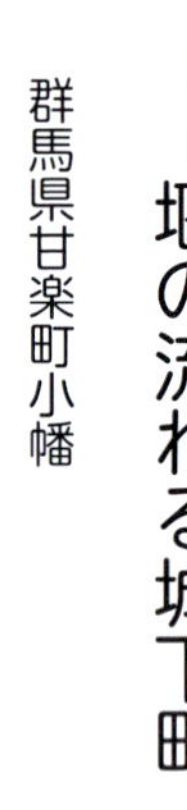

## ──堰の流れる城下町

群馬県甘楽町小幡

「小幡」は二万石の小さな城下町でした。近年、本丸御殿跡や大名庭園・楽山園が復元され、近世のお殿様や武家の暮らしを、等身大で追体験できる場となりました。また、商家通りを流れる「雄川(おがわ)堰(ぜき)」には、親水空間が広がります。

戦国期、この辺りは、赤備え騎馬軍団で知られた小幡氏が支配し、上杉氏、武田氏、北条氏に与力してきました。しかし、天正十八年(一五九〇)に小田原城が陥落すると、徳川家康の家臣・奥平信昌に変わります。その後、家康は、大坂の陣で功があったとして、織田信長の次男・信雄(のぶかつ)に、大和・松山(大宇陀)三万石と上野(こうづけ)・小幡二万石の計五万石を与えます。信雄は、四男・信良を上野・福島の仮陣屋に入れました。

この信雄という人物は、尾張、伊賀、南伊勢の一〇〇万石の太守でありながら、天正伊賀の乱で、勝手に伊賀惣国一揆に攻め込み大敗。信長から大目玉を食らいます。宣教師フロイスには、安土城放火の冤罪をかけられ、また、小牧・長久手の戦いでは、家康に無断で秀吉と和睦するなど、不可解な行動が目立ちます。一方、茶や能の世界では、確かな見識を持ち合わせていたといいます。

寛永十九年(一六四二)、三代・信昌の時、福島の仮陣屋から「小幡陣屋」に移ります。信長の後裔という家柄から、小藩ながら国主格の高い格式を与えられて厚遇されました。しかし、藩財政は火の

雄川堰沿いの街並。道路の中央を雄川堰が流れ、東側（左）は生活道路で、西側（右）は通過交通用の道路が走る。建物の建て方は基本的に妻配置となっているが、門をくぐり前庭に入ってから平入となる。主屋は蚕室を設けた総二階の大きな建物で、白漆喰や海鼠壁の黒漆喰の土蔵も見られる。なお、旧大手門付近にある商家や旧旅籠は切妻・平入となっている。4月には桜祭りで賑わう。

町場通りは雄川堰を挟んで、左に生活道路、右に通過交通用の道路と二つに区分されている。

車だったようです。一五〇年余り続きますが、明和事件に連座し、出羽・高畑に移封（左遷）されました。そのあとへ、親藩の松平氏が入り、若年寄などの要職を務め、幕末には城主格を与えられます。陣屋も小幡城と呼ばれ、明治維新を迎えました。

小幡城は、西を流れる雄川を外堀としています。御殿（藩邸）は、内廓にあり土塁と空堀で囲まれ、外廓に家臣の長屋が置かれました。外廓の中門を出ると、その東一帯には、上級家臣の武家屋敷が広がっていました。広い「御殿前通り」や「中小路」には、今も、矢羽積（やばねづみ）の石垣を廻らした武家屋敷跡がしっかり残ります。特に、山田家石垣の「食い違い郭」は貴重な遺構です。松平時代の高橋家、松平大奥家、松浦家など、近世の武家屋敷跡が手に取るようにわかります。その骨格は織田時代のものが踏襲されています。

御殿に隣接して、「楽山園」という広大な大名庭園が築庭されていました。小さな町に残る大名庭園として特筆すべきもので、国の名勝に指定されています。本格的な池泉回遊式の庭園で、起伏のある地形に、昆明池、滝口、中ノ島、築山、枯滝、茶屋、景石、園路が巧みに配されています。対岸の紅葉山、南方の連石山や熊倉山を借景として取り込んでいます。楽山園の由来は、「知者楽水、仁者楽山」という論語の故事に因んだものです。小大名にしては破格の高尚な庭園で、名門・織田家の面目躍如というところでしょうか。

町人地は、大手門脇から流れる雄川堰沿いに北へと延びます。さらに北へ行くと「下仁田街道」（信州街道）に突き当ります。中山道の脇往還で、険しい道を避けた道で、女性にも歩き易かったことから「上州姫街道」とも呼ばれました。米、生糸、麻、楮、煙草、漆などが取り扱われ、物資の往来も盛んでした。小幡城下でも、商人が活躍し「小幡宿」とも呼ばれ、在郷町の様相を呈していました。明治五年には、近くに「富岡製糸場」ができます。この煉瓦は、福島の笹森稲荷神社の傍らで焼かれました。この頃、旧小幡藩士族も新しく「小幡製糸会社」を設立しています。小幡の商家も、養蚕景気を当て込んで二階を蚕室とする建物へと建て替えました。今でも、大きな切妻の建物が、雄川堰の両側に並んでいます。

小幡で忘れてならないのは「雄川堰」です。雄川から取水した大堰(おおぜき)を東側の山際を通し、途中で三ヶ所の小堰で分水し、藩邸や武家屋敷を網目状に巡らせています。大手門脇で再び大堰に戻され、町場通りの中を流し、下流域の水田を潤しています。

雄川堰の流れる通りは、親しみある道空間となっています。勢いよく流れる堰に、点々と洗い場があり、石橋が架かり、水神様が祀られ、桜並木が続きます。西側の道は通過交通用の道路ですが、東側の通りは、生活用の道路として使われています。この健やかな堰端は、とても居心地がよくて、立ち去り難い気分になります。小幡の町には、近世の小さな城下町が箱庭のように身近に残されています。

「中小路」は上級家臣の武家屋敷で、矢羽積石垣に竹垣の塀が廻らされる。

楽山園。殿様は、昆明池を掘り築山を築き、茶屋を建て、優雅な世界を愛でた。

# 川越（かわごえ）

## ――小江戸の店蔵

埼玉県川越市仲町界隈

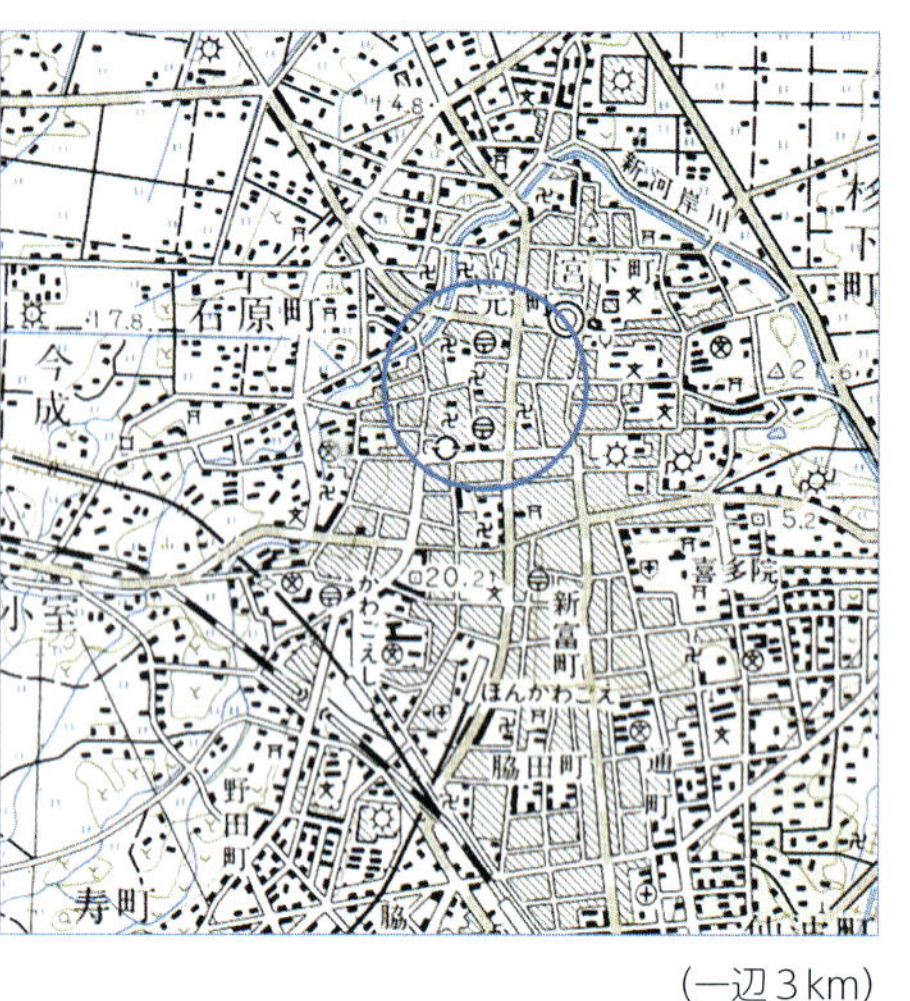


（一辺３km）

川越は、「小江戸」と呼ばれ、蔵の町として知られます。武蔵野台地の東端で、入間川が荒川へ合流する地点にあり、関東の覇権争いの要衝でした。江戸時代、川越藩主は、幕府の要職を務めた酒井忠勝（大老）、堀田正盛（老中）、松平信綱（老中）、柳沢吉保（側用人）などの有力な譜代大名が配されました。

室町期、この地は、扇谷（おうぎがやつ）・上杉氏と古河公方・足利氏の勢力との接点でした。上杉氏は足利氏の南進に備え、家臣の太田道真・道灌父子に河越城を築かせ、武蔵国の拠点としていました。

しかし、天文六年（一五三七）、小田原の新興勢力・後北条氏に奪われます。その奪還のため、扇谷・山内の両上杉と古河公方の連合軍八万で城を囲みます。ところが、北条氏康の兵八千の奇襲に遭い大敗します。この戦いは「川越夜戦」と呼ばれ、「厳島」と「桶狭間」と並んで三大奇襲戦とされています。ここに、後北条氏の関東覇権が決定づけられ、関東管領・上杉憲政は、長尾景虎（のちの上杉謙信）を頼って越後へ去ります。

天正十八年（一五九〇）、後北条氏は小田原征伐で滅ぼされ、徳川家康が関東に入ります。家康は、この地を「江戸の大手は小田原城、江戸の搦（から）め手は川越城」と位置づけ、重臣の酒井重忠を配します。

江戸時代の初め、知恵伊豆で名高い松平信綱が、川越藩六万石で入封します。ちょうど、寛永十五年（一六三八）の大火の後でした。

重苦しいほど重厚な街並。特に目を惹く屋根は、店の看板ともなることから豪壮絢爛さを競い合った。川越商人の意気込みが伝わってくる。小江戸でなく大江戸を超えている。この頃、江戸は「東京」となり、中心も日本橋から銀座煉瓦街へ移りつつあった。

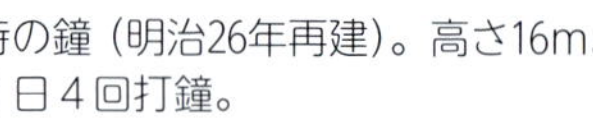

時の鐘（明治26年再建）。高さ16m。１日４回打鐘。

これを機に城下町の本格的な整備が行われます。城は大幅に拡張。複雑な堀と土塁で縄張され、七郭十二門三櫓の大城郭に生まれ変わります。

城下も「十カ町四門前郷分町」の町割りが行われました。「四門前」とは、西方への防備強化のために配備した養寿院、行伝寺、蓮馨寺、妙養寺の四寺院を指します。今の「駄菓子横丁」はこの養寿院の門前に当たります。また、喜多院は南の外城的な役割を担わされました。このとき、現在の「蔵の街」は、西大手門の先に、南北に鍛冶町・南町（幸町）と北町（喜多町）を商工地としたのに始まります。

仲町の街角。奥：亀屋（明治26年築）。手前：松崎屋（明治34年築）

ところで、面白い話があります。童謡の「通りゃんせ」は、川越城内の三芳野神社が発祥の地といわれます。神社が城の中に取り込まれて、庶民は参拝できなくなりました。これを憐れんだ殿様が、お祭りと七五三のお祝いの時だけ、南大手門からの参拝を許しました。その際、警備や検分が厳しくて、あのような歌になったそうです。

寛永の大火で、喜多院や仙波東照宮も焼失しますが、その再建に江戸城・紅葉山御殿の一部を移築することになります。その資材を運ぶため、「新河岸川」（内川）の舟運が開かれました。川の名前は、新しい河岸（川湊）に因んでいます。

併せて、野火止用水や三富新田の開発も、大々的に進められていきます。城下も、農産物や特産品の集散地、また呉服問屋など商業取引の町として発展します。これらの経済活動は、川越街道と新河岸川の舟運に支えられました。

理容店「銀パリ」。銀座やパリのようにお洒落をしたい。

重厚な屋根に見せるため、鬼瓦・影盛・箱棟・降棟に意匠を凝らす。

刃物屋、漬物屋、種苗屋などの楽しそうな看板が掲げられる。

とりわけ、舟運は武蔵野台地の開発の動脈となり、新河岸川には、三十数ヶ所余りの河岸がありました。

さて、蔵の街は、明治二十六年の川越大火の後、土蔵が一斉に建てられてできたものです。焼け野原の中に、「大沢家住宅」（重文）など幾つかの土蔵が無事に残っていました。その光景を見た富裕層は、競って土蔵に造り替えます。なお、大沢家は、呉服太物を商う大店で寛政四年（一七九二）に建てられたものです。総欅造りの建物ですが、店先の人見柱だけが「松」となっています。お客を「待つ」の意を籠めたものだそうです。

川越の蔵は、その重厚さに圧倒されます。まず、巨大な鬼瓦・影盛・箱棟の屋根が見せ場です。併せて、黒漆喰壁、重々しい観音開の土扉、分厚い軒蛇腹、懸魚、装飾を尽す降棟など、まるで店蔵の展示場となっています。特に「やまわ」、「町勘」、「深善」の一画は、息苦しいほど厳つい街並です。これらの中でも、店蔵の白眉といわれる「亀屋」は、豪壮な構えの中にも品位のある佇まいをしています。

川越の商人たちは、江戸の日本橋辺りを雛型に町づくりを目指したのでしょうが、少し力が入り過ぎて、「小江戸」でなく「大江戸」になってしまった感がします。東京の方では、明治五年の銀座大火の後、銀座は、すでに煉瓦造りの不燃都市となっていました。しかし、皮肉にも、その銀座煉瓦街も関東大震災で瓦解してしまいます。

# 佐原（さわら）

## ——利根川東遷の申し子

千葉県香取市佐原

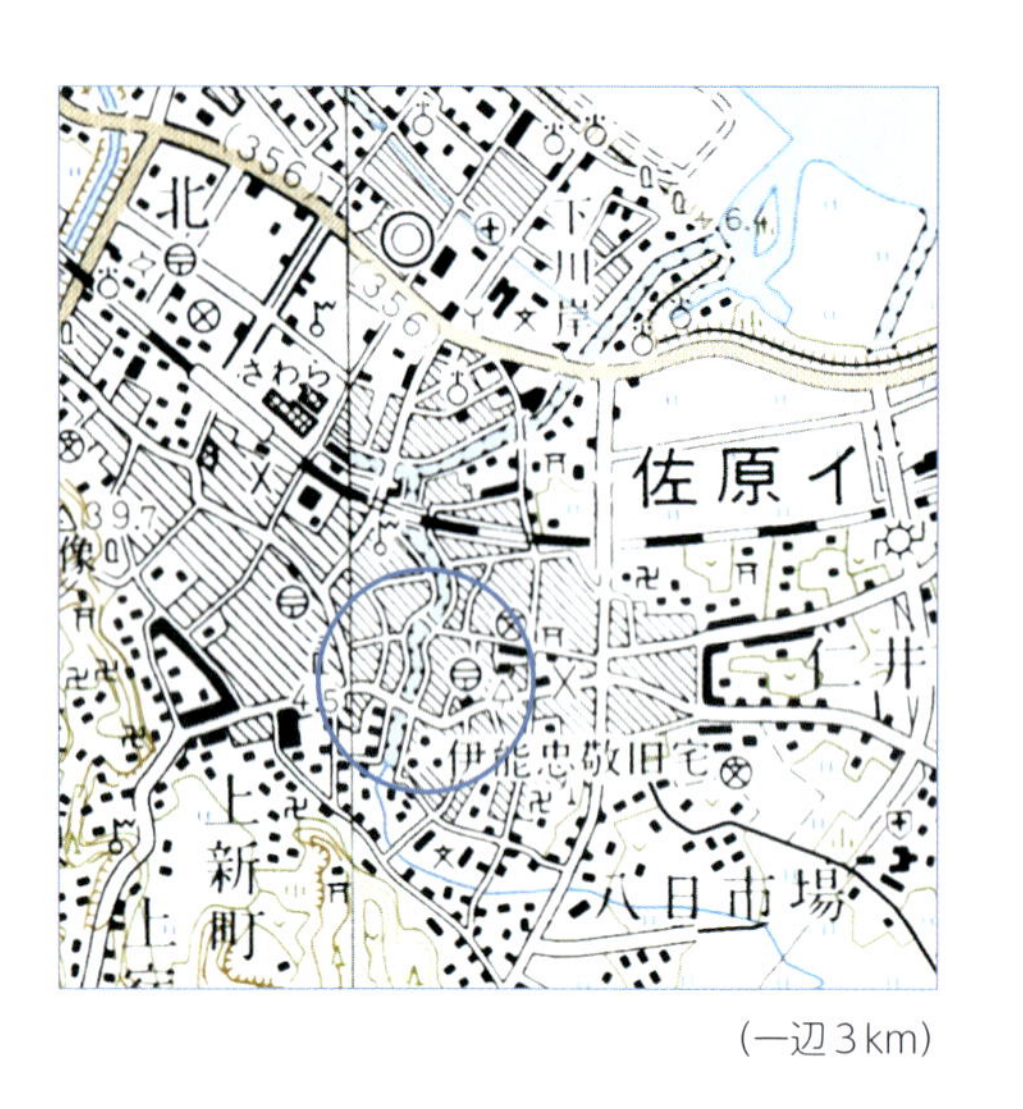


（一辺３km）

佐原は、東京近郊の蔵の町として、川越や栃木とともに知られます。利根川の舟運で栄え、特に醤油や酒の醸造業が盛んでした。「お江戸見たけりゃ　佐原へござれ　佐原本町　江戸まさり」と戯歌（ざれうた）に唄われるほど繁盛を極めたといわれます。大昔、この一帯には「香取海（かとりのうみ）」という大きな内海が広がり、香取神宮と鹿島神宮は、そこに置かれた蝦夷（えみし）への前線基地でした。

佐原の町は、利根川の東遷によって、江戸との舟運が開かれて発展します。徳川家康は、江戸に本拠と定めると、直ちに、暴れ川だった利根川や荒川の治水事業に取り掛かります。利根川の東遷とは、江戸湾に注いでいた利根川を香取海（太平洋）へ瀬替（せがえ）し（川筋を変えること）、江戸の町と流域の村々を水害から守り、併せて新田開発と舟運も図ろうとする一石三鳥の大構想です。

まず、文禄三年（一五九四）、「会の川」を締切って古利根川へ流れないようにしました。つぎに元和七年（一六二一）、「新川通」を開削して渡良瀬川（大日川）へ落水できるようにし、さらに猿島（さしま）台地（分水界）を新しく掘切って「赤堀川」を開削し、「常陸川」（鬼怒川の支流）へと導き、利根川の水が太平洋へ流れ出るようにしました。承応三年（一六五四）、この東遷事業が完成します。その一方で、荒川を大宮台地の西側に移し、入間川に合流させます。利根川との間の広大な土地に「見沼（みぬま）用水」を引き新田開発が進められます。

柳芽吹く小野川沿いの街並。中央は「正上醤油店」（天保３年（1832）築）。対岸には「旧油惣商店」（主屋：明治33年築、土蔵：寛政10年築（1798））も残る。河岸には舟に荷を積み下ろしする階段「出シ」がたくさんあったが、河川改修で撤去された。

旧伊能忠敬邸。樋橋は用水樋から水が漏れたので「ジャージャー橋」とも呼ばれた。

小野川沿いの正上醤油店。主屋と袖蔵が一対になって並び、河岸には幅広い「出シ」がある。

また、多摩川両岸に「六郷用水」と「二ヶ領用水」、武蔵野台地に「玉川上水」を通水。これらの諸事業をみると、家臣団には、優れた人材が集められていたことが判ります。

佐原は、利根川に流れ込む小野川の河口にあり、もともと、香取神宮の門前町で「市」も立っていました。利根川東遷によって、太平洋から利根川を遡り、関宿を経由して江戸への舟運が繋がると、この地域の物資集散地、また東北や蝦夷との物資輸送の中継地として発展することになります。さらに、明治二十三年には、舟戸（柏市）と深井新田（流山市）の間に「利根運河」（約八・五km）が開通し、東京との距離は四十kmほど短縮され、関東平野の動脈の一翼を担うことになりました。

佐原の古い街並は、香取街道と小野川沿いに残ります。たびたび大火に遭ったことから、町には多くの土蔵が建てられました。小野川を挟んで、東の古い町を「本宿（ほんじゅく）」、西の新しい町を「新宿」と呼んでいました。面白いことに、佐原の大祭は、夏の本宿祇園祭り（八坂神社）と、秋の新宿秋祭り（諏訪神社）の二つがありますが、何故か、東西で別々に行われてきています。

小野川河畔の柳は、佐原を象徴する一齣です。この河岸には、「正上（しょうじょう）醤油店」（醤油）、「旧油惣（あぶそう）商店」（酒造）、「中村屋商店」(荒物)、「旧伊能家」(酒造・米穀)など、かつての豪商が軒を並べています。総じて間口は広く、主屋と袖蔵が一対となっているのも特徴です。川沿いは風が強いせいか、寄棟屋根や瓦を漆喰で固められた建物も見られます。河岸には「出シ」と呼ばれる荷揚場(石階段)がありました。かつて一軒に一ヶ所ずつあったといい、香取神社へ参詣する旅人も乗り降りしました。旅館や船宿もあり、荷揚待ちの舟が犇めき合っていました。

ところで、佐原といえば、日本地図を作った「伊能忠敬」を輩出した町です。伊能家は名主を務めてきた家柄で、小田原開城の後、この地に帰農し「新宿」を開発したといわれます。伊能家の前にある「樋橋」は、灌漑用の木製の樋を小野川に架けたのが始まりだそうです。

香取街道沿いにも、伝統的な店構えの家が軒を連ねます。間口は狭く三~四間ほどですが、江戸の町を彷彿させる重厚な佇まいを見せています。新宿側には、「正文堂書店」(書店)、「小堀屋本店」(蕎麦)、また、本宿側には「中村屋乾物店」、「福新呉服店」などが並びます。「三菱館」(旧三菱銀行佐原支店)は、ルネサンス様式の建築で、佐原の経済力の証しです。

佐原の町は、利根川東遷との出会いによって「舟運の町」という絶好のチャンスを掴みました。しかし、明治三十一年、総武鉄道が成田から佐原まで延伸され、また昭和十六年の台風のため利根運河が航行不能という事態になります。戦後、自動車の時代となり、三百年にわたり繁栄してきた舟運の町は、静かに終焉を迎えました。

正文堂書店(明治13年築)

中村屋乾物店(明治18年築)

# 佃島（つくだしま）

## ――東京湾の原点

東京都中央区佃

（一辺３km）

佃煮は、小魚や貝を醤油・味醂・砂糖で甘辛く煮た日本の食べ物で、「佃島」が発祥の地です。また、東京湾埋立の起点となった所でもあります。近年の再開発で、ウォーターフロント開発の先駆け「大川端リバーシティ21」という超高層住宅街ができ、一変してしまいました。舟溜りには、もう和船の姿はなく、ＦＲＰ製のカラフルな小船が繋留されています。

佃島の生い立ちを探ってみましょう。かつて、隅田川の河口には「鎧島」（森島）と「向島」という二つの中州がありました。

寛永三年（一六二六）、鎧島には、旗本の船手頭・石川八左衛門の屋敷ができ、「石川島」と呼ばれるようになります。十八世紀の末、南側の浅瀬を埋め立てて「人足寄場」（軽犯罪者や浮浪人の更生施設）が置かれます。池波正太郎の「鬼平犯科帳」で知られる長谷川平蔵の世界です。この人足寄場は、明治には警視庁の監獄署となり、まもなく巣鴨へ移転しました。幕末には、海防の緊要性から幕府の命で、水戸藩の石川島造船所が造られます。明治初めに民間に払い下げられ、石川島播磨重工業（現ＩＨＩ）の前身となりました。

もう一つの中州が「佃島」です。摂津国（大阪）の漁夫たち三十余名が、徳川家康に呼び寄せられ住み着いた所です。彼らは、もともと淀川の中州に住んでいましたが、家康と深い縁があったようです。家康が、源氏所縁の多田神社へ参詣する際、神崎川を渡る船を

佃堀の朝。真っ白な洗濯物が干されると、堀端(舟入り)は、一斉に花が咲いたように華やぎ一日の生活が始まる。乾燥機付洗濯機がなかった頃、日々の暮らしは太陽の動きと一緒に回っていた。かつて東京湾にあった生活感溢れる光景である。今、ここは公園としてきれいに整備され、この光景にはもう出会うことはない。(撮影：昭和54年12月15日朝)

伝統的な町屋と超現代的な超高層住宅群。有力者が住んだ大川沿いには、今、老舗の佃煮屋が並ぶ。後方は「大川端リバーシティ21」。

手配したとか。本能寺の変の際、三河へ逃げ帰るのを手助けしたとか。諸説あって定かではありません。

天正十八年（一五九〇）、家康の関東移封に伴い江戸にやって来ます。初め、安東対馬守や石川大隅守の屋敷に居候（庭番）していました。寛永年間（一六二四〜一六四三）、ようやく、向島に百間四方の土地を拝領します。佃衆総出で舟入りのある埋立地を造成し、正保元年（一六四四）に移り住みます。故郷の地名・佃に因んで「佃島」と名づけました。今も、大阪市西淀川区に「佃」という地名があります。

彼らには、獲った魚を幕府へ献上する見返りに、江戸湾の広い範囲の漁業権が与えられました。余った魚を売り捌いたのが、日本橋の魚河岸の起りです。いわゆる「江戸前」の草分けで、四つ手の白魚漁は江戸前の風物詩となります。あの佃煮も、漁場での携帯食や保存食から生まれたものです。

佃島の人たちは、単に漁業だけでなく、時に水運、土木事業、諜報活動など特殊な任務も担っていたようです。例えば、大坂の陣では、西国の情報収集や軍船の手配に一役買っています。また、明暦大火で焼けた西本願寺の再建では、佃衆が八丁堀沖の埋立をしました。今の「築地」の名はこれに因んでいます。

なお、隅田川左岸に「深川」という所がありますが、この一帯は、家康が大坂の摂津国から「深川八右衛門」を頭領とする集団を呼び寄せて開発させた所です。

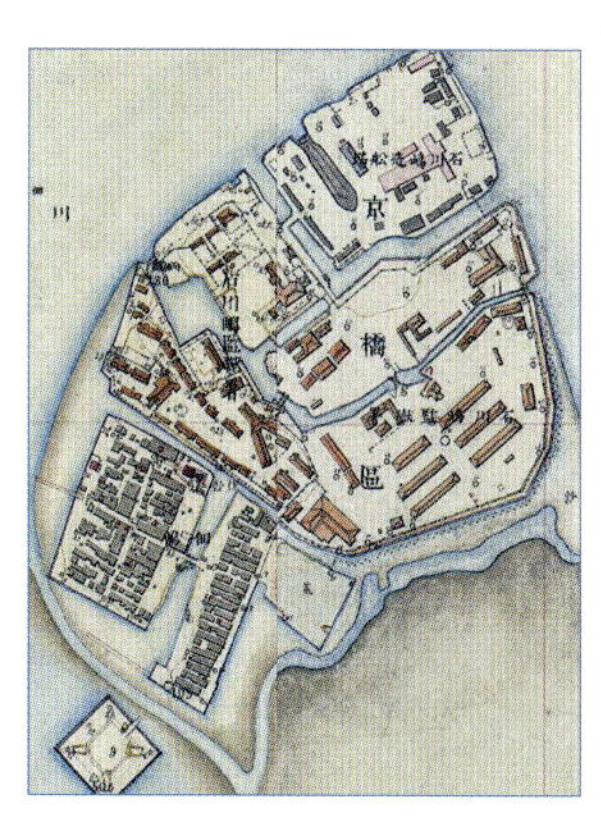

明治初めの地図。上が石川島（造船所、監獄署）で、下が佃島と砲台。

昭和50年頃の佃堀。舟入りには、木造の和船がたくさん係留され、中には新造船も見られる。まだ、江戸前の身近な風景が残っていた。

佃島や深川のことを観ると、家康という人は、人材を見い出すことに長じていたことが窺えます。江戸前の広大な浅瀬をどうするか。同じような低湿地帯に暮す人々の経験や知恵を活かそうと考えたのでしょう。家康が、旧武田家の有能な家臣を召抱えたことは周知のことです。こうした家康の知見や先見性と人材登用は、二百六十余年続いた幕藩体制（官僚機構）の確立と維持、すなわち江戸の発展の礎になっています。

また、今に連綿と続く東京湾の埋立事業は、この佃島を起点としています。元治元年（一八六四）、佃島に南接して佃島砲台が築島され、さらに明治二十年から、ここを基点に隅田川の澪浚（みおさらい）と月島の埋立事業が始まります。この時、埋立地の名前は「築島（つきしま）」と「月島（つきしま）」の両案がありましたが、最終的に後者となります。昔から、この辺りは月の名所であったようです。引き続き、晴海や豊洲へと埋立事業は拡大していきました。

また、佃島と鉄砲洲を結ぶ「佃渡し」は、江戸初めから三百年以上ありましたが、東京オリンピックの昭和三十九年、佃大橋の開通を機に廃止されます。ピーク時には、一日七十往復もしていました。

近年、伝統的な町屋と超現代的な超高層群が混在する風景に魅せられ訪れる人も多いようです。老舗の佃煮屋の暖簾をくぐり、改めて東京湾の移り変わりに思いを馳せるのも一興です。

# 下関（しもせき）

## ――宿駅の豪農屋敷

新潟県関川村下関

（一辺３km）

日本海側から、国道百十三号線を内陸の米沢へ向かうと、三軒の豪邸に思わず目を奪われ足止めされます。佐藤家、津野家、渡辺家のわずか三軒なのですが、独特の街並が形成されています。とりわけ、渡邉家は、街道に面する民家の構えとして傑出しています。

この街道は、新潟県の下越（かえつ）地方（村上や新発田）と山形県の置賜（おきたま）地方（米沢や長井）を結ぶもので、「米沢街道」、また、十三の峠があったことから「十三峠」とも呼ばれていました。大永元年（一五二一）、伊達稙宗（たねむね）が越後侵攻の道として開いたとされ、孫の政宗も小田原へ向かう時に使ったと伝わります。すでに中世には「桂関（かつらのせき）」があり、上流側を上関（かみせき）、下流側を下関（しもせき）（初め関下（せきしも））と呼んでいました。明治三十四年、関村と女川（おんながわ）村が合併し、現在の「関川村」となります。

江戸時代、米沢へ移封となった上杉藩は、日本海へ出る米沢街道の宿駅や伝馬制を整えました。併せて、荒川にも、舟運が下関から河口の海老江、桃崎浜、塩谷との間に開かれます。この荒川三湊（さんそう）には回漕問屋が建ち並び、北前船が沖に停泊し、京都や大坂と繋がっていました。村上藩の蔵米の積出し港でもあり、また、米沢からは青苧、煙草、漆、米、帰り荷には、鉄、綿織物、塩、魚類などが運ばれました。このように、下関は、陸運と舟運の積替え中継地で、人の交流や物流で栄えます。天領や諸藩預かり地で、自由な気風があっ

米沢街道沿いに威容を誇る渡辺家。T字型の平面形をした撞木造りで、広大な間口が間延びしないように、前面壁の意匠を巧みに面分割している。洗練された数寄屋風の建築は、重苦しい雪国にありながら雅な京風の佇まいを見せる。大屋根は石置屋根に鳥衾、梟隠し、また、一階下屋は赤い桟瓦葺き、白壁に黒い筅子下見板張り、連子格子、凹型の式台玄関と多彩な設え。右手前は四半貼り海鼠壁の味噌蔵。

佐藤家。庄屋で大地主。主屋の屋根が前面の平入棟に覆い被さる異様な意匠。両翼に座敷を角出させ、T字型（撞木造り）の平面形となっている。

津野家。かつての廻船問屋。寄棟・妻入の主屋に座敷が角出し、L字型の平面形となっている。

たことも繁栄を後押ししています。

渡邉家（重文）は、街道沿いに一二〇m余りの間口を持つ豪壮な屋敷構えです。主屋の平面形は、東西に間口三十五m・奥行九mの切妻と、南北に間口十八m・奥行三十五mの切妻の二つの建物が、T字型に直交する形となっています。これは「撞木造り」と呼ばれ、長野の善光寺なども同じ平面形です。文化十四年（一八一七）、火事の後に再建されたものです。両翼には、味噌蔵、中門、庭の塀などが連なります。

間取りは、南北に貫通する土間に面して、茶の間、中茶の間、台所、流し場と続く町屋型です。土間は、採光のために吹抜けとし壮大な空間となっています。その奥の大座敷、二之間などは繊細な数寄屋風の造りで、壮大さと繊細さを合わせ持つ建物です。

屋根は「石置木羽葺」で、石がびっしりと置かれています。木羽と呼ばれる手割り板を竹釘で打ち止めています。杉板二十二万枚、川原石一万五千個が使われています。また、庭園は、京都より遠州流の庭師を招き作庭し、庭石には紀州、小豆島、鞍馬石が使われています。これらの石は、北前船の底荷（バラスト）として運ばれてきました。

屋号を「本柱家」といい大庄屋を務めてきました。初代の儀右エ門善高は村上藩の郡奉行でしたが、姫路への国替えに際して、家督を嗣子に譲り桂村に隠居。寛文七年（一六六七）、下関に土着します。二代目三左エ門が酒造業と廻船業を始め、酒造業の発展とともに、米沢藩、鶴岡藩、長岡藩などへ大名貸しも行い、これを元手に土地集積を図り大地主となります。特に、米沢藩からは、勘定奉行格の待遇を受けています。全盛期には、山林一千町歩と田畑七百町歩を所有し、使用人が七十五人もいたといいます。なお、東隣にある「東桂苑」（明治三十八年築）は渡邉家の分家です。

渡邉家の西隣りの「津野家」は屋号を「湊屋」といい、廻船問屋の商家だったようです。T字型の変形ともいえるL字型の平面形で、複雑な形の茅葺民家です。寛政元年（一七八九年）築の建物で、県指定文化財となっています。

その西にある「佐藤家」（重文）は、屋号を「古関屋」といい、古（いにしえ）の関を彷彿させる旧家です。庄屋を務めた大地主でした。大きな茅葺屋根の民家で、二つの寄棟の建物が、T字形に直交する撞木造りとなっています。その豪壮で異様な姿は、マンタのような強烈な印象を与えます。明和二年（一七六五年）の建築です。

渡邉家と佐藤家や津野家では、屋根の造り方があまりにも違うのに躊躇してしまいます。建て主の趣向なのでしょうか。茅葺屋根の方が、この辺りの原形と思われます。

北陸の小盆地の一画に、このような文化財の民家が居並び驚きますが、その立地や歴史を知ると納得できます。それにしても、渡邉家の建物は、日本屈指の民家建築であることは確かです。

渡邉家。大空間の土間に、広間、茶の間、中茶の間、台所が並ぶ。右奥には、式台玄関、二の間、大座敷、お納戸が配される。

# 出雲崎（いずもざき）
## ——切妻妻入の連なる家並
新潟県出雲崎町羽黒町他

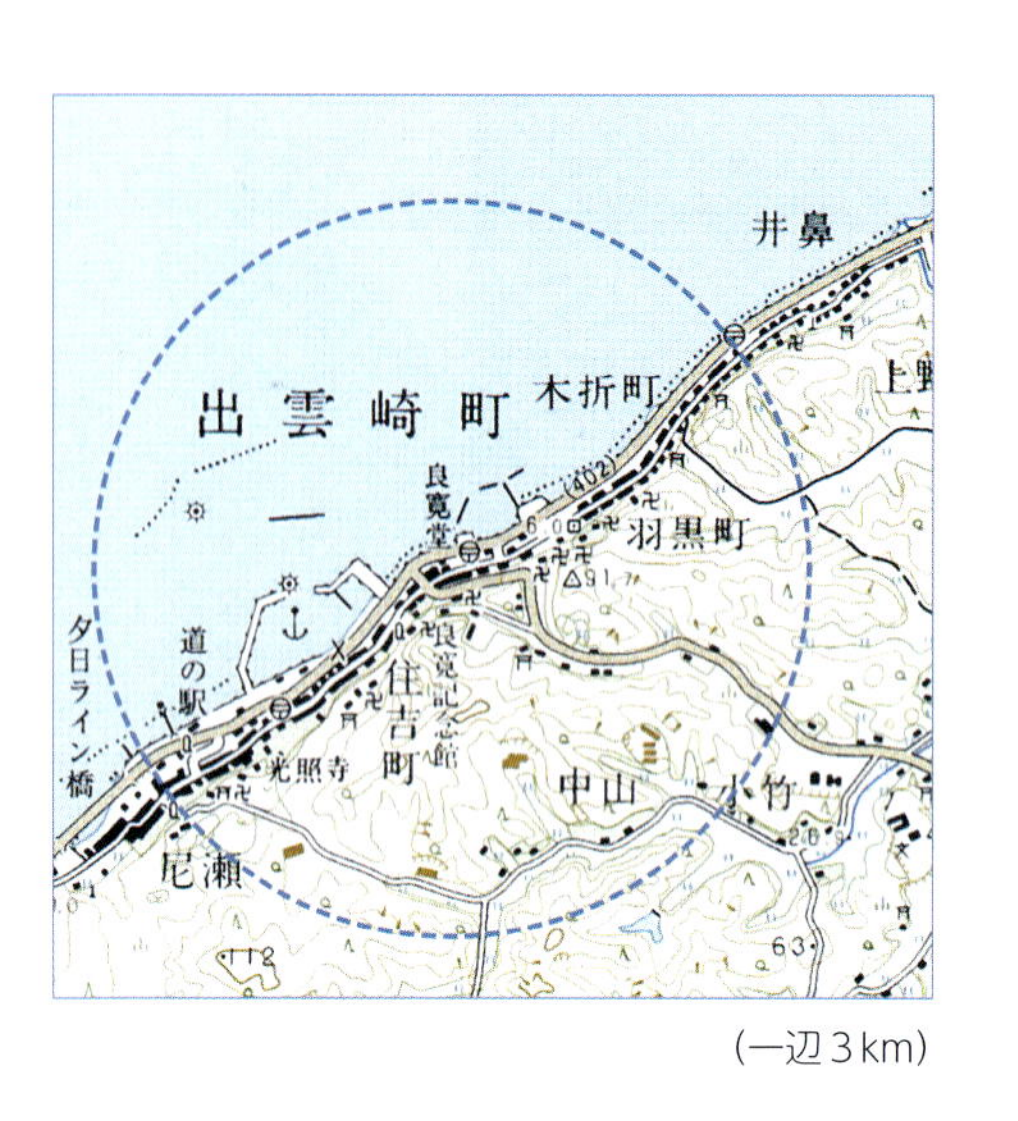

（一辺３km）

高台から見た出雲崎の家並は感動です。この截然（せつぜん）たる眺めは、日本人の心奥にある心象風景です。

出雲崎は、古くから寺泊とともに佐渡への渡海地でした。佐渡には、承久の乱の順徳上皇や、鎌倉幕府を批判した日蓮など、流刑の悲話が伝わります。室町の頃まで、寺泊の方が主役でしたが、戦国期、上杉景勝が佐渡攻略の基地として出雲崎に着目。天正十七年（一五八九）、ここから大軍を渡海させ、本間一族を一掃し佐渡の金銀を手中にします。

ところが、徳川家康は関ケ原で勝利するや、直ちに、佐渡金山を取り上げ直轄地とします。さらに元和二年（一六一六）、出雲崎一帯も天領とし、代官所（七万石相当）を置き、佐渡からの金銀の荷揚港とします。こうして、出雲崎は、その特権と行政の中心地となり、江戸時代を通して寺泊を凌ぎ発展します。岩礁が沖合に横たわり防波堤の役割をし、寺泊より港湾としても優れていました。一方の寺泊は、領主が三条藩→高田藩→村上藩→天領→高田藩→白河藩→桑名藩→天領と変わり、治政が安定しませんでした。

出雲崎は、西廻航路の発達とともに、北前船の寄港や越後米の積出の港となり、同時に、北陸道の宿場町としても賑わいます。さまざまな人々が、急崖下のわずかな土地に押し寄せ住みつきました。こうして、狭い間口の切妻・妻入の街並が、海岸に沿って三・六km

整然と建ち並ぶ切妻・妻入り家並（羽黒町辺り）。左の狭い道が旧北陸道、右の広い道路が昭和50年代初めに通された国道402号線。このバイパス新設の埋立工事で、浜にせり出すように並んでいた高床の「ダシダナ」が消えた。屋根はかつて石置屋根であったが、昭和36年の第二室戸で大きな被害を受け、瓦葺きやトタン葺きに変えられた。沖には佐渡島が横たわる。

羽黒町付近の家並。切妻のギザギザ屋根の街並が旧北陸道に延々と続く。

にもわたり延々と一条の縄のように続いていきました。

　佐渡から陸揚げされた御金荷（おかねに）は、代官所で厳重な荷造りと封印がなされ、二日目に北陸道を西へ向け出発します。高田から北国街道へ、信州・追分で中山道に合流し、江戸城の御金蔵へ送られました。出雲崎から十一日を要しました。この「北国街道」は、御金荷を運ぶための道として、五街道に次ぐ重要な街道でした。しかし、往還の宿場は小さいものが多く、その際には、何ヶ宿かで合同して対応せざるを得なく大変な苦労を強いられました。

　なお、寺泊から高崎へ向かう「三国街道」は距離的には短かったのですが、途中に険峻で無用心な三国峠越えがあり、金輸送には使われませんでした。佐渡奉行の着任や無宿人の島送り（水替人足の補充）に使い、寺泊から佐渡へ渡っていました。

　出雲崎の代官所は、西寄りの尼瀬に置かれ、町の東西には防御の枡形があり、今でも道路の形に名残りがあります。

　そして、狭い街道の両側には、総二階の切妻・妻入の民家が、隙間なくギッシリと建ち並びました。その間口は三間ほどしかありません。いきおい、鰻の寝床のような細長い敷地となり、奥行は凡そ十五間です。この短冊形の細い土地を上手く使うには、切妻・妻入の建物が合理的でした。

　この狭い間口は、狭い土地にできるだけ多くの人々が住むための知恵です。現代の集合住宅でも、高密度な計画には、間口を切り詰めて奥行を深くとります。もちろん日照や換気は犠牲になります。専門家の間では、これを「FS」(frontage saving) と通称します。

また、江戸時代の町場では、税や町役は、間口の大きさに対して課され「間口税」とも呼ばれました。今の固定資産税です。オランダやイギリスでも、窓の数によって「窓税」がありました。どこの国の為政者も課税には抜け目がないようです。

各戸の間取りは、「通し土間」が玄関から裏の「ダシダナ」（浜側の作業場、船小屋や客間）へ貫かれ、みせ、ちゃのま、なかのま、ねまが一列に並びます。二階には、中ほどの吹き抜けを挟んでおもて二階とうら二階があり、若夫婦や子供部屋に使われました。隣家との間隙をお互いに使い合う「ヘヤイ」（仏壇・流し・物置に使う）という工夫も見られます。

また、この地は、古代より草生水（くそうず）（石油）が染み出ていた所で、明治初め、油田が本格的に掘削され、「新日本石油」の発祥地とされます。

間口の狭い民家が、肩を寄せ合ってびっしりと建ち並ぶ。裏はすぐ日本海。

尼瀬地区の漁家。浜に作業場や舟小屋などの「ダシダナ」の名残りらしき光景が見られる。

今では、寺泊の「魚のアメ横」人気で、出雲崎は主役を譲った感があります。しかし、この崖下を通り抜ける往来には、多彩な人たちの足跡が刻まれています。豊臣秀吉、阿国、堀部安兵衛、松尾芭蕉、伊能忠敬、谷文晁、十返舎一九、吉田松陰、山縣有朋と。暮れゆく道端に立つと、彼らの慌ただしい息づかいが伝わってきそうです。芭蕉は、ここで「あら海や佐渡に横たふ天河」を詠みました。子供たちと遊んだ良寛さんは出雲崎の人です。

# 荻ノ島

## ――環状の集落

新潟県柏崎市高柳町荻ノ島

（一辺３km）

荻ノ島集落は、水田を囲んで家々が円形状に並ぶという独特の形をしています。「環状集落」とも呼ばれ、集落研究者にも関心を持たれています。また、茅葺屋根が残ることから、写真家や画家の密かなスポットにもなっています。鯖石川の河岸段丘の上に出ると、そこに桃源郷を想わせるような世界が広がり、不思議な小宇宙が確かに存在します。

荻ノ島は、古くからの集落ですが、明治四十一年の大火で、古文書が焼失して確かなことは分りません。古老の話によると、源平合戦の頃、敗将・木曽義仲の家臣が、ここに流れ着き土着したと伝わります。釈迦堂の場所にあったとされる妙楽寺の創建は延慶年間（一三〇八〜一〇）といわれ、すでに集落が存在していたと思われます。また、松尾神社の境内から縄文遺跡も発見されています。この雪深い東頸城山塊の山間に、早くから、人々の生活が営まれていたことに驚きを隠せません。

荻ノ島集落は、日当たりの良い河岸段丘の上にあり、西端に水源の沢があって、集落が立地するのに優れた地形です。また、南・東・北の三方に谷があり、万一外敵の侵入があっても阻め、背後の山へも逃げ込めます。寛政二年（一七九〇）には三十三戸。明治以降増加し、昭和十三年には最大一〇一戸を記録しました。その後、急速に過疎化が進んでいます。このため、柏崎市は、村おこしに力を入

水田を囲んで環状の道が回され、家々はこの道に沿って行儀よく点々と連なっていく。鯖石川の河岸段丘に上ると、そこに茅葺屋根の環状集落がのどかに広がり、隔絶された桃源郷を思わせる。建物は、豪雪地帯なので「中門造り」が多く見られる。過疎が進み、中央の3棟は宿泊施設や交流施設に改修されている。

水田を囲む環状集落。茅葺屋根が点々と並ぶ。東側から西側（水源の沢）を望む。

「中門造り」の民家。中門にある玄関は、落雪に対処して切妻小屋根としている。

れ、空家の古民家を宿泊施設として活用するなど、この環状集落の保全に力を入れています。別荘として使われている家もあるようです。

荻ノ島の集落は、長径二五〇m・短径一五〇mほどの楕円形の周回道路沿いに、四十戸足らずの家々が連なります。中ほどの水田は「マエダ」（前田）と呼ばれ、そこに「エガワ」という水路が廻らされ、さらに、各戸へ「タネ」という枝堰で生活用水が引かれています。

ふつう、「環状集落」とは、縄文時代の集落形態で、竪穴住居が小さな広場を囲んだ集落の形をいいます。現代では、珍しい集落形態です。この荻ノ島の仲良し輪のような形は、どうしてできたのでしょうか。理由には諸説あるようです。例えば、①湧水近くに家ができ輪状に広がっていた。②田畑を家々で囲み外敵や害獣から守った。③家からの田んぼへの移動距離また日照や水が平等になるようにしたなどと。

村落運営は、「常会」（自治会）に加え、「アタリ」、「隣組」、「マキ」という相互扶助によって行われてきました。「アタリ」は近所同士（二～四戸）の雪処理（「ミチツケ」など）や水管理の助け合い、「隣組」は情報伝達や維持活動、「マキ」は本家と分家また分家同士などの血縁関係による繋がりの単位でした。豪雪地域の荻ノ島では、皆で輪になって村落共同体を維持してきました。余談になりますが、この環状形の平等性は傘連判状を想起させます。毛利元就が、配下の国人衆と盟約を結んだものが有名ですが、集落の強い連帯性を表しているようにも思えます。

家々は、雪国特有の「中門造り」という建物です。この建て方は、北陸から東北の雪深い山間部に見られる独特のものです。積雪時に、家への出入りがし易いように工夫されています。その平面形は、母屋から中門という角屋が突き出しており、L字形や凸形の形をしています。この角屋部分に、玄関、厩、便所、物置があり、中門の屋根は落雪を避けるため切妻にされています。

集落入口にある松尾神社。その古色蒼然とした佇まいは謎めいた歴史を秘める。

中門造りに似たものに「曲屋」がありますが、玄関の位置や向きが違います。中門造りでは、中門の先端に玄関があります。同じ東北でも、雪深い日本海側では中門造り、雪の少ない太平洋側は曲屋となっています。

集落の東入口には、古色蒼然とした松尾神社が鎮座し、傍らに樹齢三〇〇年という御神木の大杉が高く聳えます。この社叢周りは、謎めいた集落の歴史を一層謎びかせます。山間なのに、荻ノ島という地名も疑問です。案内板によれば、「大昔はもうぎの原に沖のような島があり「もうぎケ原沖の島」といわれたのが、いつしか「荻ノ島」の地名になったそうです」と。この辺りには「モウギ」の生える湿原が広がっていたのでしょうか。モウギとは、ヨシやカヤの仲間で「オギ」(荻)を指します。南地区には「沖村」という小字も残ります。

いずれにしても、謎が謎を呼びそうな処です。日本昔話に出てくるような別天の世界です。

# 高田（たかだ）

## ——雁木の連なる町

新潟県上越市高田地区

（一辺３km）

雪国といえば、小学生の頃、教科書に載っていた高田のガンギのことを思い出します。瀬戸内の実家にもガンギがあり、川へ降りる石段のことでした。中学生になって、「鞆の浦」で大規模な石段の船着場をガンギというの知って、「ガンギとは湊のことか」と得心し、高田のガンギのことをすっかり忘れていました。

雪国の「雁木（がんぎ）」とは、歩行者が積雪時でも町なかを支障なく歩けるように、建物から庇を出して、その下を通路としたものをいいます。このような生活路を、黒石（青森県）では「小見世（こみせ）」、若桜（わかさ）（鳥取県）では「仮屋（かりや）」などと呼んでいます。

越後や北信濃で「雁木」と呼ぶのは、庇の高さが家毎に違っていてギザギザとなり、空を飛ぶ雁の群れの形に似ていたことからです。間口が狭いと、ギザギザが一層強調されます。いずれにしても、「雁木」とはギザギザの形や模様のことをいうようです。大型の鋸や将棋の駒組をさすこともあります。雁木の「木」は、その昔、丸太木の階段だったことに因むのでしょうか。高田のガンギに出会い、瀬戸内のガンギのことも氷解しました。

この雁木は、江戸時代の初め、雪深い北陸や東北の城下町に造られました。因みに、「津川」（新潟県阿賀町）では、慶長十五年（一六一〇）、藩主の指示により始められたとして、雁木発祥の地を名乗っています。近世以来、雪国の町場では、家を建てる際に道から

高田地区・大町の雁木。雁木は各戸毎に造られているので、軒高や造作また店先の舗装もバラバラになる。写真のように庇の影も凸凹している。公共の均質なアーケードとは異なり、とても人間臭い通り空間となっている。軒裏には、防雪用の「落とし板」が備えられる。

雁木の庇高が各戸毎に違い、このギザギザした形が雁木の名前に由来する。各家には雪降ろしの梯子も懸けられる。

旧今井染物屋（江戸後期築）。二階の下に雁木のある「造り込み方式」。手前の雁木は庇だけの「落とし雁木」。

六尺ほど後退させ、庇をつけて雁木とすることが慣行で、雁木は雪国の知恵でした。ただ、なぜか武家地にはありません。

この私的空間の繋がりが雁木通りとなり、歩道（公道）のような役割を担ってきました。しかし、明治になって、雁木の私と公の曖昧さが、底地の所有権、税金、建築規制などを巡って、さまざまに相論を起こすことになります。現在でも、基本的に私的空間（軒先）であることに変わりません。

雁木の幅は、三～七尺とまちまちです。糸魚川や三条には幅広いものがあります。雁木では、定期市も開かれ、孫庇を出すのも認められていました。高田の「二・七の市」や「四・九の市」もその名残りです。そういえば、黒石の小見世（小店）という呼び方も、商いの場だったことを物語っています。

高田の町は、寛文五年（一六六六）の大雪時に、大震災に見舞われます。その復興に併せて道路とともに雁木も整備されました。現在、大町、本町、仲町などに総延長十六km余りの雁木が残り、もちろん日本一の長さです。雁木の形態には、庇上に二階がある「造り込み雁木」と、庇だけ出した「落とし雁木」があります。大町通りの旧「今井染物屋」は、前者タイプの貴重な遺構です。なお、この方式は現在では認められていません。

ところで、高田城は、平城なのに石垣も積まれず、濠と土塁で固め天守閣もありません。大名普請による城としては不自然です。この高田城は、慶長十九年（一六一四）、関川の微高地にいきなり築かれました。上越の地には、松平忠輝（徳川家康の六男）が、外様・前田家への備えとして七十五万石で海辺の福島城に入ります。この福島城は、堀氏が慶長七年に春日山城に替わり築城したものですが、忠輝は、海に近過ぎて「住み心地が悪い」といって、内陸部の高田へ引っ越しを決めてしまいます。忠輝の正室は、伊達政宗の娘・五郎八姫（いろはひめ）で、政宗自らが普請を指揮したといいます。ただ、忠輝は、父・家康と折り合いが悪く、大坂の陣後に改易となります。

この高田には、日本最大級の寺町があります。町の西側に、南北二〇〇〇m・東西三〇〇mという広大な範囲に、六十余の寺が整然と並び広がります。町の規模からみて不相応に大きな寺町です。幕府が、西の前田家への備えとして配置したとの説もありますが、定かではありません。六割の寺が浄土真宗。ひと際立派な浄興寺は重要文化財です。近年、この寺町地区にも、住宅が建てられ蚕食されつつあるのは残念です。

昭和四十六年、当時の高田市と直江津市は合併して「上越市」となります。「地域自治区制度」で、それぞれの自主性を尊重し行政が進められているそうです。しかし、歴史を誇る「高田」と「直江津」の地名が消滅してしまったのは寂しい限りです。高田駅と直江津駅の駅名が残るのがせめてもの慰めです。

寺町にある壮大な浄興寺（浄土真宗）。本堂は延宝７年（1679）頃の建立。入母屋造・杮葺・間口28.2m・奥行27.8m。

# 砺波平野（となみへいや）

## ——広がる散居村

富山県砺波市・南砺市

（一辺3km）

砺波平野の眺めは、日本の誇るべき農村風景です。屋敷林が、多島海に浮かぶ島々のように広がります。田に水が張られる頃、日没の眺めは感動的な光景を見せます。このように一戸ずつバラバラな集落形態を、日本で「散居村」、ドイツで「Einzelhof」（孤立荘宅）といいます。屋敷林は「カイニョ」とも呼ばれ、垣根（かきね）の訛ったものといわれます。冬の季節風や吹雪、春のフェーン現象、また夏の陽ざしから人々の暮しを守ってきました。

庄川は、白山と飛騨の山々の水を集めて砺波平野に流れ出ます。氾濫の度に川筋を縦横に変える暴れ川でした。天正十三年（一五八五）の大地震に伴う洪水の後、ほぼ現在の流れに収束されました。江戸時代に入ると、加賀藩は、庄川本流を東側に固定し、高岡城下の水害対策と扇状地を灌漑する用水の整備に取りかかります。まず、弁財天付近に大きな堤防「松川除け（まつかわよけ）」を築き、既存の千保川、野尻川、中村川、荒俣川を基幹用水にして、新たな用水路網を整備しました。例えば、現在の「二万石用水」は、野尻川を下敷きとしたものです。これらの工事には、寛文十年（一六七〇）から約四十余年かけて、延べ一〇〇万人を超える労力が費やされたともいわれます。こうして、豊かな穀倉地帯へ生まれ変わっていきました。扇状地の水田は、「ザル田」といわれ水持ちが悪いのですが、庄川の豊富な水のお蔭で、水に事欠きませんでした。生活水は、地下水位

砺波平野に広がる散居村（閑乗寺公園から）。このような散居風景は、簸川平野（島根県）、胆沢扇状地（宮城県）、飯豊扇状地（山形県）などでも見られるが、やはり圧巻は砺波平野である。このカイニョ（屋敷林）が散らばる風景は、計画的につくられたものではなく、偶然と必然が相互に重なり形成されていったものである。凡そ100m間隔に点在する屋敷林は、阿吽の呼吸による約束事（社会的距離感）がつくり出した日本の絶景といえる。後方の砺波山丘陵には、源平合戦で有名な倶利伽羅峠があり、ひと山越えれば加賀国（石川県）に入る。

アズマダチの東面。大きな妻面を貫と束の繊細な格子組で巧みに意匠。裏（西側）にはスギの屋敷林が屹立。

が深いため、井戸でなく用水からでした。

この散居形態ができた背景を探ってみましょう。開墾当初は扇状地に散らばる微高地から始められました。今でも「高」や「島」のつく地名が点々と残ります。加賀藩は「田地割*」を基本としながらも、砺波では「引地」を認め、屋敷周りに田を持つことを黙認しました。屋敷周りに田んぼがある方が、都合が良いからに他なりません。少し深読みすると、藩は一向一揆を警戒していたのかも知れません。なお、近世の新田開発や近代の屯田兵の集落では、路線型の形態が一般的です。

この散居する住まい方から、「カイニョ」が生まれました。屋敷林は、冬の西の季節風や吹雪、春の南からのフェーン現象による強風から家を守ります。南と西には、スギ、ケヤキ、アテの高木、北と西にスギやタケが植えられました。スギの林はスンゴシワと呼びました。これらは、家の建替や修理の建材、生活道具の用材、落葉や枝木は炊事や風呂焚きに利用され、そのほかに、果樹や花木、食用や薬草になる草本類も育てられました。屋敷林と石垣（ハドリ）は、水害からも守ってくれます。外周には水路が通され、敷地内の「ホタケ」に引き込み洗い場がありました。入口近くに「灰納屋」が置かれ、藁灰を貯めて消雪剤や肥料にしました。さまざまな植物に囲まれたカイニョは、自給自足の暮しを支える小宇宙でした。

灰納屋。屋敷の入口付近に置かれ、藁灰は消雪や肥料に使われた。

アズマダチの「ワクノウチ造り」の大広間。太い柱と梁で圧倒的な大空間がつくられる。木部は漆塗り。

主屋は、東向きに建てられ、土蔵は南東隅、納屋は北東側に置かれています。主屋は「アズマダチ」と呼ばれる砺波独特のものです。大きな切妻・妻入の建物で、正面となる妻面には、束と化粧貫の美しい格子が組まれています。堂々として繊細な造形美は、とても印象的でアズマダチの大きな特徴です。

間取りは広間型。その広間は「ワクノウチ造り」（枠の内）という大空間になっています。上大黒柱と下大黒柱に巨大なウシ梁を架け、そこにハリマモン（梁間物）という太い梁を直交させています。周囲にはヒラモン（平物／梁成一〜二尺）という差鴨居（さしがもい）が回されます。総欅を最高とし漆塗り仕上げです。広間は、三間四方もある大きなもので、家の格を象徴するものでした。

かつて、越中では、入母屋のクズヤ（茅葺屋根）の家でしたが、この砺波地方では、風が強いため寄棟のクズヤでした。明治の中頃から昭和二十年代かけて、そのグズヤの改築や建替えが流行し、現在のようなアズマダチという造りになりました。

この砺波平野の風景は、日本の田園風景の中で異彩を放つものです。しかも、春夏秋冬毎に、別の顔を見せてくれます。世界的にも稀有な農村景観です。米本位制という社会条件の中で、暴れ川・庄川を上手く手なずけ、英知を集めてつくり上げた傑作です。日本人の知恵と感性の懐深さに感服してしまいます。

＊田地割とは、年貢義務の公平性を期すため、適時、土地をくじ引きで決め交換する仕組み。

(一辺3km)

# 上大沢（かみおおさわ）

## ——間垣で固める集落

石川県輪島市上大沢

奥能登の断崖下に、周囲を竹垣でがっちりと固めた浦集落があります。まるで戦国時代の武装した砦のように見えます。この竹垣を「間垣（まがき）」と呼びます。冬の強い季節風から家屋敷を守る防風、防飛沫、防砂、防雪のためのものです。

海岸の狭い土地では、しっかりした屋敷林を植える余地もなければ、よしんば植えてもなかなか育ってくれません。この間垣は、厳しい地形と気象条件を生き抜くための暮らしの知恵でした。

強い風の日、木立や竹垣・柵の隙間からヒューヒューと笛を吹くような音が聞こえてきます。これを「虎落笛（もがりぶえ）」といいます。この言葉は、木枯らしが「虎落（コラク）垣」を抜ける様を表し、冬の季語として使われてきました。虎落（もがり）笛は、罠に落ちた虎が悶える悲鳴に譬えています。虎落とは中国の虎除けの竹柵のことで、「虎落（コラク）垣」は粗い割竹を斜めに組んだ垣根をいいます。中国の「コラク」を日本では「もがり」という。何と絶妙な表現でしょうか。

上大沢の集落は、この謎めいた間垣で周りを覆い囲んでいます。家屋の方は、切妻屋根に黒い能登瓦が敷かれ、外壁は下見板張りです。隣町の大沢も間垣を廻らしています。夏に通りかかると、その異様な姿に驚き戸惑いますが、冬に訪れれば直ぐ納得できます。この間垣は、上大沢と大沢では見られますが、同じ外浦海岸の輪島、白米、珠洲には見られません。風当りが強くないのか、材料となる竹

上大沢集落の間垣。この集落は、竹簀を逆さに並べ立てたような「間垣」で周りをぐるりと囲み、臨戦体制でもとっているように見える。所々に小さな入口があり、中に入ると、強い季節風の吹荒れる日でも別天地である。この写真の間垣は、晩秋に補修を終えたばかりの真新しい間垣である。こうして、集落は厳しい冬への万全の備えをする。左の川は男女滝川。

がないのかよく判りません。

　間垣は、「アテ」（アスナロ／能登ヒバ）を組木にして「ニガタケ」（苦竹）の細い竹をさしてつくります。高さは四〜五mほどで二階の軒付近まであります。先端は竹の小枝がついたままなので、竹箒（たけぼうき）を逆さにして並べたように見えます。アテの丸太支柱は二m間隔、横木は一m間隔です。支柱の地中部分は、腐食しにくいように焼いてあり、アテなら三十年、カナアテなら五十年もつといわれます。

　間垣は年中そのままにしてあり、冬は風と寒さを凌ぎ、夏でも涼しく過ごせるそうです。季節風が吹き荒ぶ時、虎落笛の音色で風の強さが判るといいます。夏には、西日を遮り、隙間から鞴（ふいご）のように涼風を送ってくれます。

　秋になると、冬に備えて集落総出で間垣の補修をします。各家では、秋までに三〇〇本ほどの新しい竹を用意しておきます。二〜三年もののニガタケを使います。組木を点検してから、朽ちて傷んだ竹を取り除き、上方から新しい竹を差し込んで交換します。冬の間でも、烈風で傷んだ箇所が見つかれば、共同で補修して回ります。こうした作業で、村の強い絆がつくられてきました。

　風除け垣には、木板、丸太、半丸太も使われています。しかし、地元の人がいうには、風も音も一番よく和らげて

東隣りの大沢地区にある間垣。激しい風で間垣も歪んでくる。間垣に切り込まれた入口から、微笑ましい生活の様子がこぼれてくる。

くれるのは、やはり「竹」だそうです。竹垣の隙間から風を適当に逃がし、上部の小枝が風の勢いをうまく分散させてくれるのでしょう。

高い間垣の屹立する姿は、かなり閉鎖的な印象を与えますが、間垣の小さな入口から、お年寄りや子供の姿が見え、間垣内の微笑ましい生活の様子も窺がえます。どこか雪カマクラに似た楽しさを連想させます。隣りの大沢では、連なる間垣の一角に竹カマクラのバス待合所が間垣に組み込まれており、井戸端会議の場になっています。

風の強い地域は、風除けのためのさまざまな方法が採られてきました。興味深いことに、日本海側と太平洋側では異っています。日本海側では、木や竹で風を柔らかく受け逃がす風柵が多く見られます。東北や北陸では「木柵」が多く、津軽半島では「カッチョ」という木柵が知られます。「竹柵」は、島根半島の「鷺浦」でも見られます。一方、太平洋側にいくと、強風地帯の志摩、室戸、豊後水道では、固い石垣でがっちりと身を防御しています。この柔構造と剛構造の違いは何処からくるのでしょうか。

奥能登の厳しい自然に、我慢強くつき合いながら、力強く生き抜いてきた人々に感服します。改めて日本人の逞しさと知恵に胸を打たれます。

島根半島の鷺浦では、太い半割竹の風除け竹垣が高く立てられる。北前船の寄港地でもあった。

津軽半島の「カッチョ」。脇元では、木柵が太い丸太で支えられ、西からの地吹雪に備える。遥か南に津軽富士が見える。

# 東山(ひがしやま)

## ——粋極まる花街

石川県金沢市東山ほか

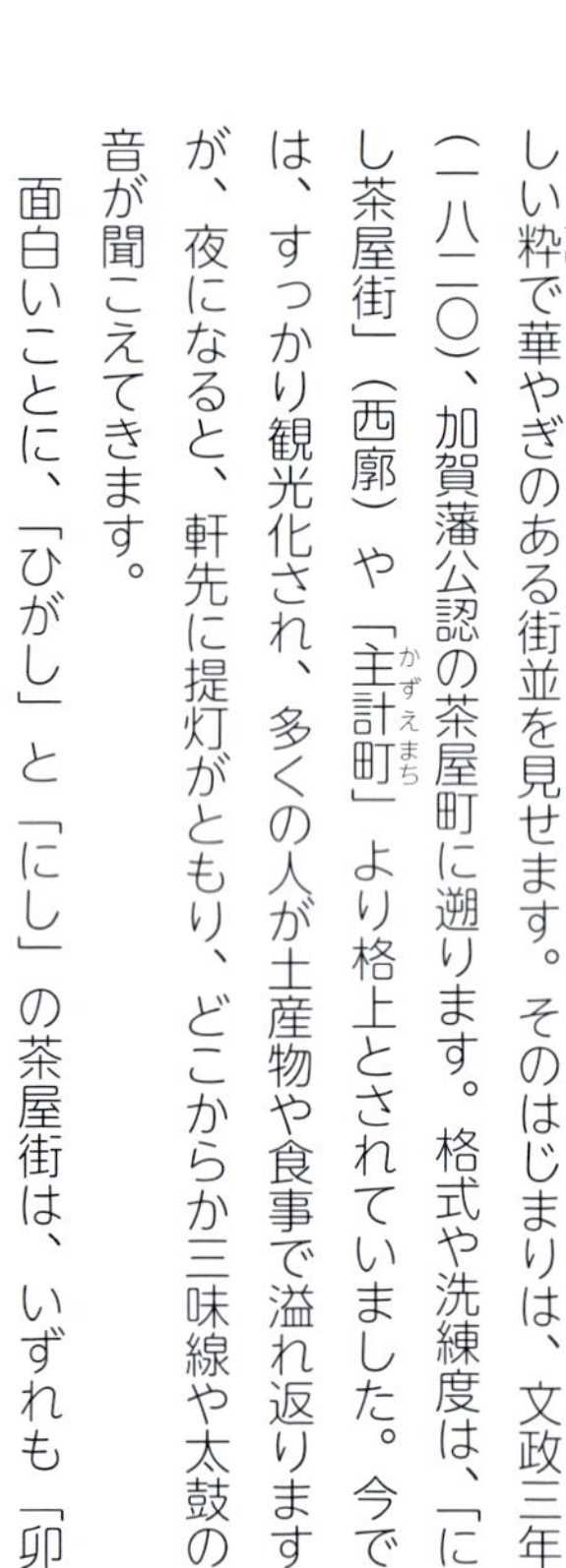

（一辺３km）

「ひがし茶屋街」（東廓）は、卯辰山(うたつやま)の西裾にあった花街(かがい)。金沢らしい粋(すい)で華やぎのある街並を見せます。そのはじまりは、文政三年（一八二〇）、加賀藩公認の茶屋町に遡ります。格式や洗練度は、「にし茶屋街」（西廓）や「主計町(かずえまち)」より格上とされていました。今では、すっかり観光化され、多くの人が土産物や食事で溢れ返りますが、夜になると、軒先に提灯がともり、どこからか三味線や太鼓の音が聞こえてきます。

面白いことに、「ひがし」と「にし」の茶屋街は、いずれも「卯辰山寺院群」と「寺町寺院群」という大きな寺町と隣り合せています。また、浅野川と犀川の外側に位置し、北国街道も通っています。そもそも、茶屋は、寺社参りの帰りにチョイと立ち寄るもので、寺社の参道に寄り添うように立地してきました。京都の祇園や上七軒、また伊勢の古市遊郭もそこから始まったものです。同じ花街でも、お上公認の島原や吉原とは少し事情が違っています。

もともと、金沢の地は一向宗（浄土真宗）の拠点で、「金沢御坊」（尾山御坊）の寺内町でした。これを織田信長が攻略し、前田利家が城下町に造り直したものです。三代目・利常は、金沢城の防備、寺社の管理、人別（戸籍）、一向宗対策から、寺院を三ヶ所に集約します。これが、「小立野(おだつの)寺院群」、「卯辰山寺院群」、「寺町寺院群」の三つの寺町です。一向宗の寺は、そのまとし監視の目を光らせ

「ひがし茶屋街」。壱番町には、本二階建ての茶屋建築が整然と並び、紅殻塗りの「木虫籠」と呼ばれる出格子が連なる。この木虫籠は金沢特有のもので茶屋街を卓越する意匠である。格子の竪子断面は台形となっており、長辺が表側で外から内部は見えにくく、内からは外の様子を見やすくしてある。断面寸法は、短辺6mm、長辺15mm、厚さ8mm、間隔は6mm。稀代の美食家・北大路魯山人は、この金沢で、審美眼を細野燕台、料理を「山乃尾」(正面山腹の料亭旅館)の太田多吉、陶芸を山代温泉の須賀菁華から学び才能を開花させた。

ひがし茶屋街の家並。細い通りは参番町。右奥が壱番町。

ひがし茶屋街の東奥にある横路地。

ました。

寺院が集約されると、必然的に多くの参拝客が集り、茶屋も建ち並ぶようになります。また、城下町の発展につれて、街道筋には水茶屋や掛茶屋、町場にも色茶屋、引手茶屋、出合宿など、飲食や遊興のさまざまな風俗店が現れてきます。元禄の頃には、武士が闇経営する出合宿が摘発されるという事件まで起きます。藩も風紀上の問題を放置できなくなり、散在する茶屋を東西二ヶ所に集めて公許の遊郭街としました。これが「卯辰茶屋町」と「石坂茶屋町」でした。それでも、風俗の乱れは一向に収まらず、この二つの茶屋街を一旦廃止します。しかし、藩は闇営業を取り締まり切れないため、既成事実を容認。慶応三年（一八六七）、これらを再び「東新地」と「西新地」として復活させます。

もともと、「ひがし茶屋街」は、古刹・観音院の参道の北一帯に広がる茶屋などで混み合う所でした。藩は、この歓楽街を新たに町割りして、公許の「卯辰茶屋町」として再開発しました。おおよそ東西一八〇m・南北一三〇mほどの範囲を区画整理。外周を木柵で囲んで、西に表大木戸、東に裏木戸を設けました。

壱番町の表通りには、軒の高い本二階建ての茶屋建築を整然と並べ、格調ある雅な街並ができました。各々の茶屋は、間口四間・奥行一〇間余りの短冊型敷地に、中庭を採り入れています。二階が客座敷で、表側には縁と高欄が配され、ガラス入りの小窓を横列に並べた瀟洒な雨戸がはめ込まれています。祇園の新橋では二階には簾（すだれ）が吊るされ

主計町の裏路地。この界隈は昼でも薄暗く、河岸段丘への登り坂は「暗がり坂」と呼ばれた。どこからとなく三味線の音も聞こえてくる。藩政期、この辺りは浅野川左岸の河川敷で西内惣構の外にあった。

主計町の「あかり坂」。名づけ親は五木寛之。

ていますが、金沢の方が意匠的に洗練されています。また、内部の意匠は、金沢独特の鮮やかな群青壁や紅の弁柄壁が塗られ、非日常的な空間に仕立て上げられています。「志摩」（重文）や「中や」（お茶屋美術館）では、開業時の茶屋建築が公開され、大人の社交場を身近に体感できます。また、卯辰山の山麓には、五〇ほどの寺院が立地し、七面小路の界隈には坂の寺町も広がります。

他方、「にし茶屋街」は、北国街道や犀川舟運で賑わった場所でしたが、今では小規模にしか残りません。「寺町寺院群」は、京口防備の観点から重視され、七〇余りの大寺院が集められており、忍者寺と呼ばれる出城のような妙立寺もあります。

「主計町」の名は、加賀藩の重臣・富田主計重家の屋敷があったことに由来します。明治二年に茶屋町が置かれ、尾張町や橋場町の旦那衆の贔屓でした。この裏路地辺りはとても魅惑的で、紅の弁柄壁の路地は、堪らなく怪しげな気分を誘っています。昭和四十五年、新住居表示により「尾張二丁目」となりましたが、地元の強い要請で平成十一年に「主計町」に戻ります。この全国初の旧町名復活劇は、歴史を大切にする金沢人の真骨頂といえます。

金沢では、「ひがし」、「にし」、「主計町」の三花街の残照に触れることができます。こんな町は京都以外に見られません。金沢には、どこか一味違うものが宿っています。

# 長町（ながまち）

## ――文化香る武家屋敷

石川県金沢市長町

（一辺3km）

どうして、金沢には、あのような雅な「加賀文化」が根づいたのでしょう。ほかの城下町では、大藩といえども、芳醇な文化の香りはなかなか匂ってきません。

戦国期、金沢は一向宗の拠点・尾山御堂の寺内町でしたが、織田信長により解体され、賤ヶ谷の戦い後、前田利家が城下町に造り替えました。

しかし、慶長四年（一五九九）、藩祖・利家が没するや、利長（利家の長男）は、徳川家康から謀反の嫌疑をかけられ、母・芳春院（まつ）を人質に出すなど、家康との神経戦に悩まされます。このため、幕府の警戒の目を逸らすために、文化や工芸といった文化政策に力を注ぎます。京都などから、優れた学者、文人、茶人、工人を招いたことから、能楽、素囃子、茶の湯、工芸が育ちます。これらが、加賀の魅力的な衣食住の文化の下敷きとなっています。同時に、世にいう加賀藩の優柔不断さも持ち合わせることになります。

金沢の地は、浅野川と犀川の天然の濠に挟まれた小立野（おだつの）台地の先端に位置しています。城下町は、台地の上に東西に「外惣構（そとそうがまえ）」と「内惣構」の二重の濠と土居で防御を固めて造られています。すなわち、城下町は二重の濠で、さらに城郭は四重にも五重にも濠で守られていました。まさに専守防衛の総構えの城下町です。なお、天守閣は、落雷で焼失したまま再建されていません。

大野庄用水に沿う武家屋敷。風雅な石垣と土塀が清冽な水の流れにまかせて続く。辛子色の土塀が、濃い樹陰や苔むす石垣の織り成す紋様を帯のようにきりりと引き締める。無粋な橋が所々に無造作に架けられているのも愛嬌か。この風情は、必ずしも意図されたものでなく偶然の産物かも知れないが、加賀人の美意識が、気負うことなく創り上げた美の総積分にほかならない。

長町・武家屋敷の路地。突き当りは鉤の手となる。新家邸には武者窓付きの長屋門が構えられる。

内惣構には、主に上級や中級家臣の武家地が、外惣構には、武家地と町人地が混在していました。西内惣構内にあった尾張町には、利家の出身地・尾張から呼び寄せた人たちが、また、近江町には近江商人が軒を並べるといった具合でした。長町の武家屋敷は、西外惣構のすぐ外側に位置し、中級武士の屋敷町でした。

この城下町には、特筆すべきものに「用水路」があります。辰巳用水、鞍月用水、大野庄用水など大小五〇余りの用水路が、防火、生活水、灌漑、庭の池、水車、融雪、染物、防衛のために台地の上に引かれています。特に、辰巳用水は、長さ約一〇km（トンネル部分四km）という大規模なものです。早くも寛永九年（一六三二）に完成しており、江戸の玉川上水より二〇年以上も前のことです。

長町を流れる大野庄用水は、犀川から引かれた古い用水です。緩やかに曲がりながら潔よく流れる光景は、この武家屋敷のシンボルです。金沢築城の折に木材を運んだといわれ、「御荷川」（鬼川）と呼ばれたそうです。下流で木曳川に合流して金石湊（金沢の外港）に至ります。

大野庄用水に架かる「二の橋」を渡って一歩武家屋敷内へ入ると、土塀に囲われた別世界が広がります。取り済ました武家屋敷が、土塀と門を連ねて静かに佇みます。「大屋邸」の傍には鉤の手があり、「新家邸」には、武者窓のあ

大野庄用水沿いに連なる瀟洒な石垣と土塀。

土塀の石垣。戸室石で風雅な趣きを演出。

野村邸の庭園。濡れ縁の前を曲水が流れる。

る立派な長屋門が構えられています。土塀の壁は、柔らかな辛子色で版築(はんちく)のせいか、微妙な風合があります。土塀の屋根は、かつて軽妙な木羽葺(こばぶき)でしたが、今では少し鈍重な瓦葺となっています。土塀下部の石垣は、間知(けんち)石積(いしづみ)・野面(のづら)仕上げで、常願寺川の石や戸室石(とむろいし)が使われています。青味や赤味を帯びた胴割石（半割石）が紋様のように組み積まれています。そこには、金沢人の優れた審美眼がみてとれます。この土塀通りを抜けると、鞍月(くらつき)用水（西外惣構）を渡って香林坊に出ます。

　大野庄用水沿いにも、武家地の遺構が残ります。例えば、旧野村家。利家の直臣だった野村伝兵衛信貞の屋敷跡です。馬廻衆(うままわりしゅう)の組頭や奉行職も務めた由緒ある家柄でした。大野庄用水から引き込んだ「曲水」など、加賀武士の雅な嗜みを伝えています。玄関前の大きな敷石も豪快さの中に風雅を感じさせます。明治に入ると住人が変わり、現在の建物は、橋立（加賀市）の豪商・久保彦左衛門の離れ・浜御殿を昭和初期に移築したものです。

　ところで、「萩」（山口県）にも、土塀の連なる武家屋敷町が残ります。萩の町は、平坦な低湿地に幾何学的な格子状の町割りをしたものです。土塀越しの夏みかんが風物です。一方、金沢の方は、複雑な丘陵地に等高線に沿いながら水を上手く引き込み、たいへん変化に富んだ表情を見せています。

　いずれの町も、戦災に遭わず近世の城下の骨格を残し、過ぎし日の姿を今に伝えます。たいへん喜ばしいことです。近世を象徴する城下町が、日本にもう少し残っていれば、旅の面白さも倍加するのでしょうが。

# 白峰（しらみね）

## ――白山信仰とともに

石川県白山市白峰

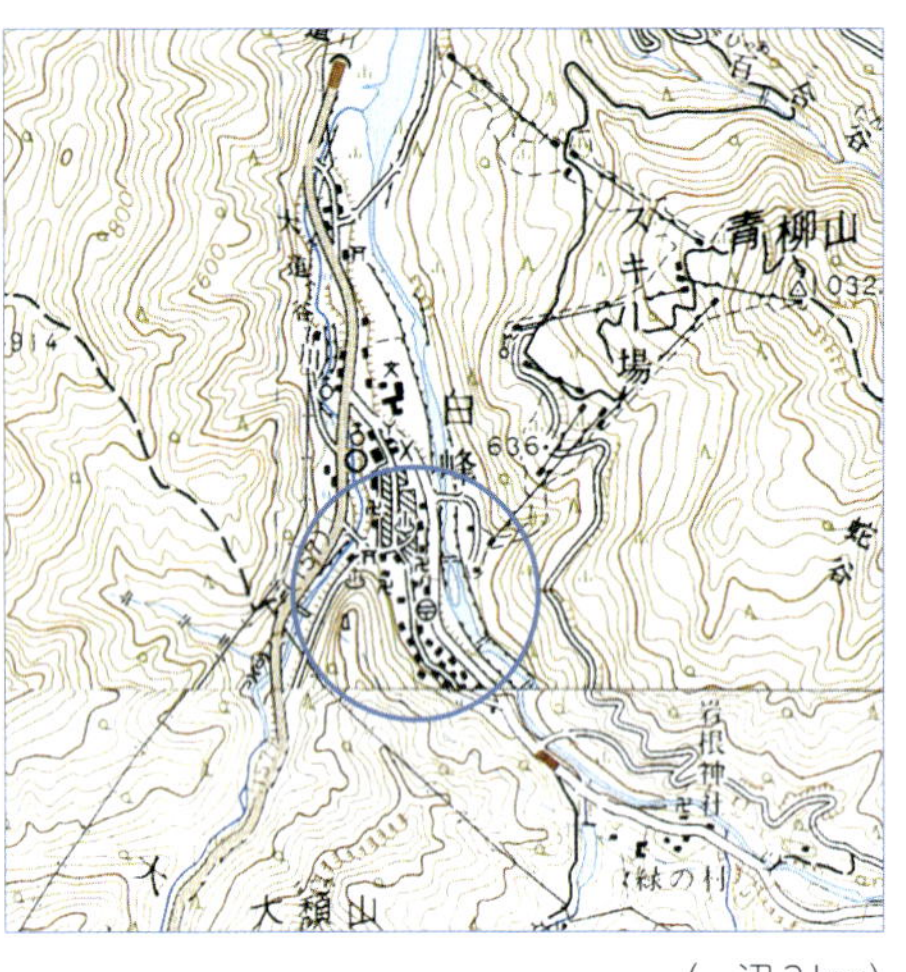


（一辺３km）

「白峰」は、白山連峰の西麓にあり、手取川の最上流に位置します。大変な豪雪地帯の秘境にあります。近年まで「ジゲ弁」という特殊な方言が話されていたといいます。

白峰の歴史は古く、養老元年（七一七）、越前の僧・泰澄大師が白山を開山。この地に守護神の「牛頭天王」を祀ったことから「牛首」と呼ばれていました。白山信仰が広がり体系化されると、「禅定道」（登拝道）が、越前、加賀、美濃から開かれます。近世になると、越前禅定道と加賀禅定道が、この牛首を通るようになり、それまで間道（脇道）にあった牛首の村は、中継地として賑わうようになります。

一方で、牛首の村は、時代の激しい荒波にも晒されます。戦国期、蓮如が越前・吉崎に入ると、一向宗（浄土真宗）の教線が一気に拡がります。白峰の林西寺も、天台宗から蓮如に帰依し宗旨替えします。今でも、真宗大谷派の寺が四つもあり、真宗王国の一翼を担っています。長享二年（一四八八）、加賀に一向宗徒による「百姓ノ持チタル国」ができ百年にわたり続きます。しかし、天正八年（一五八〇）、織田信長が尾山御坊を攻め落とし解体されます。このとき、南加賀の山内衆は、手取川中流の「鳥越城」に籠城。二年にわたり徹底抗戦しますが。天正十年三月、山内衆・七ヶ村は焼き払われ、三〇〇余人が河原で磔刑にされるという悲惨な結末を迎えます。

太鼓楼を揚げる行勧寺の庫裏。太鼓楼は浄土真宗寺院の象徴であり、時報のほかに有事（緊急事態）を伝達するものであった。屋根は珍しい栗材の木羽葺きである。正面１階に「式台玄関」と「内玄関」の二つがあり、さらに２階には冬季の出入口である「大背戸」が備えられる。左の立派な石垣は、旧大庄屋・山岸家のものであるが、他の家々は、敷地を囲う塀などはなく開放的な佇まいをしている。

白山麓18ヶ村を治めた大庄屋の山岸家。３階建て大壁造りの大民家。立派な黒い塀重門を構える。2、３階は蚕室で採光と換気の小窓が並ぶ。

この頃、「白山麓十六ヶ村」は越前国に属し、加藤藤兵衛という土豪が仕切っていました。かねてから、越前と加賀の間では、白山の利権や杣取権（そまとり）を巡って相論が絶えませんでした。このため、幕府は、越前の十六ヶ村に加賀の二ヶ村を加えた「白山麓十八ヶ村」を天領とし、牛首の山岸十郎右衛門を大庄屋とします。代官所は遠く本保（福井県越前市）にありました。

明治の世に変わると、天台宗・平泉寺（勝山市）が廃仏毀釈の嵐に巻き込まれ、白山山頂と禅定道は、加賀の白山比咩（しらやまひめ）神社の所管となり、白山麓十八ヶ村も石川県に編入されます。ここに越前の白山から加賀の白山が誕生しました。

牛首の村は、深い山奥の地にあるとは思えないほどの大きな集落で、早くから町場の様相を呈していました。元禄の頃に家数二三三戸、幕末には五三六戸を数えています。明治頃の紀行文にも「警察分署、登記所、宿、料理店、雑貨店、飲食店、呉服屋、芸奴、消防の施設が建ち並ぶ」と記されています。近世には、白山登拝の中継基地に加え、養蚕、出作り焼畑、また冬期の出稼ぎも盛んになります。その中でも、養蚕は現金収入源として力が入れられ、明治初期、北寄りの桑島に近代的な製糸工場もつくられます。とりわけ、「牛首紬」は耐久性に優れた織物として重宝されました。

白峰の建物は、おおよそ切妻・平入り総二〜三階建て、黄土色の大壁（おおかべ）造りの家です。二、三階は蚕室で、春と夏の二度飼いが行われていました。縦長の小窓は採光と通気のためです。総建ては、土地を有効に使って養室を多くとる

尾田家（重文／白山ろく民族資料館）は、五十谷にあった永住出作り農家で、屋根は強風に耐える「根葺屋根」（ナバイ小屋）となっている。

雪降ろし用の大梯子が常設される。（与平）

ためです。大壁（おおかべ）造りとは、柱を壁に塗り込めてしまう建て方で、白峰では土壁厚十五～八㎝ほどあります。素朴な風合いの大壁に小窓が小気味よく並びます。少し異国的な感じですが、白峰の民家の魅力でもあります。土蔵の方は白漆喰が塗られ、高い腰板壁が張られています。雪の重みを「ツカセ」という頬杖（ほおづえ）で軒を支えています。また、屋根の雪下ろしのために、常設の「大梯子」が架けられています。栗材の頑丈なもので、家の格式を示していました。深雪時に二階から出入りする「大背戸（おおせど）」も設けられています。興味深いことに、妻側に「仏壇出し」という下屋がつけられ仏壇を納めます。仏壇の上を踏まないようにと、まさに真宗王国の真骨頂です。

ところで、合掌造りで有名な白川郷は白山の東麓で、ちょうど白峰の反対側に当たります。どちらも秘境で豪雪地帯。天領で熱心な真宗信者の村。養蚕も盛んな所でした。しかし、建物の形態は全く違っています。白川郷は急勾配の茅葺きで、白峰は緩勾配の木羽（こば）葺きです。白川郷には大背戸、大梯子、仏壇出しもありません。ひと山越えるだけで、こんなにも建物や風習が違うのか考え込んでしまいます。

町の入口近くに「白山ろく民族資料館」があり、手取川ダムで水没する古民家が移築保存されています。ここは、白峰の暮らしを知る上で必見です。白峰は、想像を絶する地形や気象条件に加え、政治的な揺さぶりに耐え抜いてきた不屈の町といえます。

# 橋立（はしたて）

## ——日本一の金持ち村

石川県加賀市橋立町

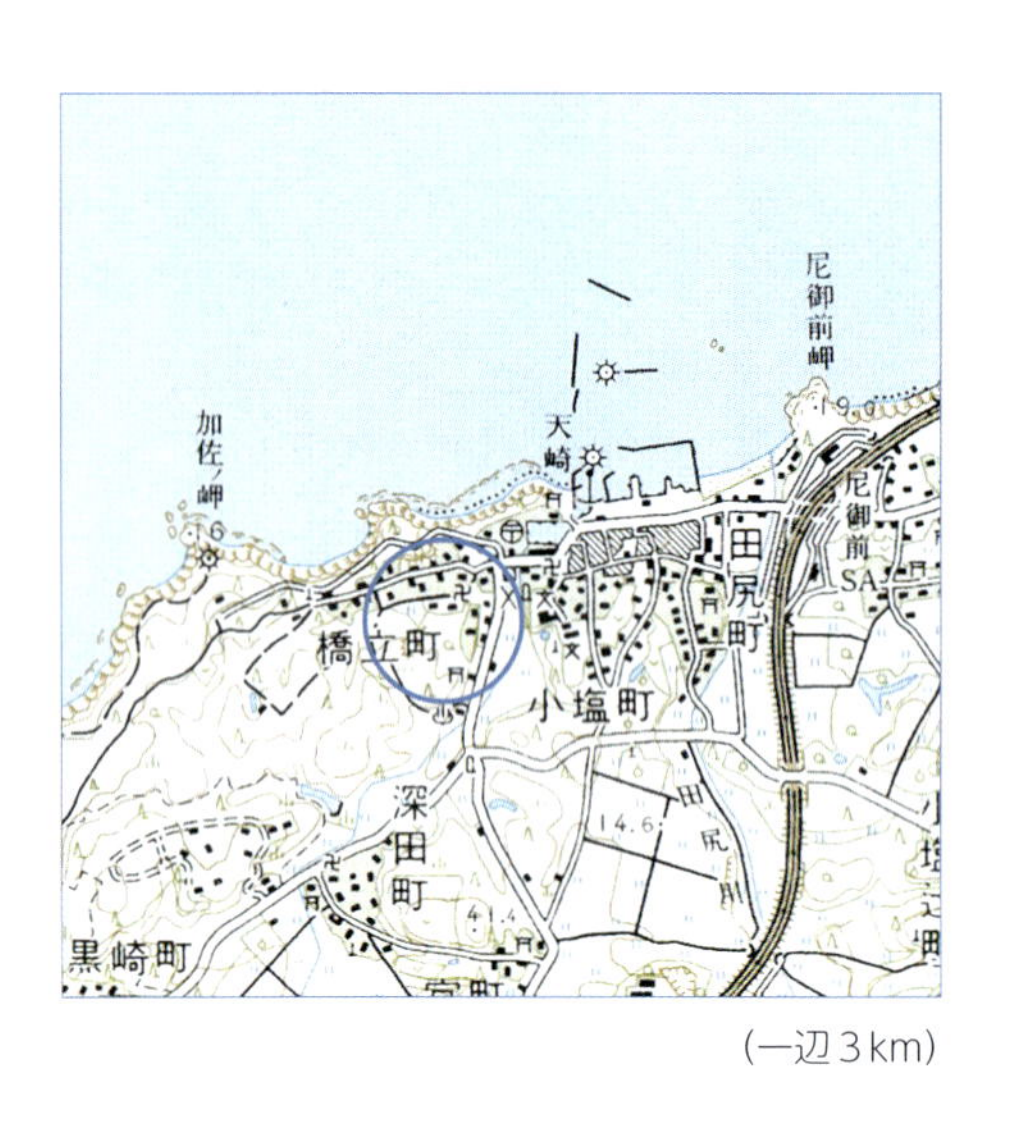


（一辺３km）

橋立は、北前船の船主や船頭の本宅が建ち並ぶ分限者（ぶげんしゃ）の村でした。大正五年、博文館発行の「生活」という雑誌に、「北陸線大聖寺駅から一里半の海岸に日本一の富豪村がある。乃ち加賀国江沼郡橋立村、……この村には五十万円以上の資産家が三四名あるが上に、二十万、三十万の資産家が軒を並べ、五万以上の家に至っては村内の半（なかば）を占めている。……」と、その豪壮振りが報告されています。余程、この村は特別な存在だったのでしょう。

十五世紀後半、浄土真宗中興の祖・蓮如（れんにょ）が、大聖寺川の河口近くに「吉崎御坊」を開き、教線が北陸に一気に拡がります。この御坊は橋立からわずか南へ十㎞ほどでした。多くの村民も門徒になっていきます。京や近江の最新情報がどんどん入って来て、沖合いには、話題の北前船の帆影も見えました。この浄土真宗との出会いが、半農半漁の村を分限者の村へと決定づけました。

やがて、近江商人の船に乗って蝦夷へ出かける者も出てきます。江戸時代になると、北前船の船主になる者も続々と現れてきます。そして、橋立の村には、彼らの立派な本宅がつぎつぎに建てられるようになります。最盛期には、寛政八年（一七九六）の「船道定法之記」に船主三十四名と記されおり、橋立の船主たちは、百艘以上の北前船を所有していたようです。その双璧が、久保彦兵衛と西出孫左衛門でした。

山崎通りの「旧酒谷長一郎邸」（蔵六園）。贅沢を尽くした屋敷構えであり、屋根には富の象徴とされた赤瓦が葺かれ、屋敷周りには淡緑青色の笏谷石の上に格調ある板塀が廻らされる。主人が船に乗っている間、橋立の本宅を守る女性たちは、鬼の居ぬ間の洗濯ではないが、しばしば間食会などを開いて寛いでいたという。

旧酒谷長兵衛邸（「北前船の里資料館」）。赤瓦と笏谷石が橋立の富の象徴であった。主屋の棟も笏谷石が敷かれている。

久保彦兵衛は、久保一族の総本家で橋立のリーダー的存在でした。大聖寺藩の財政を支え、藩主が久保家の離れにたびたび訪れたため「浜御殿」と呼ばれていました。この離れは、金沢市長町の野村邸に、また、主屋は加賀市大聖寺に蘇梁館として移築されています。一方の西出孫左衛門は、明治に函館へ拠点を移して、カムチャッカなど北洋漁業へ転身し、巨万の富を築きます。函館山も所有し「西出山」と呼ばれました。「小樽倉庫」（小樽運河プラザ）も、同郷の船主・西谷庄八と二人で建てたものです。

旧酒谷長兵衛邸（北前船の里資料館）や旧酒谷長一郎邸（蔵六園）は、中堅クラスの船主の家でしたが、贅を極めた豪邸です。屋敷は、笏谷石の石垣と舟板塀で囲われます。切妻・妻入りで、富の象徴の赤瓦が葺かれ、棟は笏谷石の棟石積、拝みには赤瓦の下り破風が据えられます。柱や梁には欅や松、大戸に秋田杉の鏡板と高級材が使われ、また仏壇は一向宗流のたいへん豪華なものでした。

南隣りの「瀬越」にも、広海家と大家家という大船主がいました。小樽には、小樽倉庫のほかに広海倉庫や大家倉庫も残っており、橋立や瀬越の船主たちが、小樽の商いに力を入れていたことを伝えています。

ところで、船乗りの一年ですが、北前船は、大坂と蝦夷（北海道）を年一航海しました。二月に起舟祭を済まし船主に挨拶して、徒歩で五日ほどかけて大坂の木津川河口に向かいます。預けておいた船の点検や修繕を行いながら積荷を買って、四月初めに出帆します。大坂で、古着、酒、生活雑貨など、さらに瀬戸内海で、特産の塩、砂糖、紙、蝋、畳表、御影石などを買い込みます。日本海でも、米、藁製品、鉄などを買い足して、六月頃に蝦夷へ着きます。ここで積荷を売り捌き、今度は、昆布、鱒、鱈、鰊、魚肥などを買い込み満載して、八月末頃に帰途につきます。一気に下関を廻り、瀬戸内海の各湊で相場をみながら積荷を売り捌き、晩秋に大坂に帰って来ました。魚肥は、綿、藍、菜種などの作付けに需要が旺盛で、昆布も大阪で高く売れました。往復の航海途上、各湊で商売をしながら、利鞘（りざや）を稼ぎ巨利をあげました。俗に、一航海千両（下り荷三百両／上り荷七百両）の稼ぎがあったといいます。そういう意味から、北前船は、海の行商人とか海の総合商社といわれます。船頭には、稼ぎの一割ほどが約束されていました。

橋立に帰ってくると、山代温泉や山中温泉で疲れを癒して正月を迎えます。家族と暮らすのは三ヶ月ぐらいで、家は女が守っていました。船が橋立沖を通る時、半日ほど停泊して家族に会って大坂の土産などを渡します。どこか、近江商人の本宅・五箇荘の暮らしに似たところがあります。

北陸地方には、橋立と同じように、河野浦（福井県）や黒島（石川県）など、港のない船主村がいくつかありました。それほど、北前船による商いは魅力的だったのでしょう。

旧酒谷長一郎邸の庭園（蔵六園）。日本各地の銘石が据えられている。これら石は、北前船のバラストとして運ばれてきた。

瀬越の大家家。手前は大聖寺川。この対岸に一向宗の一大拠点・吉崎御坊があり、京都や大坂の最新情報が刻々と入ってきた。

# 大野（おおの）

## ――等身大の寺町

福井県大野市元町ほか

（一辺3km）

越前の大野には、等身大の素敵な寺町が佇みます。南北八〇〇mほど続く寺町通りを歩きながら、想いを廻らしました。

大野は、霊峰・荒島岳や銀杏峯の山々に囲まれた盆地で、真名川、清滝川、赤根川がつくった扇状地にあり、その伏流水からは「清水（しょうず）」が湧き出します。そんな嫋（たお）やかな風土です。

この地は、越前と美濃を結ぶ街道の要地にあり、濃い歴史があります。勝山の平泉寺は、奈良時代に開かれた白山信仰の原点です。また、銀杏峯の麓には、鎌倉時代、道元を慕って宋から来日した寂円禅師の開いた宝慶寺（ほうきょうじ）があります。少し西に行けば、栄華を誇った朝倉一族の一乗谷もあります。

さて、「寺町」という概念は、天正十九年（一五九一）、豊臣秀吉が、荒廃した京都を改造する際、御土居（おどい）と東京極大路（ひがしきょうごくおおじ）の間に寺院を集団移転させたことに始まります。外敵侵入と鴨川洪水への備えといわれます。平城京や平安京には、寺町という考え方はありませんでした。モスクの集まるイスタンブールでも、モスクが集団配置されているわけではありません。寺院をある意図で集団的に配置したのは、日本だけかも知れません。近世の城下町は、お城を中心に、武士の住む武家地、商人や職人の暮らす町人地、寺社地で構成されていました。その寺の配置には、城下防御の観点から、点の砦、線の砦、面の砦など様々な形態がありました。

寺町通りの穏やかな街並。寺院は威厳するような建物でなく、よく手入れの行き届いた堅実な家並の中に溶け込んでいる。石垣や塀も厳つく頑丈なものではなく、愛嬌のある「ぼたづみ積」の石垣が築かれていたりする。これで城下の防御に役立つのかと少し覚束なくなる。湧水の町らしく水路も細かく廻らされる。右は奥之院（時宗）、中ほどは善導寺（浄土宗）、左は長勝寺（浄土真宗）。

石灯籠通り。突き当ると寺町通りとT字路で交わる。半閉じされた道空間はじつに小気味よい。右は長勝寺、正面は奥之院。

寺町通りの善導寺は「ぼたもち積」の愛嬌ある石垣を積む。この寺町は人間的な温かみに満ちている。

大野の町は、天正初め、戦国武将・金森長近が礎をつくりました。彼は信長・秀吉・家康に仕え、戦乱の世を生き抜き八十四才の天寿を全うしました。赤母衣衆だった長近は、長篠の戦いで功を上げ、信長の「長」をもらい「可近」から「長近」にしたといいます。さらに、越前・一向一揆の平定で大野郡を与えられ、天正二年（一五七六）、亀山に新しく城を築き、東麓に城下町の建設に取りかかります。城下町は、東西六条・南北六条の整形な碁盤状道路としました。当時、防衛の観点から鉤型や丁字型とするのが常識で、この碁盤型は大変画期的なものでした。さすがの羽柴秀吉は、その前年に長浜で碁盤型を採用しています。長近は、のちに飛騨・高山へ、さらに美濃・上有知へ移りますが、ここでも、この合理的な碁盤型の町割りを敷いています。また、彼は茶の湯にも長じた異能の持ち主でした。

ところで、日本の城下町を歩くと、いろいろな寺町に出会います。弘前の「禅林街」は、曹洞宗の三十三寺を一画一堂に整然と集めています。城の裏鬼門に当たりますが、あくまで観念的なものです。上越の高田には、町の西側に百三十余り（現六十余り）の寺集まる広大な寺町があります。金沢では、東の卯辰山麓に五十、西の寺町台に七十の寺を集団的に配置しています。これらは面の砦タイプです。飯山（長野県）のように、山麓に寺町を一列に配し、城と挟み撃ちで、谷間に侵入する敵を撃退するという戦術的な寺町もあります。また、高梁（岡山県）では、石垣で固めた松連寺や頼久寺を出城（点の砦）として配置していました。港町・新潟は奉行所の両翼に寺を並べています。いずれにしても、寺院の広い境内や堅固な石垣・塀・建物は、有事の際に役立つ軍事的側面を持っていました。

大野の寺町は、線の砦タイプです。城下町の東縁に二〇ほどの寺院が南北一直線に並びます。この寺町通りは、周りの生活空間にとてもよく馴染んでいます。単調に広がる町に適度な区切りを与え、生活空間の領域性や識別性を高めています。小さな寺町通りですが、これほど身近で小気味の良い寺町にもなかなか出会えません。寺院は町人地にも散在しており、真宗寺院もあります。為政者は、一向一揆の取り扱いには細心の配慮を払い、不用意に手を出しませんでした。とりあえず、寺町には、ほかの宗派の寺を防備や宗教統制の観点から配置したようです。

大野は湧水の町です。長近は、生活用水に「本願清水（ほんがんしょうず）」から町に水を引き込みました。本願の名には、真宗王国の片鱗を見る思いがします。「御清水（ごしょうず）」は殿様の用水でした。一番〜五番通りには、中央に水路が引かれ「こうど」という洗い場がありました。排水の方は、背割水路方式が採られています。

大野の町は、平山城、町割り、水路網と、人の尺度で簡潔無比に造られています。その後、藩主は目まぐるしく変わりますが、町の骨格と魅力は、今に脈々と続いています。

朝市の開かれる七間通りにある南部酒造場。大野には造り酒屋が四軒も残る。左端奥の角地には「七間清水」の標。

# 河野浦（こうのうら）

## ——北前船主の浦

福井県南越前町河野

（一辺3km）

河野浦は敦賀湾の入口にあります。小さな浦集落ですが、北前船の有力船主、中村家、右近家、刀禰家を輩出した浦です。国道三〇五号線から一歩入ると、その豪壮な屋敷が、往時の空気を凍結したように静かに佇んでいます。

この辺りの浦は、細々とした漁のほかに、敦賀の船主に雇われる渡海船稼ぎや駄賃稼ぎを生業にしていました。中世、敦賀湊には「河野屋座」という船座がありました。

京から越前への官道は北陸道でしたが、険しい木ノ芽峠（海抜六二八m）を越えなければなりません。そのため、敦賀から船で河野や今泉まで来て、「馬借街道」（西街道）を越前へ至る経路もとられていました。河野浦は、府中（武生）へ通じる馬借街道の起点にありました。元亀元年（一五七〇）、織田信長が、金ケ崎城（敦賀市）を攻めた時、越前の戦国大名・朝倉義景はこの馬借街道を軍用路に使っています。

近世になると、河野浦の船乗りたちは、近江商人の荷を運ぶ「荷所船」（運賃積み廻船）を手掛けるようになります。近江の豪商・西川伝衛門の鰊荷所に出入りする船主の中に、河野浦の中村家や右近家の名前が残ります。江戸の中頃になると、自ら蝦夷地へ出向いて買積商いするようになりました。

中村家は、伊予・河野水軍の流れを汲み、南北朝期の金ヶ崎合戦

河野浦は、断層海岸の急崖下に南北に長く延びる。不可思議な一筋の細い路が集落の中を通り抜ける。海側に長屋門や薬医門さらに外蔵や浜小屋があり、その路を挟んで山側に主屋が構えられる。外蔵には黒壁に白い丸窓や角窓など粋な意匠が見られ、「浜側」が集落の表顔であったことが窺がえる。左上の寺院は通伝寺（浄土真宗）。

右近家前の旧村道。ここでは道幅が広く取られ中庭のようであるが、行き止まりとなる。左が玄関、右に長屋門や外蔵が並ぶ。長屋門を出ると浜が広がり作業場などがあった。

急崖に肩寄せ合う家々。手前：右近家。右中：金相寺、中村家。

旧村道。中村家の前辺りは砂利敷で先はさらに狭くなる。

に参戦し、河野浦に移り住んだといわれます。江戸時代には庄屋を務め、北前船の船主でもありました。

右近家は、延宝八年（一六八〇）、金相寺の四代住職・専祐が弟に田畑山林と一隻の船を与えて分家したことに始まると伝わります。この頃、すでに渡船稼ぎが注目されていたことが窺がえます。近江商人と浄土真宗は、日本海側の商圏と教線拡大を巡り、相互補完する関係にありました。金相寺も浄土真宗の寺です。右近家は、幕末には廻船三隻から十一隻と大幅に増やし、明治期に最盛期をむかえます。橋立や瀬越の船主らとともに、北陸五大船主といわれました。北前船の衰退の兆しが見えてくると、早々と西洋型帆船や蒸気船を導入し、買積みから運賃稼ぎに切り替えるなど、近代船主へと脱皮を図ります。加賀の船主らと、「日本海上保険会社」も設立させました。

河野の集落は、断層海岸の狭い土地に帯状に延びます。興味深いのは、集落内を通り抜ける細い旧村道です。道路というより路地のような通り抜け路です。その幅は、各家の前毎に違い凸凹していて、舗装もチグハクです。中村家の前では八・四尺、右近家の前で七・八〜一〇・九尺といった具合です。しかも、右近家の南で突然なくなります。各家はこの通路を挟んで、浜側に門・外蔵・浜小屋を、主屋を山側の一段高い土地に構えています。浜から長屋門（右近家）や薬医門（中村家）を潜り、中庭（実は旧村道）を横切って、玄関に至るという具合です。通路は各戸の中庭が横に繋がってできたもので、道幅が凸凹なのも納得できます。

この通路は、浦の成り立ちと深く関わっています。陸の孤島である河野浦は船でやって来るしかありませんでした。短冊形の屋敷地には、浜辺に船着場や作業場、さらに畑や前庭があり、その奥に主屋が建てられていました。お互いの行き来は浜であり、陸側に道は必要ありませんでした。しかし、いつの間にか、畑の畔道や前庭が繋がって獣道のような通り抜けができ、村道化したものと思われます。もともとの敷地が、この獣道（旧村道）で二つに分断されたともいえます。成功者たちは、表の浜に立派な門や外蔵を構えたため、この通路は屋敷内に取り込まれた恰好となり、「中庭」のようになりました。この通路は、外蔵や浜小屋により冬の強い季節風から守られ、村内の行き来にも好都合でした。昭和六年、浜を埋立て海岸沿いに県道が通りました。

同じ若狭湾の西岸にある「伊根」では、集落内の細い通路を拡げて車道としたため、舟小屋が海辺に突き出ることになりました。

この謎めいた通り抜けを歩くと、中村家の三階建ての望楼座敷（重文）や、山腹にある右近家の西洋館が目に飛び込んできます。西洋館は、スパニッシュ風とシャレー風を織り交ぜた洒落た別荘建築です。この浦が只者でなかったことを知らせています。河野浦には、まだまだ奇譚が転がっているような気がしてきて、旅の醍醐味が膨らみます。

右近家の玄関。石段を降りて旧村道を横切り長屋門を出て浜に至る。

山腹にある右近家の西洋館。ここから敦賀湾が一望できる。

# 熊川（くまがわ）

## ──鯖街道の宿場

福井県若狭町熊川

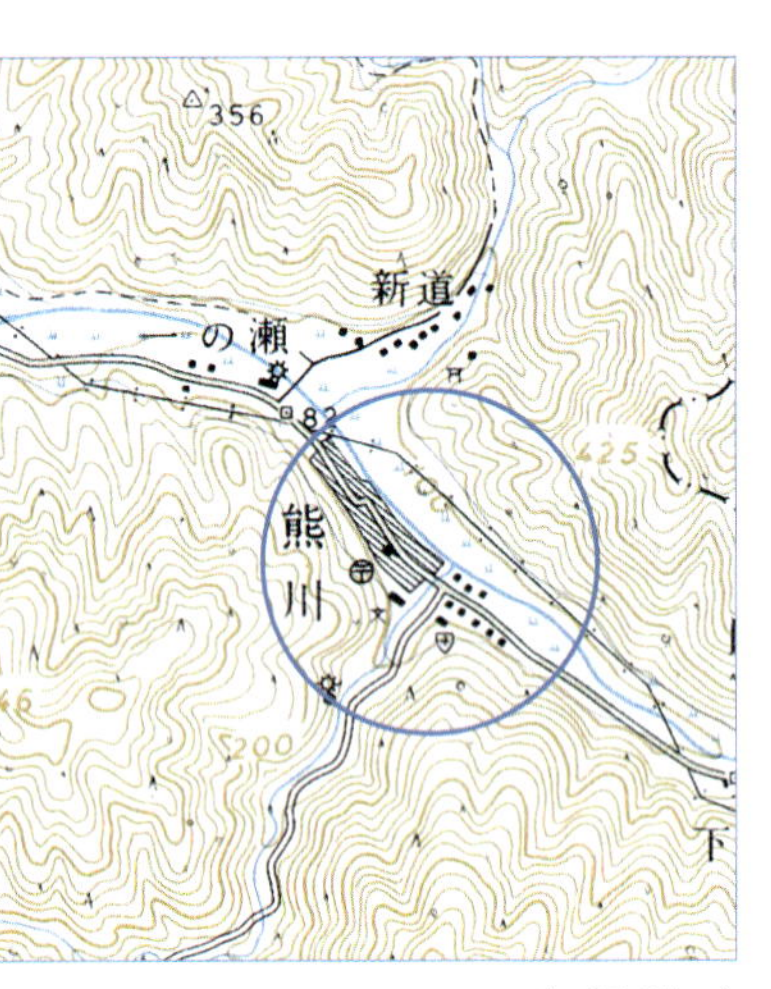


（一辺3km）

熊川は、京都と小浜（おばま）を結ぶ「若狭街道」の宿場でした。「鯖街道」の町としても知られます。この町は一㎞余りも続き、後背地のない山間にしては不相応に大きな町です。古来より、琵琶湖と日本海を繋ぐ「九里半越」の途上にもあり、小浜寄りの上中（かみなか）で丹後街道に交わるという要地でした。中世、沼田氏の山城・熊川城がありました。

元亀元年（一五七〇）、織田信長は、若桜の国人・武藤友益討伐を口実に、西近江路から熊川に入り敦賀へ侵攻。ところが、「金ケ崎の退き口（のきぐち）」と呼ばれる大窮地に陥り、這う這うの体で朽木（くつき）街道を京都へ逃げ帰ります。信長は、一体どんな顔をしてこの熊川を往き来したのでしょうか。覗いてみたくなります。

天正十五年（一五八七）、浅野長政が、小浜城主（若狭国八万石）となります。国境（くにざかい）の熊川を、軍事と交通の要衝として重視し、口留番所を置き諸役免除して人々を呼び寄せます。町奉行所や蔵奉行所も置かれ、荷継場として整備に力が入れられました。四十戸ほどの寒村は、たちまち二百戸を超える町へと変貌しました。

若狭と京都を結ぶ道は何本もありました。「周山街道」、「雲ヶ畑街道」、「鞍馬街道」、「若狭街道」、「西近江路」と。通常、「鯖街道」とは若狭街道を指します。若狭湾で獲れた生鯖を塩でメて担いで京都まで運びました。丸一日ほどかかり、京都に着く頃、ちょうど良い塩加減の美味になりました。特に、冬の針畑峠（海抜八三〇m）

中ノ町の商家（得法寺の山門から）。桟瓦葺きの厨子二階に虫籠窓、ガッタリ（揚見世）などを残す商家。得法寺は、浄土真宗中興の祖・蓮如が越前・吉崎から京へ帰る時に立ち寄り、天台宗から浄土真宗へ帰依している。熊川は、織田信長の金ケ崎侵攻に際し宿営地となり、徳川家康はこの得法寺を宿としたと伝わる。熊川の地が、京から若桜への要地であったことを物語る。

中ノ町。荷継ぎと問屋場の宿場らしく広い道幅である。深雪地域ゆえ、雪を流すために川幅４尺と広い。

北川の谷あいは明るく、優しい街並が緩やかに曲がる街道に沿って続く。中ノ町の倉見屋付近から南東方向を見る。

を越える鞍馬街道で運ばれた鯖は、寒さと塩で身がしまり珍重されました。

　この食の道は古く、若狭国が飛鳥時代から御食国（みけつくに）とされ、調として塩や塩漬の魚介類を納めていたことに遡ります。古代、若狭国は大陸文化が入ってくる玄関の一つでした。また、近世の鯖街道は、京文化を若狭へ伝えた道でもありました。

「熊川葛」も名物で、京に遊学中の頼山陽は、竹原の母への見舞いに、吉野葛より上品だといって送っています。

　熊川宿は、旅籠の町というより荷継の宿場でした。問屋業や運送業の町で駒繋ぎ環も残ります。参勤交代の大名が通ることはなく、もちろん本陣や脇本陣もありません。小浜と熊川の間には北川の舟運が開かれ、三十艘余の川舟が往来していました。表通りから河岸へ繋がる運搬路がありました。「御蔵道」は、年貢米を北川の河岸から、松木神社境内に置かれた蔵屋敷へ運んだ道です。しかし、大正十一年、敦鶴（とんかく）線（敦賀と舞鶴間／小浜線）が開通すると、熊川宿は交通上の使命を失いました。

熊川の町は、北西から南東へ下ノ町、中ノ町、上ノ町と、緩やかに湾曲しながら長く続きます。下ノ町と中ノ町の境に鉤の手があり、また、中ノ町と上ノ町の間にある河内川は濠の役目があったようです。中心は中ノ町で町奉行所がありました。勢馬清兵衛家は「菱屋」の屋号で、間口が二十八間もある大問屋でした。宿場役人や御用商人も務め、熊川の繁栄を支えた旧家です。荻野八左衛門家も「倉見屋」という屋号の問屋。また、逸見勘兵衛家は、造り酒屋を営み「高嶋屋」と呼ばれていました。煙出しと立浪形鳥衾（火除け呪い）が目を惹きます。

前川には清冽な水が流れ、各戸に橋が架かる。

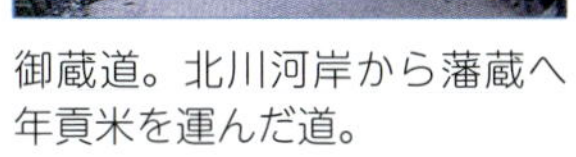

御蔵道。北川河岸から藩蔵へ年貢米を運んだ道。

熊川の街並は、切妻・平入の厨子二階に桟瓦葺きが基本となっています。妻入や袖蔵なども混じり変化を添えています。江戸時代には、軒高が制限されていたことから、低い厨子二階の家が多く残ります。この低い軒が、熊川の街並を優しくしています。さらに、屋根に僅かな「起り」がつけられているため、いっそう柔らかな印象を与えます。また、表通りには、幅広の前川が清冽に流れます。その流れは、通りの左に右にと位置を変えながら、勢いよくまた緩やかに、時に段爆となって流れていきます。各家には石橋が架かり、川端には「川戸」（洗い場）が設けられ、所々に「芋車」も回ります。

熊川の町は、周りを優しい山並みに囲まれ、道端に前川が清冽に流れ、外連味ない家並が続きます。この和やかで平和な風景こそ熊川の魅力です。

# 赤沢（あかざわ）

## ——山奥の講中宿

山梨県早川町赤沢

（一辺3km）

身延山久遠寺は、日蓮宗の総本山で、日蓮が晩年を過ごした聖地です。「赤沢宿」は、身延山と七面山を結ぶ「身延往還」と呼ばれた山岳巡礼路（約六里）の途中にあります。

昭和の初めまで、山詣客でたいへん賑わいました。現代人の感覚には分かりにくいのですが、この難行の山旅は、宿に掲げられた講中札（こうちゅうふだ）から、ある時代の民衆の息づかいが確かに伝ってきます。

江戸の中頃になると、人々は生活に余裕ができ、「講」をつくって伊勢神宮や富士山などへお参りに出かけるようになります。身延山と七面山をセットにした身延往還も、多くの人々が歩いた道です。こうした参詣は、無病息災や満願成就を祈って歩く巡礼の道でしたが、一方で、日頃の憂さ晴らしの楽しい旅でもありました。

七面山は、富士山の御来光が拝める神秘的な霊地として密教の修験地でした。山頂には「敬慎院」という立派な寺があります。修験の山では女人禁制でしたが、寛永十七年（一六四〇）、徳川家康の側室・お万の方が参詣。それから、女性にも解禁され江戸で評判の霊山となり、次々に「身延講」がつくられました。その人気は、幕末から明治・大正にかけて爆発的に過熱していきます。

明治の初め、赤沢宿では、一階建ての宿を、急ぎ二階建てに増改築します。江戸屋は明治十年、大阪屋も十二年に二階建てに建て増しています。参詣客は春から秋が多く、特に四月と十月がピークで、

赤沢宿は絶界の地にあった講中宿。寒沢石の敷かれた坂道に、大黒屋（左）や喜久屋（奥）が並び、正面に七面山（1889m）の大きな山肌が立ちはだかる。参詣者は、ここから、一度春木川へ降りてから、また、敬慎院まで1200m余りを登らなければならなかった。

身延山（1183m）から登山路を降ってくると、赤沢宿が迎えてくれる。右奥に妙福寺が見える。

最盛期には、一日当たりの宿泊客が千人、食事客は五千人ともいわれていました。行き帰りの客を、宿泊、休息、昼食と一日に三回も回転させるという目まぐるしさでした。日蓮宗の信者が大半で、東京に次ぎ静岡からが多く、商店主、大工、鳶食、職人、芸能人などが多かったようです。大正九年、富士身延鉄道線（現ＪＲ身延線）の身延駅が開業すると、さらに増えました。

この巡礼路は、身延山久遠寺から七百ｍほど登って奥の院に至り、そこから尾根筋を辿り六百ｍほど降って赤沢宿に到着。さらに春木川まで降りて、表参道から敬慎院を目指しました。この標高差は延べ二千ｍほどあります。富士山詣はともかく、二つの高山を登る難行の山詣でした。赤沢宿は、その登山道にある唯一の宿で、参詣者にとって大変有難いものでした。赤沢宿に泊まることもあれば、昼食や休息だけもありました。途中には、神力坊、肝心坊、晴雲坊などの休息所も置かれていました。

明治の初め、赤沢集落では、三十八戸のうち九軒が旅籠で、ほかに案内人の強力（ごうりき）、駕籠人足、荷背負い（にしょ）業の人たちも暮らしていました。集落は、斜面地に上村と下村に分かれます。上村には、妙福寺、恵比須屋、玉屋、大黒屋、萬屋、喜久屋、信濃屋などの講中宿が、九尺ほどの狭い石畳の坂道に軒を並べていました。少し下って水神様と道祖神を過ぎ

清水屋の「縁側」と「通り土間」。団体客の一斉出入に対応できるように客間・縁側・通り土間が段取り良く配列されている。

大阪屋にずらりと並ぶ「板マネギ」。

ると、下村が広がり、大きな江戸屋、大阪屋、清水屋などがありました。大半は天保九年（一八三八）の大火後のものです。屋敷や畑は雛壇状に造成され、石垣には寒沢石の矢筈積が築かれています。

赤沢の講中宿は、ふつうの宿場町の旅籠（はたご）の造りとはかなり違っています。一階の座敷（客間）の外周には、L字型の「縁側」が廻され、さらに開放的な「通り土間」が廻されています。団体客の到着や出発の際、一斉に草鞋（わらじ）を脱ぎ履きできるようにしてありました。小さな宿では、縁側のない通り土間でした。軒は船枻（せがい）造りで深くとられ、雨を凌ぎやすくしてあります。実に、使い勝手を重視した合理的な考え方で造られています。

軒裏にずらりと掲げられる「板マネギ」（講中札）に驚くとともに郷愁を覚えます。「講」の指定旅館の標示であり、今にまで、大阪屋に九十六枚、恵比須屋に八十二枚、大黒屋に三十五枚などと残されています。参詣者は、自分たちを迎えてくれる講中札を見つけ、登山の疲れも吹き飛んだことでしょう。

それにしても、何が、これほど人々を七面山へと駆り立てたのでしょう。夥しい講中札には、人々の心情が確と刻まれています。その跡に深い哀愁を感じずにはいられません。昭和十五年、早川沿いにバスが通り、赤沢宿を経ずに七面山へ登れるようになります。やがて、講中組織も衰微し、赤沢宿の賑わいも失われました。

# 戸隠（とがくし）

## ――修験道の残影

長野県長野市戸隠中社

（一辺３km）

かつて、戸隠は、信濃の高距にあった一大宗教都市です。峻険な岩峰は、神々が降臨するに相応しい場です。その霊験宿る岩戸（イワト）から、苦行の末、悟りの境地に至ろうとする修行者の心意気が伝わってきます。奥社から、一不動、二釈迦、三文珠、……七薬師、……十阿弥陀を経て、秀峰・高妻山（二三五三m）に達し、さらに十三虚空蔵の乙妻山へと至る十三仏を辿る登山路が開かれており、修行するに申し分ない舞台設定です。この一帯は裾花川の水源であり、善光寺平に豊穣をもたらす水神や農業神である「九頭竜大神」が古くから祀られてきました。

平安期、山岳密教の霊場として、神仏習合の「戸隠山顕光寺」が成立。古来信仰、修験道、神道、仏教（密教）を大らかに包み込む聖地となります。鎌倉期には、高野山や比叡山と並ぶ大霊場に発展し、奥院、中院、宝光院の三院が整えられ「戸隠三千坊」といわれました。

戦国期になると、北信濃は、武田信玄と上杉謙信の覇権争いに巻き込まれます。彼らは領地の計略に、土地の有力な社寺の向背を重視。当然、戸隠・顕光寺や長野・善光寺も巻き込まれます。度重なる戦禍を避けて、戸隠三院も、永禄七年（一五六四）から三十年余りの間、南寄りの「筏が峰」（小川村）に疎開しています。この頃、善光寺の本尊も、信玄や秀吉によって甲府や京都へと流浪させられました。

戸隠神社・中社の横大通りにある宿坊・極意（文化12年（1815）築）。多雪地域特有の急勾配で分厚い茅葺屋根。客殿には向拝（神殿）が設けられ、深い軒の船枻造り、唐破風の式台玄関、棟の御幣と、宿坊建築の特徴をよく伝えている。この界隈には、宿坊街の面影が漂う。後方は飯縄山（1917m）。

奥社への参道。森羅万象漂う神聖な気配が張り詰め、草生す赤い随神門が聖俗を結界する。

江戸時代に入ると、戸隠は徳川家康から朱印地千石を与えられ、天台宗寺院（東叡山寛永寺の末寺）として再び隆盛を迎えます。奥院（現奥社）には、聖観音菩薩（千曲市・長泉寺蔵）が祀られ、仁王門（現随神門）から奥院までの参道の両側には、塔頭が建ち並び、広大な伽藍が整えられました。仁王門には、阿形と吽形の仁王像（長野市・寛慶寺蔵）が睨みを利かしていました。荘厳な杉並木は、この頃に植えられたもので樹齢約四百年です。衆徒は精力的に布教活動を行い、信濃、越後から江戸、東北、近畿にいたる各地に「戸隠講」を組織していきました。

仁王門の外側には、山内の消費を支える農民や職人の「在家」と呼ばれる人たちが門前集落を形成し、中院と宝光院には宿坊が並んでいました。「戸隠蕎麦」は、修験者の携行食に始まり、やがて「蕎麦切り」として食されるようになります。神事や参拝のもてなしに饗され、参詣者の舌に磨かれて、戸隠名物となっていきます。

ところが、明治維新の「神仏分離令」で事態が一変します。戸隠山顕光寺が神仏混淆だったことから、廃仏毀釈の嵐に巻き込まれます。寺領は新政府に没収され廃寺となり、新たに「戸隠神社」へと姿形を変えさせられます。三院も、「奥社」、「中社」、「宝光社」と名前を変えさせられ、僧侶も還俗させられ神官となります。仏像、経典、美術品は悉く壊され燃やされ埋められました。大切なものは、辛くも宝光社の地蔵堂に合祀し、また近傍の寺院へ預けられました。奥院の塔

旧観法院（神原旅館）。茅葺屋根に唐破風の玄関。妻壁には笈形（おいがた）・大瓶束（たいへいづか）・蟇股（かえるまた）の装飾が施される。

旧宝蔵院（宮沢旅館）。船枻（せがい）造りの深い軒。

頭群は悉く破壊され、今では何も残りません。中社・大通りの仁王門も、門柱形式の黒門に変えられました。宿坊の呼称も、江戸の初め「坊」から「院」へ、さらに明治から「旅館」へと変わります。

因みに、幕末の日本に、おおよそ九万あった寺院が、廃仏毀釈で半減したともいわれます。神仏分離令は、国学の隆盛を背景に、旧来からの寺請制度に対し民衆の鬱積が暴発したものですが、古来の貴重な文化財は甚大な損害を被りました。中国の紅衛兵騒動と似ており、維新政府の失策、否や大失政といえます。

中社地区は、雪深い奥院のための冬里坊や、別当の勧修院（久山家）もある中心的な場でした。戸隠を象徴する樹齢八百年の巨大な三本杉が高く聳えています。ここでは、竹木伐採が許されていたことから竹細工が盛んとなり、自生する根曲がり竹を使った蕎麦笊などの特産品が作られてきました。宝光社地区にも里坊があり、寺領の森を守る人たちが暮らしていました。戸隠の人々は、戦国期と明治維新の二大騒動に巻き込まれながらも、秘境にあって根曲がり竹のように粘り強く生き抜いてきました。

南西方にある「鬼無里（きなさ）」には、鬼女「紅葉」の伝説が伝わり、京に因む東京（ひがしきょう）、西京、東山、三条、加茂などの地名が残ります。この奥深い山中には、現代人には想像しがたい小宇宙が広がっていたような気がしてなりません。

# 稲荷山（いなりやま）

## ——北信屈指の在郷町

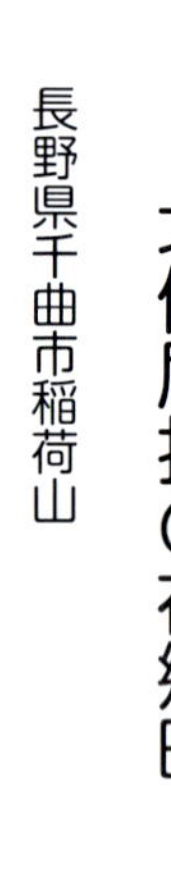

長野県千曲市稲荷山

（一辺3km）

稲荷山の町は、善光寺平（長野盆地）の南端にあり、すぐ南には、「田毎の月」で知られる姨捨棚田が広がります。一見地味な町に見えますが、江戸から明治かけて、北信濃で一、二を争うほど繁盛した在郷町（商業の町）です。表通りに、豪壮で立派な土蔵が並ぶのに驚かされます。

戦国末、甲斐・武田氏が織田信長に滅ぼされると、織田軍団の森長可（森蘭丸の兄）が海津城（松代）に入り、北信濃を強引に差配下に置こうとします。その矢先、本能寺の変が起こり、長可は命からがら美濃へ逃げ帰りました。そのあと、信濃では、武田氏の遺領をめぐって争奪戦が始まります。

上杉景勝は、いち早く謙信以来の北信濃を押さえ、真田氏、北条氏、徳川氏、小笠原氏の侵攻に備えます。景勝は、千曲川右岸にあった海津城を拠点とし、左岸の微高地にも「稲荷山城」を築き、両岸で防衛線を固めます。この城は松本の小笠原氏への備えでもありました。同時に、海津城の副将・屋代秀正が、徳川方に通じているとの噂があり、これを監視するためでもありした。案の定、秀正は徳川方に寝返って荒砥城（上山田）に籠城します。しかし、慶長三年（一五九八）、景勝が会津へ移封。わずか十五年余りで稲荷山城は廃城となります。このような顛末が稲荷山の町の始まりです。

江戸時代を迎え、中山道・洗馬宿から麻績宿へ、また桑原宿から

稲荷山の町には荒壁の土蔵が散在する。この荒壁が、緑青(ろくしょう)色に苔生す屋根瓦と相まって信州独特の古色然とした風合いを醸し出す。往年の繁盛振りを語りながら哀愁を漂わす。この一角は「鉤の手」となっており、白糀や醤油を商う家や官許清明丹の看板を掲げる商家などが集まっていた。右の荒壁の商家は軒周りに四段蛇腹を回す。正面の商家は高い急勾配の屋根であるが、軒高は厨子二階とし低く抑えている。

「たまち蔵道」。町の西裏に当たる通りにも土蔵群が連なる。蔵の街である。

料亭・旧松葉屋の北面。この料亭には、三味線の音が絶えなかったといい、豪壮な主屋と土蔵が３棟もある。海鼠壁は四半貼り。

稲荷山宿を経て善光寺への往還も整えられます。こうして、長野と松本とは、猿ヶ馬場峠（さるがばんば）を越えて結ばれ、「善光寺道」（北国西脇往還）と呼ばれるようになります。稲荷山は、この善光寺道の主要な宿場町となり、同時に「谷街道」の発着点でもありました。谷街道は、矢代宿で北国街道と交叉し、中野・飯山・十日市方面へ、また大笹道や山田道へも通じていました。要するに、稲荷山の地は交通の要地にありました。

江戸の中頃には、千曲川の氾濫原を開墾し綿花が栽培されるようになります。稲荷山はその集荷地となり、様々な物資も集まる在郷町として賑わっていきます。幕末には、綿糸に代わって生糸の取引が活況を呈し、「善光寺道名所図会」には「一ヶ月に九回の市が立ち商人多く、家数も五百軒ある繁盛の地」と記されています。ところが、弘化四年（一八四七）、善光寺大地震が発生し、稲荷山宿も壊滅的な被害を受けました。このため、町の再建は、地震時の防火を強く意識して、土蔵造りを軸に行われました。現在の建物はこの時以降のものです。

この町が最も活況を呈するのは明治時代です。とりわけ、生糸・太物や呉服の繊維問屋を中心に、染物屋、酒蔵、醸造屋、薬屋、荒物屋などが軒を連ねました。明治の初め、長野県で所得税額は二位、呉服反物取引は一位だったといいます。現在の八十二銀行の前身・第六十三国立銀行も、一時、ここに置かれました。しかし、明治二十一年に信越線が開業。また明治三十三年の篠ノ井線の開通に反対したため交通ルートから外れます。さらに、昭和四年の世界大恐慌による糸価暴落で大打撃を受けます。メリヤス製造や機械紡績に活路を見出だそうとしましたが、往時の勢いは取り戻すことができませんでした。

稲荷山の町は宿場町といっても、「本八日町」や「上八日町」という町名から商いの町の匂いがします。妻籠宿や馬籠宿のような旅籠の面影はありません。表通りには、立派な店蔵が点々と残ります。

立派な冠木門を構える松木家。式台玄関の妻面の意匠が印象的である。その昔、ここ辺りに稲荷山城の裏門があったと伝わる。

中町の旧「山丹」は北信濃屈指の呉服反物商といわれ、黒漆喰の店蔵に袖蔵を添えた重厚な店構えです。荒町の旧「松葉屋」は、昭和十四年まで料亭をしていて、三味線の音が絶えなかったといいます。豪壮な総二階・入母屋の塗籠造りで、軒には分厚い四段蛇腹が回されています。上八日町の街角には、商人の町らしく地蔵堂も祀られます。表通りから一歩裏に入ると、河原小路、寺小路、八郎衛右門小路、馬出し小路、田廻り小路、城小路、町屋敷東蔵小路など、かつての城下町の小路が廻っています。冠木門を構える松木家は、庄屋・本陣・問屋を務めていました。式台玄関にある雲脚(うんきゃく)風の笈形(おいがた)は好奇心を誘います。また、町の西側の「たまち蔵道」も魅力的な通りです。町を散策するにも、ほど良い回遊性があって退屈させません。

稲荷山の町は、ある時ある事由をきっかけに咲いた大輪の花ですが、今では時を刻んで郷愁を誘っています。荒壁土蔵のもつ力強く温かい風合いと肌触りに暫し浸ってしまいます。

# 本海野（もとうんの）

## ――堰（せき）が流れる宿場

長野県東御市本海野

（一辺３km）

海野宿は、北国街道（ほっこく）の宿場町でした。北に浅間山連峰が横たわり、南に千曲川が流れる佳景の地です。この街道は、中山道の追分宿から、善光寺を経て直江津で北陸道へ繋がります。佐渡の金を江戸へ運んだ道で、五街道に次ぐ重要な道でした。また、加賀百万石の前田家をはじめ諸大名の参勤交代や、善光寺参りの人たちで賑わいました。

海野の地は、古代から東信濃支配の要地でした。木曽義仲も、海野の白鳥河原で平家打倒の旗揚をし、倶利伽羅（くりから）峠へ向いました。また、室町時代には、六斎市が立つなど物資の集散地でもありました。かの真田家も豪族・海野氏の流れを汲んだ一族で、戦国期に上田へ移りますが、海野の人たちを城下に呼び寄せて「海野町」とします。そして、この故地を「本海野（もとうんの）」と呼ぶようになります。

海野宿は、寛永二年（一六二五）、東隣りの田中宿との「合宿（あいしゅく）」として開かれます。本陣は田中宿、問屋は海野宿と分担。ところが、寛保二年（一七四二）、田中宿が豪雨の鉄砲水で甚大な被害を受け、本陣が海野宿に移され本宿に昇格しました。

宿場町は、東西六五〇mにわたり短冊形敷地が整然と並びます。中ほどに本陣（問屋兼務）と二軒の脇本陣がありました。東西の端には枡形が設けられ、裏地には「夜盗道（やとうみち）」（夜間などの抜け道で夜逃げ道ともいわれた）もあるなど、宿場町の教科書のような町割り

本海野は「堰」と「卯建」の町。堰が北国街道の中央を流れ、左手の道は通過用の車道、右手の道は側道のような生活路になっている。小さな石橋が幾重にも架かり、洗い場も設けられている。福島屋の大きな袖卯建がひときわ目を惹き、卯建の小屋根までに火除けの「鯱」が飾られる。正面の森は白鳥神社の社叢である。街道はここで左へ鉤の手に曲がり、江戸時代には桝形となっていた。

卯建は、蚕種商の店看板でその意匠を競い合った。

立派な鯱瓦が主屋や卯建に誇らしく飾られる。

が採られていました。明治に入り、宿場の役割は衰微します。さらに明治二十一年の信越本線の開通が決定打となりました。

この頃、横浜が開港され、生糸輸出が大盛況を呈していました。これをみた町の有力者たちは、新しい時代の到来を察知。今まで副業にしてきた養蚕に着目。旅籠から養蚕へ構造転換を図ります。高燥な気候風土を活かして、「蚕種（さんしゅ）」の育成と販売に乗り出します。その販路は遠く東北地方まで及び、富裕な蚕種商が続出します。現在の街並は、この豊かな財力を背景に形成されたものです。

かつての旅籠は、二階の客間を蚕室に改築し、新築は豪勢な総二階の塗籠造りとしました。それまでの宿場町を下敷きに新しい町が造られたわけですが、これらがうまく溶け合って魅力的な街並となりました。広い間口に、大きな切妻平入の建物がどっしりと構えられています。その特徴として、卯建（うだつ）、連子格子、海野格子、出梁造り、木鼻や持送りの意匠、また越屋根（蚕室の気抜き櫓）が挙げられます。

この中で、卯建が目を惹きます。とりわけ、「福嶋屋」の大きな白壁の袖卯建が圧巻です。これらの卯建は、防火というより富の象徴を誇示したものです。商売看板も意識し、意匠はたいへん凝ったものとなっています。その小屋根に鬼瓦や鯱瓦まで載せるものもあります。当時の時勢柄、目立つ意匠を競い合ったのでしょう。本卯建、袖卯建、脇卯建、軒卯建と、いろいろな卯建がこれほど一堂に見られる町は他にありません。さながら、卯建の展示場(ショウルーム)といえます。
もう一つ、海野宿で興味を惹くのは、道路の中央を「堰(せき)」(表の川)が流れていることです。全幅十m余りの道路の真ん中に幅一mほどの水路が流れます。水路の北側は幅六mの車道、南側の方は、幅三mほどの通り道で、前庭のようになっています。かつて、北側は人馬の通過路、また南側は大八車、駕籠、荷駄の置場などの生活路でした。このように、通行と荷置場(≒駐車場)を分けると、往来の流れは円滑になります。市(いち)を開くにも好都合でした。もちろん、堰は、旅人が汚れた足を洗い、馬の水飲み場であり、日常の洗い場でもありました。

御蔵小路から北国街道を見る。駒繋ぎ石も見える。

堰には60余りの小橋が渡され、洗い場もある。

このような「堰」は、東国の宿駅づくりでは定番だったようです。古代、東山道の清水駅(しみずのうまや)(小諸市)では、道の中央に「駒飼の堰」が流れていました。江戸時代にも、浮世絵師・渓斎英泉の描いた「木曾街道六拾九次」の坂本宿(松井田町)では道の中に堰が描かれています。今でも、群馬県の小幡宿(甘楽町)や白井宿(渋川市)に水路が残ります。しかし、自動車の通行に支障になるということから、明治以降、これら各地の堰は、埋められたり、道路の両側に移されました。
本海野には、宿場特有の旅籠の面影はほとんど残っていません。それは、明治期に生業(なりわい)を旅籠業から養蚕業へ切り換えたからです。木曽路の宿場の雰囲気とはずいぶん違っています。

# 茂田井(もたい)

## ——白壁が連なる坂

長野県佐久市茂田井

（一辺3km）

中山道・茂田井宿の坂にさしかかると、白壁の酒蔵が連なります。坂の先が見通せず、無性に高揚感を駆り立てられます。中山道一の名場面で、脳裏に焼きつけられそうな佳景です。果たして、映画「たそがれ清兵衛」（原作・藤沢周平）のロケ地にもなっています。

中山道は、追分宿で北国街道と分去(わかさ)れして佐久平に入り、「望月の駒」で知られる望月宿に至ります。茂田井は、その望月宿とつぎの芦田宿の間にあった「間の宿(あいのしゅく)」でした。間の宿とは、本宿が水害や火災などで使えなくなった際、代役に用意されていた宿です。そのため、本陣や旅籠などはなく、村の生業は宿場でなく半農半宿でした。面白いことに、本宿では家々の表口は街道に向き合いますが、この宿では、表口と裏口が向き合っています。

この集落には、坂の上に「大澤酒造」、下に「武重本家酒造」と、二軒の立派な造り酒屋があります。よほど旨い米がとれ、おいしい水に恵まれていたのでしょう。

茂田井の地名は古代の「甕氏(もたい)」に因むといいます。「田井(たい)」とは、田に引く水を貯めた所（溜め池）という意味です。この辺りは、蓼科山からの伏流水が湧き出るところで、「茂田井」とは、田井（湧水）がたくさんあったという意味でしょうか。

東北地方では、河畔の林や高原の湿地などを「岱(タイ)」と呼ぶことがあります。この「タイ」はアイヌ語に由来し、大和人は「代(たい)」、「胎(たい)」、

茂田井宿の坂。坂を登るにしたがって、白壁の酒蔵が諧調豊かにシークエンス（sequence）していく。道の脇には清冽な水が音をたてて流れ、これほど目に耳に魅力的な坂道にはなかなか巡り合えない。坂の上に、一朶の雲が行く手を誘うように浮かぶ。

坂の上の大澤酒造。酒林の吊るされた長屋門を潜ると、主屋と酒蔵群が広がる。一部美術館になっている。

「田井（たい）」、「台（だい）」などと、適当な漢字を当ててきました。八幡平の「平」も「たい」と読みます。盆地状の佐久平（さくだいら）や善光寺平（ぜんこうじだいら）も「だいら」でなく「たい」と読めば、地形と地名に水脈が通じてきそうです。

さて、坂の上の「大澤酒造」は、元禄二年（一六八九）の創業。永く名主を務めてきた旧家で、宮内庁御調達の酒も造ったほどの名醸造家です。昭和四十三年、二百八十年前の創業時に造られた古酒が、醸造学の権威・坂口謹一郎博士立ち合いの下で開封され、日本最古の酒として話題になりました。博士は「スペインで出会った百年もののシェリー酒そっくりだ」と評したといいます。この元禄の古酒は、代々にわたり開封禁忌とされ、瓢箪型をした古伊万里の白い徳利に入っており、木栓の口は漆で厳重に封印されていました。

「大澤家」（蔦屋）は「白壁の家」とも呼ばれ、志賀村にある旧家「赤壁の家」と親戚でした。赤壁とは、その長屋門が赤い弁柄壁だったからです。この家から出た神津藤平は、長野電鉄の社長も務めました。志賀高原のスキー場の開発にも尽力した人物で、「志賀高原」の呼称は、この志賀の地名に因みます。

一方、坂の下の「武重本家酒造」（叶屋）は、明治元年に豪農から造り酒屋を始めました。大澤酒造の白壁に対して、対照的に黒を基調にした重厚な屋敷構えです。酒豪歌人・若山牧水が、大正十四年の信濃行脚で詠んだ「よき酒とひ

淡い緑青色の苔を生す屋根瓦。信州独特の風情。

坂の下の武重本家酒造。酒蔵や長屋門を連ね、屋敷構えは黒基調で大澤酒造の白意匠とは対照的。

とのいふなる御園竹われもけふ飲みつよしと思へり」の歌碑が残ります。「御園竹」とはこの蔵元の銘柄です。

風雲急をつげる幕末、この長閑な街道筋の村も、前代未聞の出来事に遭遇し騒然とします。文久元年（一八六一）、和宮の降嫁行列です。御一行は、十一月七日朝に和田宿を出発し、昼食は隣の芦田宿でとりました。茂田井宿でも、下宿を申し付けられ村総出の接待で大わらわとなります。ところが、和宮は、次の望月宿に伝わる「生駒姫」の悲話を怖がって一気に通過。茂田井の村は一同ひと安心したそうです。

その三年後の元治元年、今度は東から、水戸の天狗党が、高崎藩を下仁田で撃破した勢いやって来ました。十一月十九日の朝、約千三百人の武装浪士が大筒十三挺を牽いて通過していきます。小諸藩は、街道筋の名主に竹槍を作らせ、手持ちの鉄砲も用意するように指示します。小諸藩士約四百人が、本陣とされた大澤家などの七軒に分泊しました。ところが、当日になると、武器を隠して通過をじっと見守ることにします。そして、村人たちは、小諸藩兵に随行して笠取峠まで行き、浪士たちが見えなくなるのを待って、鉄砲を撃ち竹槍を上げ、鬨の声を三度上げたそうです。

この二軒の造り酒屋は、魅力的な坂を惹き立てる華となっています。また、裏手に広がる畑に出れば、彼方に浅間連峰が女性的な山容をのびやかに横たえます。佐久平の高燥な空気を思い切り吸いながら、日本人であることに幸せを感じます。

# 安曇野（あずみの）

## ——点在する屋敷林

長野県安曇野市豊科ほか

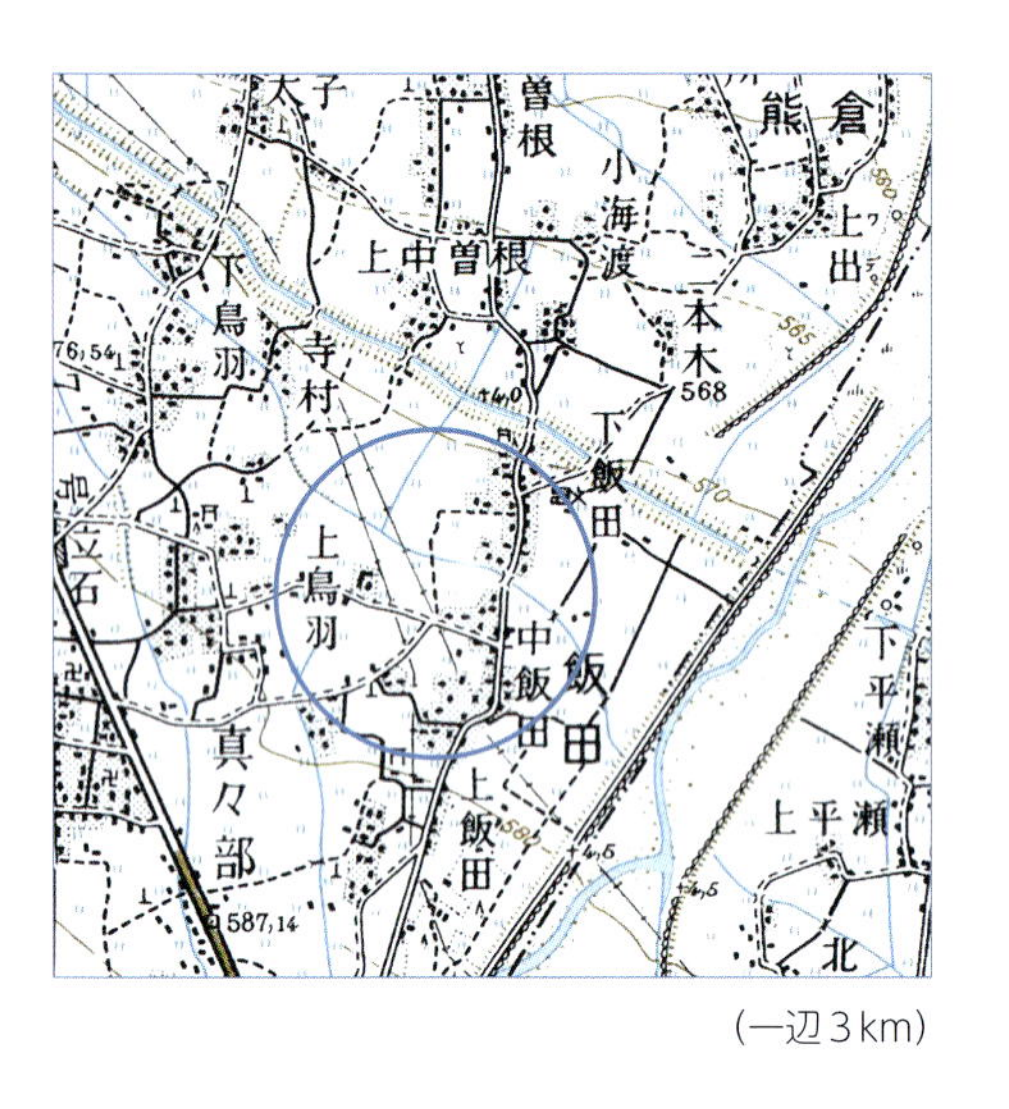

（一辺３km）

「あずみの」という爽やかな響きをきくと、北アルプスと道祖神（どうそしん）を連想します。道祖神は、アルプスの峻峰によく似合います。高台に上ると、眼下に田園風景が絵のように広がります。この安曇野平が、梓川や烏川などの川がつくった大扇状地であることに気づかされます。里に下りて集落や田んぼを歩くと、小さな「枝堰（えだせぎ）」が毛細血管のように廻っているのを発見します。

「安曇野」の語源は、古代に九州の志賀島から移住してきた海人族・安曇氏に由来し、穂高神社を祖神とします。平安期から五百年にわたり、仁科氏が纏めてきましたが、戦国期、甲斐・武田氏の軍門に下り、江戸時代には松本藩領でした。

安曇野は、道祖神のふるさとといわれます。道祖神は、村の守り神として悪霊を退散させ、道ゆく人を守り、五穀豊穣や子孫繁栄を願って村の入口に祀られました。人々の願いを大らかに暖かく包み込んでくれる神さまです。その呼び方や形は地方によって異なり、賽（さい）の神、障（さえ）の神、幸（さい）の神、道陸神（どうろくじん）、手向（たむけ）の神などともいわれます。丸石や陽石の道祖神もあれば、「鹿島様」（秋田県）や「お人形様」（福島県）も道祖神の仲間です。東日本に多く見られ、安曇野には特に密に分布。文字碑や双体像などのさまざまなものがあります。とりわけ、双体道祖神は、縁結びや夫婦和合を願う微笑ましいもので、安曇野には欠かせない風物です。

田植えを終えた安曇野風景（豊科高家付近）。後方、安曇野の象徴・常念岳（2857m）が高く屹立し聳える。常念岳という山名は、雪解けの頃、徳利を手にした常念坊というお坊さんの雪形が、前常念岳の直下に現れることに因む。この雪形が現れると、安曇野では田植えが始められる。この辺りでは、拾ヶ堰用水が、この常念岳に向かって、まるで逆流するように緩やかに流れる。

屋敷林の中に、怪鳥のような本棟造りの民家が佇む。本棟造りは三郷の野沢地区や豊科の重柳地区に多い。

　さて、安曇野平は、穂高連峰から流れ出る梓川の扇状地に、黒沢川、烏川、中房川、高瀬川などの扇状地が重なってできた複合扇状地です。一番高い扇頂の「新島々」で海抜約七〇〇m、低い扇端は「大王わさび農場」付近で約五二〇m。この扇端では、万水川（よろずいがわ）や蓼川に見られるような一大湧水地帯となります。扇状地の扇頂と扇端では水に恵まれますが、中ほどの扇央部では、水は地下に浸透して乏しく水田には向いていません。このため、扇央部は久しく荒涼とした原野のままでした。

　安曇野では、「堰」は「せぎ」と読み、灌漑用水のことです。「縦堰」は等高線に直角に、「横堰」は等高線に沿って緩やかに流れる堰をいいます。縦堰では、なかなか安定した水が引けなく、また、江戸初めの「矢原堰」や「勘左衛門堰」の横堰でも、十分な結果が得られませんでした。

　そこで、文化十三年（一八一六）、「拾ケ堰（じっかぜき）」という大掛かりな横堰が引かれます。まず、木曽谷の奈良井川から取水し、梓川を土手と牛枠という原始的な仕掛けで横断させます。そして、扇央部を潤わせて、烏川に落水させるという構想でした。調査と計画に二十六年間の歳月がかかりましたが、工事は僅か三ヶ月で完成。灌漑面積は**十ヶ村・一〇〇〇ha**に及びます。海抜五七〇mの等高線に沿うように十五㎞を通水し、高低差はわずか五mほどです。流れは、とても緩やかで「押水（おしみず）」とも呼ばれます。川のような細長い溜池といったらい

森のような屋敷林の間を抜ける集落の小径。（三郷の明盛地区）

微笑ましい双体道祖神。（穂高地区）

いでしょうか。

　この拾ヶ堰は、初め、梓川扇状地の等高線に沿って西北西に流し、つぎに堀金付近で右に直角に曲がり、そこから、今度は烏川扇状地の等高線沿いに北に向け流れます。その流れが常念岳に向かう辺りでは、山に向かって逆流しているのではないかと錯覚しそうです。こうして、安定した水が扇央部にも得られるようになり、荒れた原野は肥沃な穀倉地帯へと生まれ変わりました。

　安曇野の農家は、屋敷周りに立派な屋敷林を廻らせています。南部の地域では、風向から南や西側に植えられています。屋敷林が、屋敷毎に散在したり、また連坦して集落単位で森のようになっている所もあります。安曇野の風景は、屹立するアルプスの峰々を背にして、広がる田んぼの中に、屋敷林、鎮守の杜、崖線や堰沿いの林が、旋律的な点景となって継起的に展開されています。どれひとつが欠けても、安曇野の風景は成り立ちません。この緻密に計算し尽されたような風景は、先人が暮らしの中で長い時間をかけて丁寧に培ってきたもので、一朝一夕にできたものではありません。

　安曇野には、豊かな自然があり、その懐に抱かれるように、碌山美術館、ちひろ美術館、田淵行雄記念館、山岳資料館など、都会人好みの文化的施設も散らばります。この清々しい風景は、扇状地の原野に、人々の惜しみない労力が注ぎ込まれ創り出されたものです。道端に佇む道祖神や二十三夜塔は、その苦しかった開拓の証しにほかなりません。

# 奈良井（ならい）

## ――峠下の宿場町

長野県塩尻市奈良井

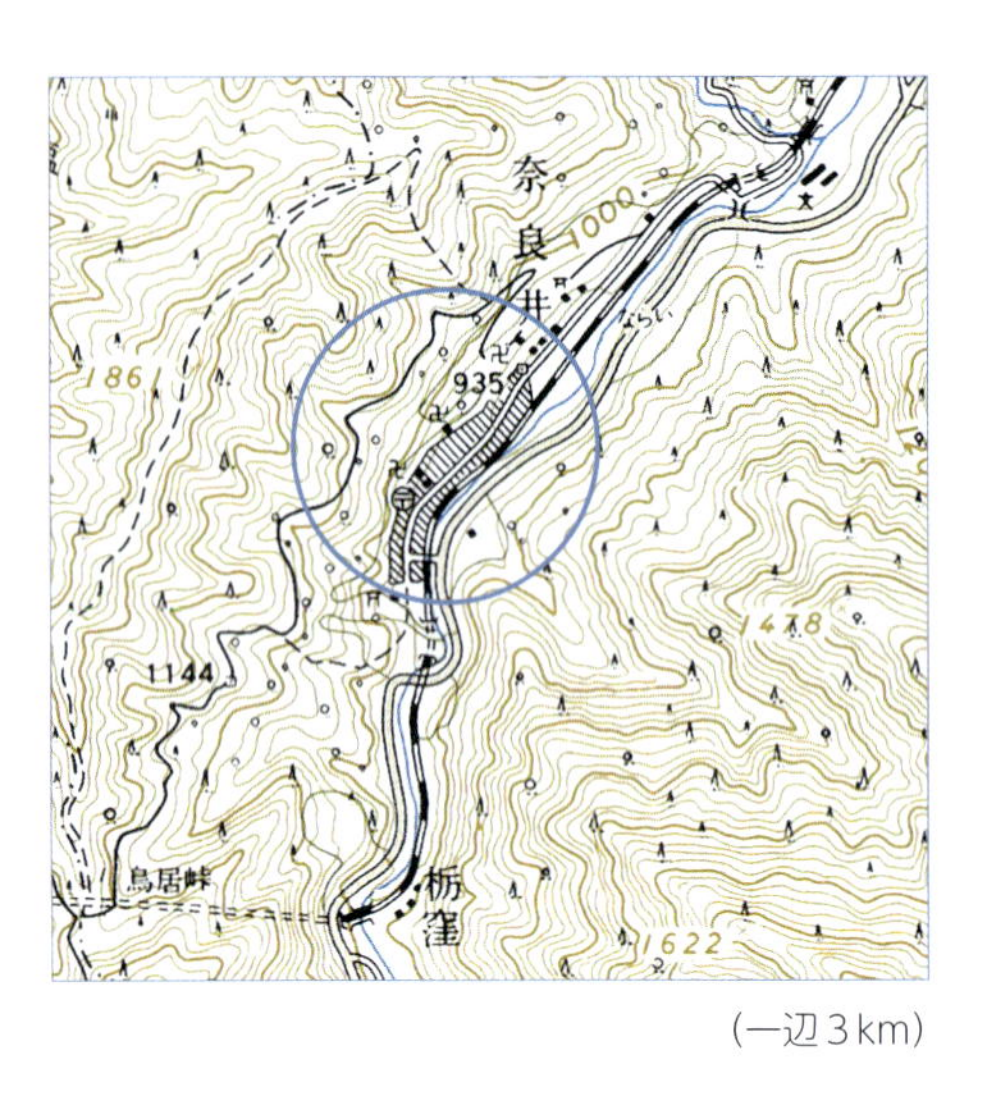


（一辺3km）

奈良井は、中山道の宿場町で鳥居峠（一一九七m）の直下にありました。海抜は九四〇mほどもあり、軽井沢宿と並び中山道の最も高所にある宿場でした。鳥居峠との高低差は三〇〇m足らずですが、塩尻からやって来ると、目の前に、峠山が壁のように立ちはだかり、行き止まりのような感じさえします。陽ざしの弱まる午後にここに着くと、あの峠を越えて次の藪原宿まで行こうという気持ちが萎（な）え、ここに宿をとりたくなります。

鳥居峠は、その昔「県坂（あがたざか）」といわれ、美濃国と信濃国の国境であったこともあります。木曽義仲が平家追討の旗を揚げ、この峠から御嶽山を遥拝して戦勝を祈願したと伝わります。戦国期、木曽義元が御嶽信仰の鳥居を建てて「鳥居峠」と呼ばれるようになりました。木曽氏は、この峠をめぐって甲斐・武田氏と攻防を繰り返します。その頃、奈良井館（やかた）には、木曽一族の奈良井義高が居を構え、北への守りを固めていました。しかし、天正十年（一五八二）、木曽義昌が織田方に寝返ったことによって、武田氏は滅亡に至ります。

いずれにしても、奈良井は地政的な要地でした。狭い谷間の土地に、五つの寺と四つもの神社があります。因みに、関ケ原へ急ぐ徳川秀忠も奈良井の法然寺を本陣とし、また、「お茶壺道中」でも長泉寺が本陣に当てられているほどです。

江戸時代に入ると、尾張・徳川藩領となり、中山道の宿駅にも定

奈良井宿の街並（上町）。狭い間口に2階建てのマチマチ然とした家々が、犇めき合うようにびっしりと連なる。奈良井は、いわゆる木曽11宿の一つであるが、その多様性や活力度において、他の宿場町とは異なった存在感を放つ。旅籠の町というより商工の在郷町といった印象が濃く、それはこの町の成り立ちからきているものである。

中町の越後屋旅館。寛政年間の創業以来、旅館業を続ける。間口は狭いが奥行が深い旅籠建築。

められます。特に、奈良井には「御免白木」（尾張藩から伐採を許可された材木）の割り当てが高く、七～八割の人々が山仕事や木工を生業としていました。曲物、指物、漆器、塗櫛などの木細工が盛んで、江戸や上方に出荷しました。鳥居峠の北側は、尾張藩からの目も届きにくく、天領のような自由な空気がありました。宿場町というより、松本平の奥座敷にある歓楽地でもあったようです。地場産業が盛んとなり、人や物が集まり賑わいました。天保十四年（一八四三）の「宿村大概帳」に家数四〇九軒、人口二一五五人。「奈良井千軒」といわれました。旅籠は思いのほか少なく五軒ほどでした。

奈良井の町は、奈良井川の左岸に、南西から北東へ上町、中町、下町と約一・五kmにわたり長く伸びます。町の南と北に枡形、中ほどに鉤の手が配置され、防備にもぬかりがありませんでした。表通りには、切妻・平入二階建ての建物が、びっしりと建ち並びます。中町は、宿場の中心で道幅三間半と広く、上問屋（手塚家／重文）や下問屋（原家）が往時の面影をよく残しています。両端の上町と下町は、道幅も狭く建て込み、商人や職人が住んでいました。

町を歩くと、伝統的な蔀戸、潜り戸のある大板戸、格子窓、幕板、信州特有の巾広の鼻隠しなどが見られます。屋根は緩やかな勾配の鋼板葺（かつて石置屋根）となっています。道端には、小屋付の水場が六ヶ所もあります。飲

「猿頭」で押さえた鎧庇と捩じり金具／中村家（重文）。

中町にある「横水」の水場。楽しい井戸端会議の場であり、また峠越えの旅人の癒しの場でもあった。

み水、野菜洗い、洗濯などに使われてきました。それぞれ「宮の沢」や「鍵の手」などと愛称がつけられ、楽しい社交の場となっています。

上町の中村家（重文）は、塗櫛問屋を営んだ典型的な町屋です。間口は三間半ほどですが、通り土間に沿い、店の間、勝手、中之間、座敷が並び、二階は吹き抜けを挟んで表と裏に部屋があります。この家の軒庇は、「猿頭（さるがしら）」で押さえた「鎧庇（よろいびさし）」という独特の建築意匠となっています。猿頭とは、正面から見るとお猿さんが頭を並べたように見えるからです。この鎧庇は、細い捩じり金具で吊られており、人が上に載ると落下するようになっています。泥棒除けの仕掛けだそうで、奈良井の匠の技と茶目っ気が造った逸品です。

奈良井の街並は、二階の高さがマチマチで凸凹しています。この乱雑さに加え、信州特有の出梁や深い庇、さらに袖卯建（そでうだつ）や看板などが混然と重なり合い、独特の雑然とした景観をしています。この生活感溢れる表情は、東南アジアの雑踏性や猥雑性に通じるものがあります。特に上町辺りに顕著に見られます。これは、明治になって建物の規制がなくなり、各々の家が、二階を思い思いに増改築してきたためです。後年のものほど軒高になります。この混乱性こそ、奈良井の人々が、多様な生業の中で逞しく生き抜いてきた証しでもあります。

奈良井は、木曽谷の政治勢力が、南の馬籠と同じように、木曽谷から外へ溢れ出した樽口のような処です。木曽谷にある宿場町の空気とは別物です。

# 木曽福島

## ——屹立する崖家造り

長野県木曽町福島

（一辺３km）

木曽福島の町は、薬研のような木曽谷の底にあります。江戸時代には、福島関所や代官屋敷が置かれ木曽の中心地でした。人々は、深い谷底平野の僅かな土地に、知恵を絞り肩を寄せ合い暮らしてきました。

激しく流れる木曽川の淵に出ると、奇観の建築に出会います。表は普通の木造二階建てですが、裏手の川岸は、三、四階建ての建物となって木曽川に迫り出し屹立します。これらの建物は「崖家造り」と呼ばれ、その逞しい生命力と構造的不安感に立ち竦みます。

このような斜面をうまく使う建て方を、一般的に「懸崖造り」といいます。「懸崖」とは、元来、切り立った崖とか切り岸に懸け吊るすことをさし、懸崖造りという言い方が生まれました。菊や松などの盆栽でもよく使われる言葉です。その呼び方は、地域や建物の形によって、「懸造り」、「崖造り」、「崖家造り」、「吉野建て」などと多少違っています。

例えば、寺社建築では、清水寺・舞台（京都市）、東大寺・二月堂（奈良市）、立石寺（山形市）、投入堂（鳥取県）などが知られます。民家建築でも、「郡上八幡」（郡上市）、「八尾」（富山市）、「本宿」（下仁田町）、「吉野山」（吉野町）などに見られます。伊勢の古市遊郭跡に残る「麻吉」も、懸崖造りの典型的な事例です。このような建て方は、かつて、景勝地の料亭や旅館などによく見かけられまし

木曽川左岸の崖家造り群。おのおのが、思い思いの造りで川岸に迫り出して建ち連なり、外壁にはそれぞれの生活の顔が表出する。この奇観に対峙すると、その逞しさと危うさに戸惑いながらも、「木曽谷は只者でない」と興奮を覚える。

駅広裏の断崖に建つ鉄筋コンリートの崖家造り。迫力満点。

木曽川に建つ崖家造り。生活感に溢れる外壁風景。

た。懸崖造りには、どこか風雅な処もありますが、木曽福島の崖家造りはあまりにも直截的です。

さて、この崖家造り起源は、何処にあるのでしょうか。険しい谷を通る中山道は、人はともかく、荷車が通るには道幅が狭く屈曲や高低差がありました。木曽福島では、中山道はかなり高台にある「上の段」を通っており、とても車を通せる状況ではありません。現在ではトンネルで抜けていますが。

明治になって、自動車を通すために、木曽川沿いの狭い村道を広げることになります。国道十九号線の始まりです。道端には商いの小屋も建っていました。交通量の増加とともに道路が広げられ、建物の方も少し後退を余儀なくされます。その際、床面積を少しでも多く確保しようと、勢い斜地も上手く使いながら改築や建替が行われました。このように、道路と建物の鬩ぎ合いが繰り返されたあげく、昭和二年の大火を経て、現在の姿となったようです。その頃、敷地と川の境界もはっきりしないまま、建物が多少川岸にはみ出ても大目にみられたのでしょう。

これらの建物は、間口の狭い木造で、規模も大きなものではありません。奥行き三間ほどが平地部分に建ち、奥の二間ほどが、河川敷に張り出しています。建物の一部は、護岸石垣に立てた柱に支えられている恰好です。柱が斜め外側に張り出す家もあります。表通りの一階は店舗、上階に居室。川側の下階部分は、風呂などの水回りや物置に使われています。

上下をうまく使い熟(こな)した垂直間取です。木造・地下二階・地上二階建てといったらいいでしょうか。裏庭が木曽川です。

　驚くことに、木曽福島駅前にも、鉄筋コンクリート造の崖家造り群が屹立します。駅は明治四十三年の開業ですが、駅前にあった木造店舗が、大火を契機に耐火構造の崖家造りに建て替えられたものです。この崖家造りも、迫力せまる驚くべき奇観を呈しています。

旧中山道の通る「上の段」。この一画は昭和２年の大火で焼け残ったところで、往時の宿場町の面影がよく残る。

　これら奇想建築の着想は、どこからきているのでしょうか。江戸時代、日本三奇橋である「木曽の桟(かけはし)」が、南へ一里ほどの所にありました。いわゆる「桟道(さんどう)」で、断崖に丸太を差し込んで板を当て通り道にしたものです。明治時代にはもうありませんでしたが、人々の記憶には確かに刻まれていました。有名な桟道に、中国の「蜀の古桟道」（空中廊下）があり、また、峡谷の町にも、川淵に立てた柱に載せた民家群もあります。

　これらの木曽川沿いや木曽福島駅前の驚くべき奇観を見ていると、木曽谷の厳しい地形条件におかれた福島の町には、崖家造りのＤＮＡが潜んでいるような気がしてきます。この逞しい崖家造りの壁には、人々の暮らしてきた襞(ひだ)が深く刻み込まれています。まさに人間味溢れる生活史を直に伝える原風景です。

　木曽福島の町は、木曽谷の中心地であったことから、御嶽信仰の基地、福島関所、山村代官屋敷、宿場の面影を残す上の段、漆器や曲物など、見るべきところがたくさんあります。しかし、この奇想建築群の迫力には負けてしまいます。

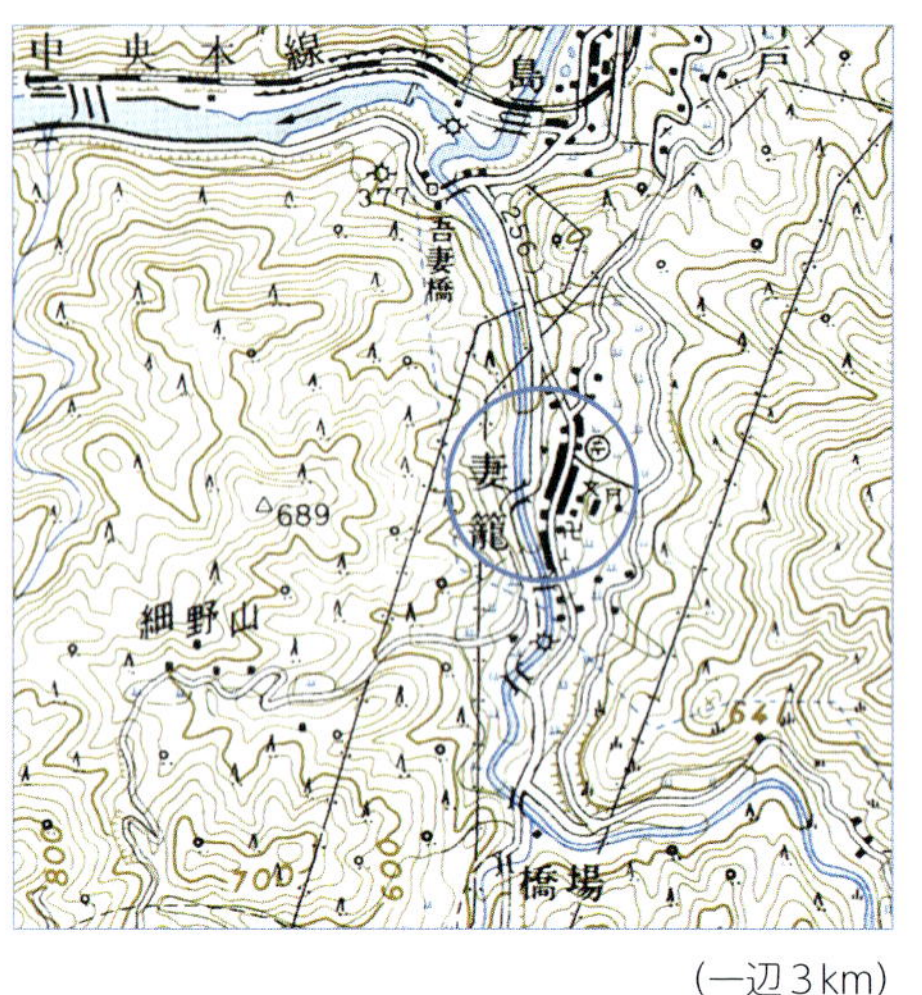

(一辺3km)

# 妻籠（つまご）

## ――町並保存の金字塔

長野県南木曽町吾妻妻籠

妻籠は、近世の宿場町の様子を最もよく伝えています。昭和四十年代の初め、高度経済成長で古いものが消滅していく中でいち早く、住民の間で「売らない」「貸さない」「壊さない」という三原則を決め、復元保全に取り組みました。町並保存運動における金字塔の町で、昭和五十一年、白川郷、京都（新橋・産寧坂）、萩、角館と並んで、最初の「重要伝統的建造物群保存地区」に選定されました。

中山道は、東山道の神坂峠（みさか）（一五九五m）越えが余りにも厳しかったため、和銅六年（七一三）、信濃への「岐蘇路（きそじ）」が開かれたことに始まります。妻籠の地は、ちょうど木曽の南入口にあり、中世には妻籠城がありました。関ケ原へ急ぐ徳川秀忠は、この城で徳川軍の勝利の報を無念の思いで聞きたと伝わります。

「妻籠（つまご）」とは、「妻」は着物の褄で「端っこ」を、「籠」は人家の集まる所を指します。この辺りには遠山氏の荘園があり、「遠山荘の端の小さな集落」ということのようです。

妻籠の町は、蘭（あららぎ）川の河岸段丘に南北七〇〇mにわたり細長く延びます。中山道を南へ行けば馬籠峠を越え中津川へ、また大平街道を東に行くと伊那谷へ出るという交通の要地でもありました。

明治を迎え、自動車が馬籠峠を通れるよう道路改良を行いますが、道路幅や急勾配などの抜本的な解決はできませんでした。明治二十五年、木曽川沿いに「賎母（しずも）新道」（現国道十九号線）、同四十四

寺下地区には、中山道の旅籠らしい情景がよく残る。この妻籠宿の復元工事は、昭和43年にこの付近から始められた。日本の街並保存運動の原点となる記念すべき所である。中央の平屋は木賃宿・上嵯峨屋である。妻籠宿は深い木曽谷の南端にある。ここから南へ行くと馬籠峠（海抜790m）に至り、馬籠宿に出ると空が一気に明るく開け、もう美濃国である。

宿場の中ほどの上町地区。中町地区には本陣（島崎家）や脇本陣（林家／重文）があった。

年には中央本線も開通します。こうなると、敢えて馬籠峠を迂回して越える必要がなくなります。

妻籠は、蘭川の狭い谷に取り残されてしまいました。細々とした林業はありましたが、一時の養蚕景気も廃れ、広い農地もなく特産物もないまま疲弊。過疎化の一途を辿ります。村落の存在すら危うくなっていきました。他方で、国内は高度経済成長に浮かれ沸き立っていました。

こうした中で、「妻籠を何とかしなければならない」という強い信念で取り組んだのが、地元の人たちと小林俊彦氏（吾妻村職員）です。「妻籠宿の街並を文化財にして観光の町にしよう」と、見聞を広げながら動き出します。隣りの馬籠宿の「藤村堂」も一つのヒントでした。折しも、脇本陣「奥谷（おくや）」の保存状態が良ったので郷土館にするなど、県の「明治百年記念事業」にも便乗して船出します。まず、南寄りの寺下付近の解体復元から手がつけられます。この保全事業は、全国の町や専門家から大変注目を浴びます。今では年間六十万人が訪れる観光地となりました。妻籠宿から馬籠峠を越え馬籠宿へ歩く人もいます。

妻籠の宿場町は、北から恋野、下町、中町、上町（かんまち）、寺下、尾又と続きます。上町と寺下の間には窪地状の「枡形（ますがた）」が

冠木門を構える本陣・問屋を務めた島崎家住宅。幕末に逼塞してしまったが、平成７年に復元された。

敵の侵入に備えた窪地状の桝形。妻籠城の名残り。

あります。上から攻撃するには恰好の場で、傍の光徳寺は軍勢を待機させるのに好都合でした。

建物は、切妻・平入・二階建ての緩勾配の鋼板葺（かつて石置屋根）が基本ですが、平屋建ての木賃宿・上嵯峨屋なども復元されています。また二階を張り出す出梁造りや卯建を揚げているものも見かけられます。幅広の破風板や鼻隠し板は、木曽特有の建築意匠です。

脇本陣の奥谷（林家住宅／重文）は、幕末、庄屋で醸造業も営み本陣を凌ぐほどでした。和宮降嫁や明治天皇巡行の際、休息所となっています。主屋は明治十二年築で、尾張藩の禁制もなくなり、木曽檜などの銘木がふんだんに使われています。島崎藤村の初恋の人・おふゆ（馬籠宿大黒屋の娘）は、この林家に嫁いできています。また、本陣の島崎家住宅は、平成七年に再現されたものです。藤村の母は、この家から馬籠本陣・島崎家に嫁いでいます。

妻籠から馬籠峠への途中に「大妻籠」という小さな集落があります。街道沿いには、深い庇に出梁造りに立派な卯達を掲げた民家がいくつか並びます。近くに、石置屋根の「藤原家住宅」があり、十七世紀半ばまで遡る古い建物といわれています。この辺りには、信州らしい山里の趣が広がります。

昭和四十五年、復元工事の真っ只中、奥谷脇本陣の囲炉裏端で、小林氏の熱い思いを伺ったことが昨日のように思い出されます。今では、大駐車場が整備され、観光客でごった返し隔世の思いです。

# 小野（おの）

## ――本棟造りの宿場

長野県辰野町小野

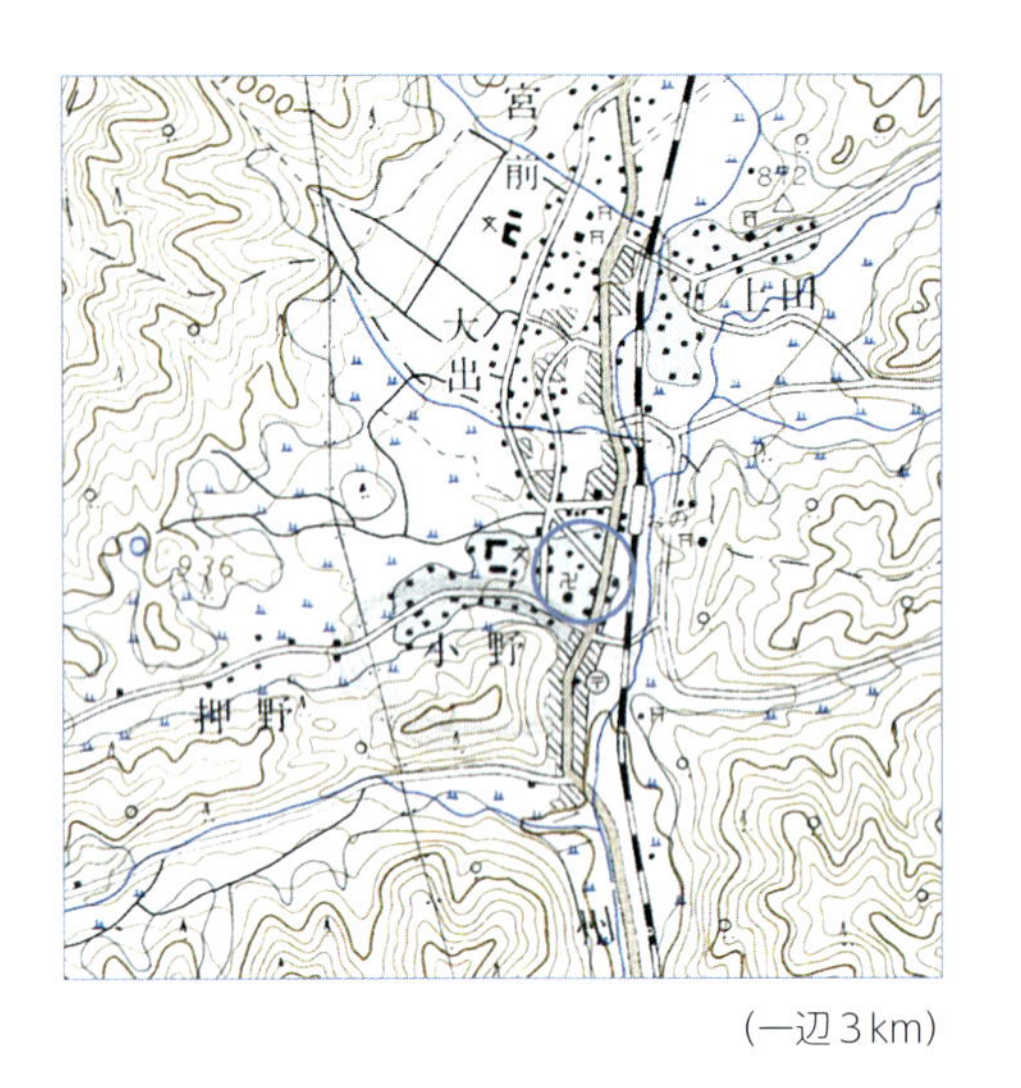


（一辺3km）

小野は、塩尻から善知鳥（うとう）峠（海抜九七〇m）を越えて、「三州街道」の北端にある宿場でした。

ここに、怪鳥が大羽を広げたような不可思議な姿をした民家が建ち並びます。「本棟造り（ほんむねづくり）」という信州特有の建築様式です。松本から伊那地方にかけて広く分布し、庄屋などの上級階層の家に見られました。代表的なものとして、曽根原家（安曇野市／重文）、堀内家（塩尻市／重文）、馬場家（松本市／重文）などが知られます。小野宿には三棟残り、安政六年（一八五九）の大火後のものです。

この本棟造りは、緩やかな大屋根をかけた切妻・妻入の建物です。おおよそ十間四方もある大きなもので、間取りは三列三重囲字型の九間取りを基本としています。とりわけ、建物の妻面の意匠に特徴があります。太い虹梁（こうりょう）、見せ貫（ぬき）、出格子窓、二重の破風板にはえなわ、拝（おが）みに縁起物の懸魚（げぎょ）、棟端に雀おどり（鬼板）と独特の建築意匠が施されています。しかも、妻側の螻羽（けらば）には、転びがつけられているので、その前に立つとより威圧感が強調されます。

名主で問屋だった小野家は、本陣の役目も担う格式高い家でした。梁行十間半・桁行八間半もある大規模なもので、間取は四列三重となっています。凹型の式台玄関が設えられ、上段の間や入側（いりかわ）もあります。この小野家と向かい合う小澤家（屋号・油屋／酒屋・旅籠）は、妻全面を虹梁や見せ貫で意匠した伊那系のものです。その

本棟造りの建物が並ぶ独特の街並。手前の小澤家（旅籠）は下屋のある松本系の意匠、奥の小澤家（酒屋・旅籠）は下屋のない伊那系の意匠である。向いには、名主で問屋だった小野家の大きな本棟造り（伊那系）が構えられる。安政の大火後、切妻・平入から本棟造りに建替えられた。いずれの屋根も、石置屋根が瓦棒葺き（銅板葺き）に替えられている。

堂々とした本棟造りの名主・問屋だった小野家（伊那系意匠）。手前は薬医門、右端は擬洋風の旧小野郵便局。

隣の小澤家（旅籠）には、松本系の下屋がついています。この違いは、施主の意向か大工の流儀か定かでありません。いずれも立派な薬医門を構えます。これらの奇怪な本棟造りに囲まれると、異国に迷い込んだような興奮さえ覚えます。

この地は、古代の東山道が通り「憑（たのめ）の里」と呼ばれていました。枕草子にも出てくる古い土地柄です。また、小野郷は、伊那郡、筑摩郡、諏訪郡の四つの郡が接することから、昔から、その帰属をめぐって紛争が絶えませんでした。戦国期、豊臣秀吉の裁定で問答無用に、北小野村（筑摩郡／松本藩）と南小野村（伊那郡／飯田藩）とに分けられます。信濃国二ノ宮の「小野神社」と「矢彦神社」も、北小野（塩尻市）に双子のように仲良く並んで鎮座しています。ところが、矢彦神社の敷地は、南の辰野町の飛び地となっています。さらに、小野宿では、北からの荷は「北小野」で、南からの荷は「小野」で取り扱うようになっていました。さらに、町境付近には大鳥居が国道（一五三号線）を跨いで建ちます。

面白いことに、今でも、小学校は、辰野町塩尻市小学校組合立の「両小野小学校」が辰野町側に、中学校は「両小野中学校」が塩尻市側にあるという変則的な状況に置かれています。四〇〇年以上も前の線引きが、今に生き続けていることに驚きを禁じえません。

ところで、小野には「初期中山道」が通っていました。慶長八年（一六〇二）、中山道が定められます。この時に

本棟造りの拝み廻りの雀おどり・二重破風（はえなわ）懸魚の装飾。

中三階の出格子窓、看板吊り用の小屋根、虹梁、見せ貫、懸魚など、妻面を飾る巧みな伊那系の意匠。

は、下諏訪宿から小野宿を通り木曽の桜沢（贄川宿の北）へ抜けていましたが、僅か十三年後には、塩尻を廻るように変わり、中山道は六十七宿から六十九宿となります。

これには、幕府内の確執が絡みます。中山道は大久保長安の指揮下で開設されました。長安は、武田信玄の下で金山開発などに携わり、徳川家康に仕えるようになると、甲斐や信濃の領国経営も一手に任されます。彼は、新しい江戸の建設には木曽の材木が必須と考えました。贄川（にえかわ）から牛首峠越え小野に入り、三沢峠（小野峠）を経て諏訪湖へ至る最短路に着目していました。当然、中山道もこのルートに上書します。しかし、長安が亡くなると、政敵・本田正信らによって大久保一族は粛清。中山道も松本藩の要求もあり、塩尻を廻るように変更されました。

また、三州街道は「中馬街道」とも呼ばれました。中馬とは、出発地から目的地まで同じ馬で運ぶ「付け通し」の運搬方法をいいました。速くて安く荷主には人気がありましたが、これには既得権を持つ問屋との争いも絶えませんでした。この往還には、幕府や藩の公用客はなく、参勤交代も飯田藩のお殿様だけでした。このため、伊勢参りや善光寺参りの庶民が気楽に使える脇往来でした。

小野は、一見通り過ごしそうな町ですが、奇怪な本棟造りと大鳥居に足止され、その歴史の一端に触れると、旅の素敵な拾い物をしたような幸せな気分になりました。

# 下栗（しもぐり）

## ――天空の山里

長野県飯田市上村下栗

（一辺３km）

下栗は、南アルプスの深い山中にあり、日本最南の三〇〇〇m峰・聖岳（ひじりだけ）もすぐそこに見えます。登山家の深田久弥は「下栗ほど美しく平和な山村を私はほかに知らない」と感嘆しています。この絶界の地に惹かれて、アニメ作家・宮崎駿、政治家・不破哲三、俳優・香川照之など異色な人たちが訪れています。

下栗の由来は、平家の落人伝説、駿河のマタギが栗を求めて住み着いた、甲斐・武田氏の残党説などあり、定かでありません。いずれにしても、余程の事情の下、この海抜一〇〇〇mの天空に棲まざるを得なくなったものと思われます。

この辺りは「遠山郷」と呼ばれ、秋山郷や白川郷などとともに日本の秘境中の秘境です。古くから「遠信古道」（秋葉街道）を通して、三遠地域（三河、遠江）と関わり持ってきました。鎌倉時代以来、遠山氏が治めていました。元和三年（一六一七）、お家騒動で改易となり、中腹より上の山林は天領、下が共有林（百姓稼山）とされました。下栗の里では、山仕事を生業としながら、平穏な時が永く流れていました。

ところが、明治時代の中頃、王子製紙が共有林を買い上げ、大規模な伐採を始めます。遠山川と上村川の落合付近の木沢や梨元には、木材景気で労務者が溢れ、料亭が立ち「カブチャ」（歌舞者）という酌婦を囲う店もでき、殷賑を極めたといいます。昭和十五年

海抜800〜1000mの急斜面に広がる下栗の里。この天空の地に40戸ほどの人たちが暮らしている。道路は、まるでスキーの斜滑降でもするように、何度も丁寧に曲がりを繰り返しながら下りていく。ヘアーピンカーブでは、フロントガラスから道路が一瞬消えて見えなくなるほど急傾斜である。深い谷底には遠山川が流れる。絶界の風景を前にして暫し茫然と立ち竦んでしまう。

崖地のような急斜面に、主屋・納屋・倉が等高線に沿って横一列に並ぶ。ネコビサシも見える。

には、軍用材を切り出すため、遠山川沿いに「遠山森林鉄道」（延長約二十㎞）が着工されます。木材の輸送は、筏流しから森林鉄道とトラックへと切り変わります。梨元には「ていしゃば」という地名もつけられていたほどです。こうした変貌は、下栗の生業に少なからぬ影響があったものと思われます。

下栗には、奥から大野、小野、屋敷、本村の四つ集落がありました。その中で、本村の家々は、高低差二〇〇ｍほどの急斜面に短冊を懸け吊るしたように広がります。道路は急斜面に蛇行を繰り返しながらつけられています。

敷地には、主屋、納屋、倉、付属屋が、等高線に沿って横一列に並びます。石置屋根はトタン葺きで、石の代わりに古タイヤを乗せた家もあります。家の前の浅い前庭には、「ハザ」と呼ばれる干し場があります。また、主屋の裏側には、「ネコビサシ」という小庇をつけて、急崖と屋根の隙間を塞いでいます。斜面からの水や泥が家の壁にかかるのを防ぐためです。この半地下のような空間は物置に使われています。

傾斜三〇度もある急斜地に、ジャガイモ、豆類、雑穀類（稗、蕎麦、粟、黍）など、多品種少量の作付けがされています。畑は石垣を築かず斜面のまま使い、鍬仕事は、土が下へ滑り落ちないように上へ掻き上げるようにして使います。畦には、土留めに茶の木が植えられています。畑の中にお墓があり、ご先祖さまと一緒に畑仕事をという具合です。現在では、兼業農家がほとんどで、和田や飯田方面へ通勤しています。

遠山川上流から本村（右上）を見る。

急斜面は、石垣を築いて段々畑にすることなく、斜面のまま畑として使う。畔にお茶が植えられる。

下栗のジャガイモは、「下栗イモ」とか「二ドイモ」（年に二回収穫）と呼ばれています。この二ドイモは、甲斐から持ち込まれたといい、「甲斐芋」ともいわれます。やや小ぶりですが、味が濃くて他の土地では同じものはできないそうです。この美味しい「イモ田楽」（えごま味噌）は、県の選択無形民俗文化財にされています。また、下栗の地は、日当たりも水はけも良い上に、昼夜の寒暖差があり、蕎麦やお茶（「赤石銘茶」）も、香りが高くうま味の凝縮されたものが採れます。

また、この遠山郷には、鎌倉時代から「霜月祭り」（湯立神楽）という貴重な神事が伝わります。旧暦の霜月（十二月）の夜に、人々は煮えたぎる神の湯をかけ合って身を清め、息災無事や五穀豊穣を祈ります。霜月の頃には、太陽の光りが弱まり、あらゆる生命の力も衰えると考えられ、諸国から神々を招待して湯を捧げ、弱まった生命を蘇生させようというものです。国の重要無形民俗文化財に指定されています。下栗では、集落の中ほどにある「拾五社大明神」で行われます。この神秘的な行事は、「千と千尋の神隠し」のモデルになったともいわれます。それぞれの地域毎にお面、舞、囃子などが少しずつ異なり、上町、下栗、木沢、和田に四つ様式があります。

下栗の里は、筆舌しがたい天空の別世界です。そこには、美味しい食材に恵まれ、伝統的な祭事が永く引き継がれてきました。捨てがたい日本の原風景です。

# 馬籠（まごめ）
## ――尾根筋の宿場町
岐阜県中津川市馬籠

（一辺３km）

「馬籠宿」は、木曽十一宿で最も南にあった宿場町です。馬籠といえば、島崎藤村を思い出し、「夜明け前」の冒頭「木曽路はすべて山の中である」の一文が浮かんできます。平成十七年二月、この馬籠宿が、長野県（木曽）から岐阜県（美濃）に県を越えて編入された時、失恋に近い思いに襲われたことを覚えています。

木曽の地は、美濃や信濃との間で、政治的な綱引きが繰り返されてきました。中世の頃から、木曽氏、遠山氏、武田氏、織田氏、豊臣氏、徳川氏の勢力が、鍔迫（つばぜ）り合いをしてきました。その頃、馬籠には木曽氏の出城が築かれていました。

確かに、馬籠の辺りは、地形や生活圏から見れば美濃圏にあります。深い木曽谷から馬籠峠（七九〇ｍ）を越えると一気に視界が開け遥かに濃尾平野を望めます。昔から、岐阜県への越県合併が燻ってきていました。しかし、文学の世界では、馬籠は木曽に残しておきたいものです。やはり、藤村と木曽は切り離せません。

馬籠宿は、海抜五七〇～六五〇ｍの尾根筋に、北東から南西へ六〇〇ｍほど続きます。高低差が八〇ｍほどある坂の町です。このような尾根上にある町は、全国的に見ても珍しく、奈良・吉野山や伊勢・古市ぐらいでしょうか。このため、木曽谷の底にある妻籠などの宿場町とは違って明るい感じがします。しかも、馬籠は、緩やかな坂にあって、適度な曲がりと高低差が、通り景観に心よいシーク

緩やかな坂道に適度な曲がりが加わり、通りに諧調なシークエンス（継起的変化）が創り出される。深い軒に半囲みされたような石畳道が親しみある通り空間をつくり出し、坂道の曲りも行手への好奇的期待感を募らせてくれる。「藤村記念館」が坂道の中ほどにあって節目となり退屈させない。この坂道を上り切って馬籠峠を越えると、薬研のような深い木曽谷に入っていく。

エンス（sequence／継起的変化）を与えており、奥行きを深く感じる街並となっています。

馬籠では、明治二十八年と大正四年に大火がありました。尾根筋では一度火が出ると、風に煽られ手がつけられません。建物は焼け尽くされ、石畳の道と枡形の石段だけが残ったといいます。このため、今では、坂道沿いに、こまめに初期消火用の小さな池や水桶が用意されています。暑い夏の日、そのせせらぎが心地よい清涼感を誘ってくれます。

現在の建物は大火以降のもので、古い資料や言い伝えを検証して、往時の姿を復元してきたものです。切妻・平入りの本二階建てが基調となっています。緩やか勾配の屋根、雨宿りに好都合な深い軒、幅広の鼻隠しなど、信州の旅籠建築の伝統的な特徴を随所に見ることができます。

南端の急崖にある車屋坂には、教科書通りに枡形が設けられ、二つの鉤形（折れ曲がり）が組み込まれています。この上に立つと、お城の枡形を彷彿させます。幕府は五街道の制定に際し、有事には宿場町を陣屋とすることを想定していました。宿場の「本陣」という言い方もそこからきてます。隣りの妻籠宿にも窪地状の枡形跡が残ります。街道筋の並木も、有事には切り倒して敵の進軍を妨害するために植えられたともいわれます。

妻籠宿から馬籠峠を越えると、空が明るく開ける。重なる家並の彼方に恵那山が聳え、もう美濃の世界。

坂道端には水桶や小さな池が置かれる。

南端にある車屋坂。急崖を利用した桝形となっていて、上からの攻撃で侵入者を撃退する。

さて、文豪・島崎藤村（一八七二〜一九四三）は、馬籠宿の本陣・島村家の四男・春樹として生まれます。この島崎家は古くからの有力土豪でした。先祖の島崎重通は、小牧・長久手の戦いで、豊臣方の木曽義昌の命で馬籠城を守りましたが、徳川方に押され妻籠城に退却しています。生家の本陣は、明治の大火で焼失しましたが、昭和二十二年、建築家・谷口吉郎の設計で「藤村堂」（現・藤村記念館）が建てられました。表門には、土豪らしい冠木門が構えられています。「夜明け前」という小説は、主人公の青山半蔵（父・島崎正樹がモデル）が、幕末の刻々と変貌していく社会に夢を託しながらも、やがて失望し挫折していく様を描いた大作です。黒船の遠雷が聞こえてくる中、本陣の前を、江戸へ降嫁する和宮行列、逆に参勤交代の緩和で帰国する大名行列、またまた天狗党や赤報隊の通過など、当時の慌ただしい人間群像の鼓動が伝わってきます。藤村の残した「破壊」や「千曲川旅情の歌」など、彼の作品の魅力は尽きません。やはり、馬籠宿は藤村抜きに語ることはできません。

明治二十五年、西の木曽川沿いに新しく賤母（しずも）新道（国道十九号線）が通され、同四十四年に中央本線が開通します。これをもって、峠越えの馬籠宿は役目を終えました。

馬籠宿の旧高札場に立つと、眼前に恵那山（二一九一m）がとんでもなく大きな山容を横たえ、目を右に転じると、濃尾平野が広々と見渡せます。ここは、もう美濃だということに気づかされます。

# 玉井町（たまいちょう）

## ――和紙問屋の湊町

岐阜県岐阜市玉井町

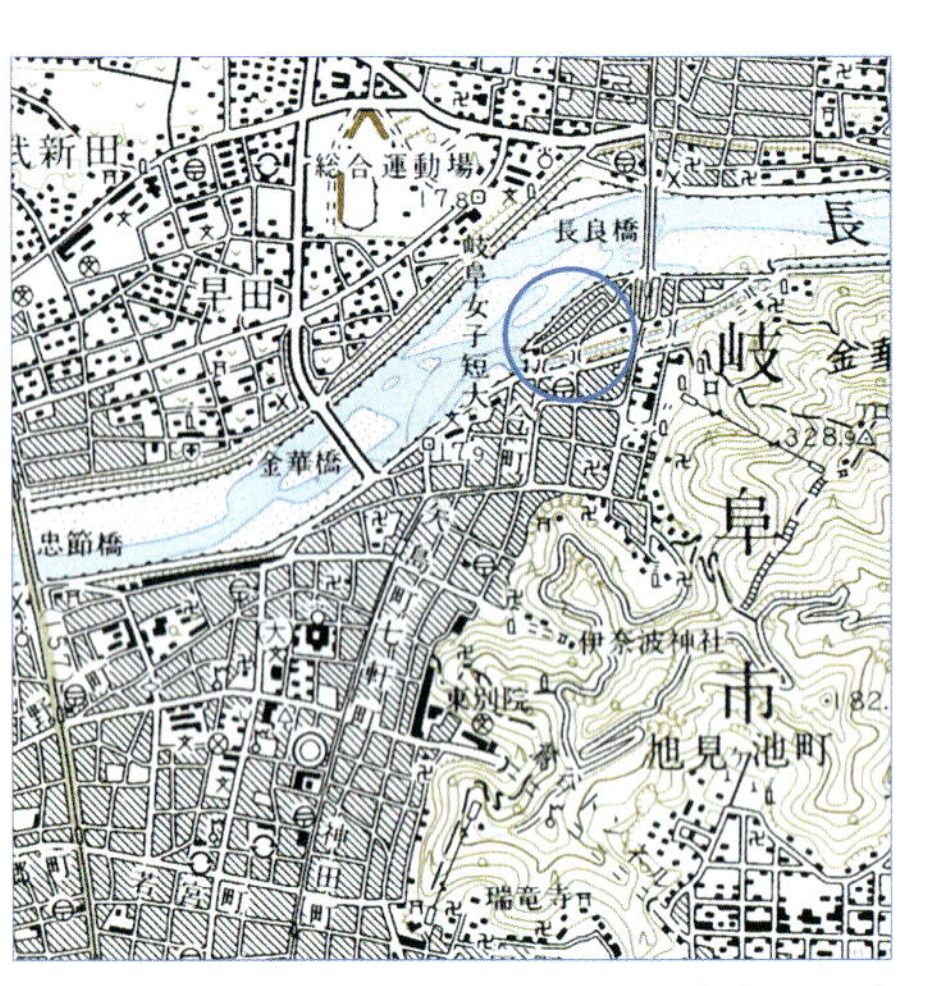


（一辺3km）

岐阜の町は「井ノ口」と呼ばれていましたが、永禄十年（一五六七）、織田信長が手中にし「岐阜」と改称します。信長は、米本位制を脱して重商主義による強兵を掲げ、長良川の水運に目をつけます。奥美濃からの木材や美濃和紙の取り引きの便を図るべく、長良川の中州に川湊を整備します。これが「川原町」（古くは中川原丁）と呼ばれ、現在の湊町、玉井町、元浜町に当ります。

信長の御殿は、金華山の西山麓にありました。その西に家臣団の屋敷が置かれ、さらに南西側には、清須など尾張から呼び寄せた商人の町が広がっていました。城下町は全体を土居で囲った惣構でした。その一方で、新しく楽市楽座を開き商いを活性化させます。宣教師ルイス・フロイスが「バビロンの雑踏」と譬えたほど活況を呈しました。この楽市楽座は、今流でいえば「経済特区」（規制緩和）といえるものですが、従来からの井ノ口商人の既得権益を奪う戦略でもありました。

しかし、岐阜城は、関ケ原の前哨戦で早々と落城し、美濃の多くは天領となります。南方に加納城ができると、城下だった存在感も薄れます。町の方は、長良川の水運を活かして、湊のある問屋街として栄え明治を迎えました。

川原町は、長良川の自然堤防の上を通る高富街道に沿う町で、惣構の外（堤外）にありました。このため、街並は長良川に沿うよ

川原通りから旧河岸へ降りる坂。石垣と石畳に玉石、土蔵壁に杉皮壁、奥に黒壁の蔵と、何とも雅趣に富んだ坂である。川原町衆の気概が伝わってくる。現在、杉皮張り壁は板壁に張り替えられ、石畳もアスファルトできれいに舗装された。日本の佳景がまた一つ減った。(写真は昭和57年10月16日撮影)

玉井町の表通りには、低い厨子二階の切妻・平入りの商家が並び、千本格子、荒格子、出格子が連なる。近世・在郷町の面影を色濃く残す。

うに緩やかに曲がりながら続きます。他方、惣構内にある材木町などでは道路は格子状です。このことから、川原町が古くからの町であったことが判ります。ここには、材木問屋、紙問屋、加工問屋が集まっていました。今では面影が薄くなっていますが、玉井町に和紙問屋、元浜町に材木問屋の残影を見ることができます。

美濃和紙は、この川湊から長良川を下って桑名へ送られ鈴鹿の八風峠を越えて、近江商人により京都へ売り捌かれました。また、岐阜では良質の竹が採れたことから、和紙と竹を結びつけ、「岐阜提灯」、「団扇（うちわ）」、「和傘」など、岐阜の伝統工芸品が生まれていきます。正法寺の大きな岐阜大仏（高さ約十三m余）も、竹と和紙を使って造られた乾漆仏だそうです。

木材の流送は、「墨俣（すのまた）一夜城」の逸話にもあるように、木曽川や長良川では古くから行われてきました。岐阜の町にも、それに因んだ東西材木町、木挽町、竹屋町、大工町などの町名が残ります。かつて、材木問屋の中に「舟木座」という同業者仲間が巾を利かせていました。舟木とは造船用の材木のことです。加工時に出る廃材を薪として上納し、「新座株」（十二株）という独占権を持っていました。この薪は、所謂「冥加金」に当たるものです。当初、その株は、材木町の商人たちが持っていましたが、やがて川原町の商人の手に移っていったといいます。

街並は、基本的に切妻・平入りです。低い厨子二階の家も多く残り、千本格子、荒格子、出格子が見られます。ま

忠節用水沿いに土蔵が並び、木戸口は切り込みの石階段。

川原町屋の軒行灯。街並に愛嬌ある点景を添える。

岐阜提灯は美濃和紙と岐阜の竹から生まれた。

た、軒には提灯が吊るされ、屋根に軒行灯が掲げられ、秋葉様の祠が祀られています。それらが点景となり、穏やかな家並に適度な色添えを添えています。

表通りから、南側の「湊コミュニティ水路」（忠節用水放水路）へ下りる坂があります。坂を降りると、高い玉石垣沿いに小径が通り抜けています。この界隈は、かつての河岸（船着場）でした。妻入りの土蔵が建ち並び、その木戸口への石階段などが残ります。とても魅力的な路地空間となっています。

この坂には、「逸品の蔵」がありました。最近まで、杉皮全面張りの土蔵でしたが、残念なことに、板壁に張り替えられました。豪商の土蔵といえば、白漆喰や黒漆喰ですが、杉皮張りは極めて珍しいことです。防火性の求められる土蔵の外壁を、敢えて杉皮張りとするのは、如何にも粋な計らいと脱帽します。やはり、材木商の町ならではの心意気でしょうか。因みに、杉皮を張る建物は、和風では茶室や塀で、民家でも腰壁ぐらいです。洋風でも、軽井沢の宣教師別荘や、中禅寺湖の旧イタリア大使館別荘など一部に見られます。いずれにしても、やや特殊な嗜好の建築に限られます。

北東の対岸に「鵜匠の里」がありますが、川原町は、鵜飼の時期を除けば平常装いの町です。長良川は滔々と流れていきます。その河畔から、金華山の岐阜城を仰ぎ、かつての岐阜の一瞬の輝きに想いを廻らせるのも一興です。

# 美濃（みの）

## ――和紙でウダツが揚る

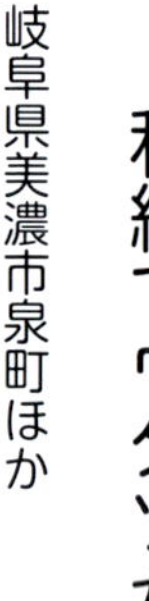
岐阜県美濃市泉町ほか

（一辺３km）

美濃は和紙の町です。長良川の中流にあり、古くは「上有知（こうずち）」と呼ばれていました。美濃紙（みのがみ）の歴史は古く、千三百年も前に遡ります。正倉院文書によると、戸籍用紙にはすでに美濃紙が使われていたことが判っています。律令制度が整うにつれて紙の需要が高まっていきます。

和紙の産地は、西濃の垂井（たるい）付近でしたが、後に中濃地域へ移ります。美濃国では、良質の楮（こうぞ）がとれ、美しくて丈夫な紙ができました。特に「紙屋院（かみやいん）」*の別院が設けられていたと伝わります。

鎌倉時代、京都、奈良、伊勢方面へ出荷され、紙質の良さは評判を呼びました。室町時代には、大矢田（おやだ）に「紙座」ができ、紙の六斎市が開かれるようになります。長良川を利用して桑名へ運ばれ、鈴鹿の山を越え八日市や石寺新町の「市」から京商人の手に渡りました。

戦国末期、この地には、佐藤一族が、鉈尾山（なたおやま）（古城山）に居城を構えていましたが、関ヶ原で西軍に与し改易となります。そのあと、飛騨高山城主・金森長近が、美濃国・武儀郡と河内国・金田の加増を受けます。長近は、高山城を養子の可重（ありしげ）に譲り、自らはこの上有知に隠居します。鉈尾山城を「尾崎丸山」（現・小倉山）に移し、山麓に新しい城下町をつくりました。これが美濃の町です。小倉山の名は、風流好みで茶を嗜んだ文化人の長近が、京の名勝・小倉山に因んで名付けたものです。

加治屋町の旧武藤家。堂々とした屋敷構えに豪勢な本卯建が揚げられる。本卯建が角地の妻側に揚がるのは珍しく、防火というより別の意味があったことを暗示している。この家は、金森長近が築城時に関の刀匠を呼び寄せたのが始まりと伝わる。現在の建物は江戸末期のもので、明治期に改造が加えられている。軒下には、商いの町らしく駒繋ぎ石が置かれる。

小倉山城址から旧一番町を望む。本卯建を揚げる民家が並ぶ。中央手前が旧今井家住宅、右奥が小坂酒造場。

長近は、城下の町割と商業の発展に力を注ぎました。城下には二筋の通りを造り、一番町、二番町とします。これを四本の横道でつなぎ、「目の字型」の道路形態とし、上・中・下の街区を計画しました。これは、長近のつくった越前・大野や飛騨・高山と同じ考え方です。大野では五筋、高山は三筋ですが、美濃では二筋の小規模なものです。

同時に、紙漉きや養蚕の地場産業の振興に力を入れます。とくに特産の和紙を重視。それまで大矢田(おやだ)にあった紙の六斎市を城下に移し、紙取引の中心地とします。生産地も大矢田から板取川流域に移ります。蕨生(わらび)や牧谷で漉かれた和紙は、上有知の問屋に集められ、江戸、京都、大阪へ出荷されて行きました。「美濃書院」をはじめ、美濃和紙の評判が高まるにつれ、町なかに紙問屋が軒を並べるようになります。

長良川は、上有知付近から流れが緩やかになります。奥美濃の物産を集めて舟運で運び出すには好都合でした。こうして、「上有知川湊」が開かれ、和紙、荏胡麻、生糸、酒などが積み出されます。また上流からの木材の中継地ともなり、番船が四十艘もあったと

本卯建が連続する街並（泉町）。

小坂家の“むくり”のついた本卯建。

商家の店先には駒繋ぎ石が置かれる。

いいます。同時に、城下から湊への運搬路（産業道路）も整備され、河岸には灯台が建てられ、高さ九mの住吉型の灯台が残ります。

長近が没すると、飛騨・高山は養子の可重が、美濃・上有知は実子の長光が継ぎます。しかし、長光はわずか六才で亡くなり、無嗣除封で小倉山城も廃城となります。一時、天領となり、元和元年（一六一五）に尾張藩の飛地となりました。この飛地となったことが、上有知に自由な気風を育てたといわれます。その後、上有知は、長近の築いた礎をもとに、美濃和紙を中心に在郷町として大きく発展をします。

現在の街並は、江戸後期から明治にかけてのものです。富の象徴である「本卯建」を揚げる家が二十軒ほど残ります。本卯建は、最も格の高い形式で、本卯建が集団的に残っている街並は、この美濃の町だけです。しかも、卯建の化粧瓦には質の高い意匠が施されています。中でも、今井家（庄屋／紙問屋）や小阪家（造り酒屋／百春／重文）は、近世の秀逸な町屋建築です。小阪家は、安永元年（一七七二）築といわれ、厨子二階造りの黒漆喰壁で、屋根の勾配には「起り」が採られ、もちろん本卯建も「起り」になっています。

町中を歩くと、二階の軒に、火除けの神・秋葉様の祠が大切に祀られ、犬矢来の傍らに「駒繋ぎ石」、柱には「駒繋ぎ環」も残ります。これらは、この町が活気に満ちた在郷町（商業の町）だったことの刻印でもあります。

＊紙屋院は官営の和紙の製造所。

# 郡上八幡（ぐじょうはちまん）

## ――水の城下町

岐阜県郡上市八幡町

（一辺３km）

「郡上八幡」は、清流・長良川の上流にあり「水」と「盆踊り」で知られます。この町にやって来ると、白亜の天守が聳え、「ああ！城下町にやって来た」という幸せな気分になります。司馬遼太郎は、「街道を行く」の中で「日本でいちばん美しい山城」と称しています。

実は、このお城は、昭和八年、町長が地元振興のために建てた木造の模擬天守なのです。当時の「大垣城」（昭和十一年に国宝）を範に建てたものです。ところが大垣城は戦災で焼失。昭和四十二年に再建する際、逆にこの八幡城を参考にしました。「濃州郡上合戦図」（延宝四年（一六七六））には、確かに三層の天守らしきものが描かれていますが、現在の天守は四層五階建ての立派なものとなっています。比高は麓御殿とは百ｍほどで、山城というより平山城に近いものです。この小さな町には、少し立派過ぎるようにも思えますが、今では、郡上八幡の風景にすっかり馴染んでいます。

郡上の地は、鎌倉以降、名門・東氏（とうし）が永く支配してきました。応仁の乱の頃、城主・東常縁（とうのつねのり）は、京から訪ねてきた連歌師・飯尾宗祇（そうぎ）に古今伝授をしています。この常縁は、武将でありかつ第一級の歌人でもありました。「宗祇水」は、宗祇が清水の畔に庵を結んだことに因みます。周囲の山々は、石灰岩からできていて、銘水を生み出す天然の濾過フィルターとなっています。

八幡城（積翠城）から南町を望む。隅櫓越しに折り紙を散らしたような家並が広がる。お城の重厚な屋根と町屋の軽い屋根の対比が印象的。平和な時代が到来すると、お城は、戦いの詰城から権力の象徴としての意味合いに変わり、町民も天守を誇らしげに見守るようになる。

小駄良川沿いの崖家造りの家並。山間の平地がない所では、土地の使い方も極限に達する。

永禄二年（一五五九）、遠藤盛数が、東氏を東殿山（とうどやま）の戦で攻め滅ぼします。その時に陣地とした所が今の八幡城跡です。そのあと、城主は、遠藤氏、稲葉氏、遠藤氏、井上氏、金森氏、青山氏と変わり、明治を迎えました。

宝暦四年（一七五五）、この小さな城下町に「郡上一揆」という大事件が起こります。過重な年貢にたまりかねた百姓たちが、五年にわたり決死の覚悟で幕府へ直訴や駕篭訴を続けます。その結末は、藩主・金森家はお家断絶、さらに幕府中枢の老中や若年寄も失脚という異例の決着となりました。有名な「郡上踊り」は、つぎの藩主・青山氏が、騒動後の四民融和を図るために奨励したといわれます。また、江戸時代の初め、藩主・遠藤氏が領民親睦のために奨励したという説もあり定かでありません。

町の骨格は、天正十六年（一五八八）、城主・稲葉貞通が行った町割りが下敷きとなっています。山頂の天守台、二の丸などを大改修するとともに、城下に、柳町、殿町、職人町、本町筋が通され、近世型の城下町を整えました。

ところが、承応元年（一六五二）、大火が発生し北町一帯を焼き尽くします。このため、時の藩主・遠藤常友は、吉田川と小駄良川から、防火用水として、北町用水、柳町用水、島谷用水などを町の中に引き込みます。初めのうち防火用水でした。やがて、日常の生活用水にも使われ、町の中に

いがわ小径のカワド。水とともに生活する。

軒に吊るされる防火バケツ／職人町。

立派過ぎる天守閣だが、よく馴染んでいる。

毛細血管のように張り巡らされていきました。大火後の常套手段には、火事に強い土蔵の建物を増やすことですが、この八幡では、防火対策として水の城下町が造られ、ここに、水の町・郡上八幡が産声をあげます。

　町を歩くと、カワド、共同井戸、堰板、水舟など、さまざまな水に係わる仕掛けに出会います。「カワド」は、用水や水路に設けられた共同の洗い場です。「水舟（みずぶね）」は湧水を受ける二〜三段の水槽です。上段の水槽は飲み水や食材の洗いに、下段では食器などの洗い、残った飯ツブなどは、鯉などのエサとして水路へ流します。また、職人町には、延焼防止の袖卯建が連なります。軒には消火用バケツが吊るされ、水路にも水貯めの堰板（せきいた）が設けられています。さらに、軒に火除けの秋葉様が祀られ、半鐘が吊るされる所もあります。高い防火意識が窺がえます。

　ところで、宗祇水への小路を抜け小駄良川の河畔に出ると、「崖家造り」の家々が、急崖にびっしりと貼りつく姿に出会います。その生活感溢れる光景は感動的です。また、吉田川の飛び込みも、夏の風物詩となっています。豊かな水の流れと音は、人と水の距離を縮めてくれる魅力的な架け橋です。

　この町は、谷間の小さな城下町ですが、近世の人々の生き様が縮図のように閉じ込められています。その歴史に触れ生活の匂いを嗅ぎながら、お城と城下を身近に体感できます。これほど小気味よい城下町にはなかなか出会えません。

# 白川郷（しらかわごう）
## ——合掌造りの集落

岐阜県白川村荻町

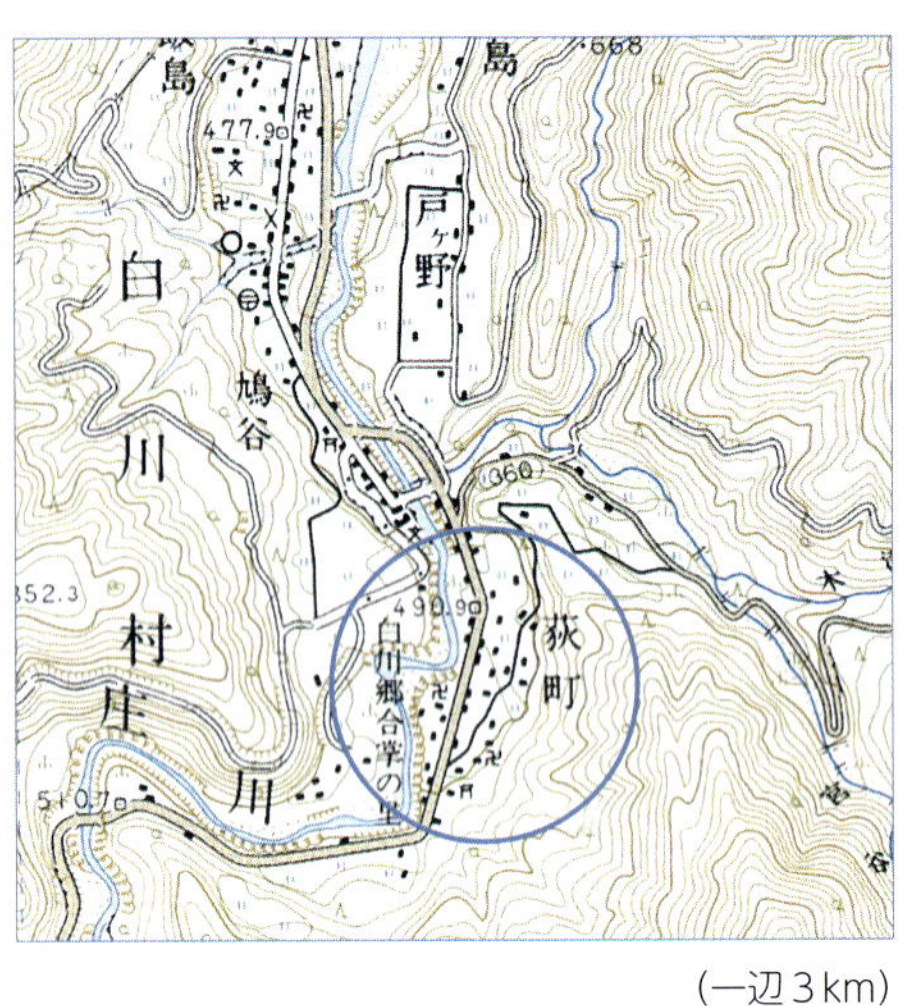


（一辺3km）

白川郷の合掌造りは、その簡明で力強く質実な姿から、人々に強い感動を与えます。合掌とは、仏さまに両手を合わせて拝む仏教の作法で、合掌造りの名は、その姿が合掌に似ていたからでしょう。「ナンマンダブツ建て」ともいうそうで、一向宗の少なからぬ影響が窺がえます。いつ頃から、こう呼ばれたのか定かでありません。

合掌造りの存在は、民族学者や社会学者の間で、大家族制への関心から早くに知られていました。しかし、この象徴的な建築を世界に広く知らしめたのは、ドイツの建築家ブルーノ・タウトです。彼は、ジードルング（集合住宅）の主任建築家でしたが、昭和八年、ナチスの迫害を察知して、スイスを経由しシベリア鉄道で日本にやって来ます。敦賀港へ上陸すると、翌日早速、インターナショナル建築会の上野伊三郎らの案内で、桂離宮に出かけ大変感激します。日本の各地を訪ねて、伊勢神宮や白川郷などの日本固来の建築に触れ、その素晴らしさに強く心を打たれます。因みに醜いものに日光・東照宮をあげています。この見聞録は、「日本美の再発見」（訳・篠田英雄／一九三九年）として出版されています。昭和十年五月に白川郷を訪れ、御母衣（みぼろ）の遠山家を見て「その構造が合理的であり論理的である」と評しています。この名著によって、合掌造りは世界に知られることになりました。

白川郷と五箇山の合掌造りは、一九九五年、ユネスコの世界遺産

白川郷・荻町の全景（西の白山麓から俯瞰）。合掌造りの建物が、棟の向きを南北に揃えて整列する。日本で、これほど秩序性を持った集落は稀有である。手前は日本海へ流れる庄川で、少し上流にロックフィルの御母衣ダムがある。右寄り奥の入母屋は明善寺（真宗大谷派）で、本堂と庫裡とも合掌造りで鐘楼門も茅葺である。集落の中ほどにトタン葺屋根が多いのは、国道156号線が村の中を通り抜け、建替が進んだためである。（昭和54年6月2日撮影）

北の荻町城址から俯瞰。見事な合掌の整列に思わず感動する。
手前が和田家（重文）、一番奥が明善寺。

に登録されました。住宅分野では、石のとんがり帽子屋根で有名な「トゥルッリ」（イタリア）が翌年に、大円形集合住宅の「客家土楼」（中国）が二〇〇八年の登録です。合掌造りの早い段階での登録は、タウトの功績が大きいと思われます。なお、彼の設計した「馬蹄形ジードルング」も、ベルリンモダニズム集合住宅群の一つとして登録されています。

庄川の上流域には、古くから人の居住歴があり、白山信仰に加えて平家落人の伝説もあります。建長年間（十三世紀中葉）に、浄土真宗の僧・嘉念坊が、美濃から白川郷・鳩ヶ谷にやって来て、道場を開き信者を熱心に集め、白川郷は真宗勢力の拠点となっていきます。高山城主・金森長近も、彼らを懐柔するのに、わざわざ高山に寺地を与えて照蓮寺を迎え入れるほどの気配りをしています。

金森家の転封後、飛騨は天領となり、白川郷では天領と照蓮寺領が混在していました。十八世紀の中頃、飛騨御用木を当にした山稼ぎが制限されると、代わって養蚕に力が入れられます。このため、養蚕に好都合な合掌造りが考え出されました。蚕場の広い床を確保するのに、柱のない合掌形の屋根裏は、合理的な架構方法でした。合掌造りの原形は、五箇山に残る「マタダテ」（茅葺の三角形をした建物）にあるといわれ、このマタダテを軸組（一階）の上に載せたものが合掌造りであるともいわれます。江戸後期に完成期を迎え、大規模な合掌造りが造られ、桁行十二間・梁間七間のものも現れます。大規模化した理由には、養蚕のほかに和紙漉きや焔硝づくりの場所の確保も関係しています。

合掌造りの分布は、庄川上流の荘川から白川郷、さらに中流の五箇山へと南北四十数kmにわたります。行政的には、荘川と白川郷は飛騨（岐阜県）、五箇山は越中（富山県）に属します。また、水系としては、分水嶺が南方の「ひるがの高原」にあり、ここから日本海へ流れる庄川流域にあります。一つの建築文化圏を形成していますが、詳しく見るとそれぞれの地域で違いがあります。

まず屋根の形ですが、白川や五箇山では切妻、荘川では寄棟や入母屋となっています。次に、入口は、荘川と白川では平入で土間は狭く、五箇山では妻入で土間は広く採られています。屋根勾配も雪の深い五箇山の方が急です。縁は白川で下屋造り、荘川では素屋造りです。さらにカンザシガヤの意匠などにも細かい違いが見られます。また、主屋の壁は豪雪地帯のため板壁です。

屋敷地は、塀や垣根で囲わず開放的になっています。主屋の周りには、水路や池が設けられ、物置小屋や臼小屋の板倉があり、少し離れて稲架小屋が散在します。

一階の間取りは、田字型を基本とし山間部の民家と大きな差はありません。ただし、一向門徒らしく立派な「ナイジン」（仏間）がとられています。二階以上の小屋裏は「アマ」と呼ばれ、柱のない広い空間で、二〜三層に区切られ、床は竹簀子となっています。二層目の「シタアマ」は蚕室、上層の「ナカアマ」や「ソラアマ」は物置や穀物の貯蔵に使われていました。そして、一階の床下には、火薬原料である「焔硝」をつくるための大きな穴が掘られていました。

明善寺の大きな庫裡。建物の壁は土壁でなく板壁で、2階以上には3層のアマがとられ、シタアマは蚕場。かつて、換気と採光の窓は、障子でなく茅束が懸けられていた。

合掌造りの構造は、一階部分を柱と梁の**軸組**で組み、その上に合掌の**小屋組**(叉首)を載せた形になっています。しかも、小屋組の合掌尻は、軸組に敷かれたウスバリ(叉頸台)の窪み(コマ尻)に落とし込むだけのピン止めです。このように、軸組部分と小屋組部分は、構造的に分離されており、耐震や耐風への柔軟性に優れています。合掌材は、ネソ(マンサクの枝)や稲縄で縛って柔軟性を持たせ、一方で屋根面にハネガイ(筋交い)を入れて剛性確保しています。

興味深いことに、一階の軸組は、越中の大窪大工や飛騨の高山大工に頼んで造ります。一方、上部の小屋組の方は、自分たちの「結」(村落共同体)で協同して組み上げます。専門家の技を借りながら、自らできることは自分たちの手で行い、費用を抑えるという合理的なやり方です。当然、大屋根の葺替も、この結で行うことになります。タウトは、合掌造りを「合理的であり論理的である」と評しましたが、おそらく、叉首(合掌)の小屋組の構造に感銘した

のでしょう。彼が、この建て方の分業や結の仕組みまで、気づいていたかどうかは気になるところです
　ところで、白川郷の荻町では、建物の向きがある方向に統一されています。棟の向きを庄川に沿うようにほぼ南北に向けています。このため、北の荻城跡から合掌に正対するのと、西の山麓から横顔を見るのでは、集落景観は劇的な違いを見せます。いずれも、感動的な奇観を見せます。

合掌造りの揃い組。このように同じ姿の家が同じ向きに並ぶ風景に出会うと、その謎を解きたくなる。

　何故、南北向きなのか諸説があります。庄川の谷を吹く風向きに関係（蚕室の換気性など）しているとか、屋根に積もる雪が太陽光で東西とも均等に溶けるようにしたとか。しかし、五箇山の菅沼や相倉の地区では、向きに規則性は見られないので、これらの説もやや説得性を欠きます。

　さて、驚くことに、近世、五箇山や白川郷は、火薬原料である焔硝（塩硝）の工場地帯でもありました。焔硝とは硝石（$KNO_3$）のことです。火縄銃の黒色火薬は、硝石と硫黄と木炭を混ぜてつくります。硝石は日本では天然の産出がなく、南蛮からの輸入に頼っていました。毛利氏は石見の銀で、大友氏や島津氏は人身売買で硝石を買っていたともいいます。鎖国で輸入が難しくなると、秘境の白川郷や五箇山で、焔硝づくりが、密かにしかも盛んに行われました。

　五箇山の塩硝の歴史は、戦国期に遡ります。元亀元年（一五七〇）、大坂の石山本願寺は、織田信長に対抗するため、尾山御坊（金沢）へ鉄砲を送り、五箇山へ焔硝製造の技術者を派遣して焔硝を造るように指示したと伝わります。当時、五箇山には、真宗が深く浸

中央は長瀬家。和田家からの分家で、主屋は五層建ての大規模な合掌造り（明治23年築）。

透しており拠点のひとつでした。

そのあと、越中の地は前田家の領地となり、焔硝製造もその統制下に置かれます。特に、関ケ原の後、加賀藩は幕府の目を極度に警戒し、五箇山の焔硝製造は軍事機密でした。藩は、焔硝の「焔」に「塩」を置き換えて隠語とします。焔硝を金沢まで運ぶ山中の道は、隠密の道なので地図にも載せられていません。

焔硝は、兵器用の鉄砲や大砲などのほかに、民用の猟銃、花火、薬品などにも使われました。加賀塩硝の品質は、天下一と高く評価され藩財政を潤しました。初めのうち、塩硝は年貢として納められましたが、やがて藩が買い上げるようになります。最盛期の生産は、年間三十九tにも達したといいます。どの家でも、塩硝土づくりを換金性の高い副業として行っていました。五箇山の羽馬（はば）家は肝煎と塩硝総代を、西赤尾の岩瀬家は塩硝上煮役を勤めた家で、いずれも合掌造りです。金沢郊外の辰己用水沿いには、大規模な藩営の土清水製薬所（塩硝蔵）がありました。

一方、白川郷も同じ一向門徒でしたが、焔硝製造が本格化するのは、遅れて元禄の頃からといわれます。金森時代の後に天領となり、大阪城への上納などが行われていました。庄屋の和田家は、高山代官から焔硝製造鑑札を受け焔硝づくりの総代を務めていました。

焔硝土づくりは、合掌造りの床下で行われました。床下に焔硝床を掘って、ヨモギなどの野草に蚕糞や人尿を混ぜて焔硝土をつくり、四～五年発酵させて灰汁を上煮し精製しました。実に廃棄物を利用するという原始的で画期的な方法です。これは、もともとヨーロッパの家畜小屋などで行われていました。

幕末、黒船が来航すると、火薬の需要が高まり好景気に沸いたという話も伝わります。チリ産の安い硝石が輸入されるようになり、焔硝づくりは終わりました。

かつて、合掌造りは、大家族制が誘因したという学説がありました。谷底平野では、土地が乏しいため分家が禁じられ、また養蚕に多くの人手を要したからというのです。確かに、一九二〇代頃まで、この谷の一部地域には、家長と長男夫婦以外は妻訪婚（つまどいこん）（通い婚）の風習が残り、生まれた子どもは女性の家で育てられました。日本では、妻訪婚は平安時代まで普通の結婚形態でした。落人伝説や秘境という事情を考え合わせると、決して不思議なことではありません。家長と長男の妻以外の女たちはチョウダ、男たちは中二階に分散して寝ていて、上層のアマは蚕室や物置に使われていました。

しかし、近年では、合掌造りは、江戸中期からの養蚕、和紙漉き、焔硝床の空間を確保するために、考え出されたとされています。これらは、生産力の低い山村では貴重な換金生業で、こうして得たお金で米を買入れ、ヒエご飯を食べていました。

白川郷や五箇山の合掌造りは、ここにしか見られない特殊な形態の建物です。それは、厳しい地形条件や社会条件の下で生み出されたものです。この稀有な建築は、日本の誇るべき宝物です。

集落内には板蔵や稲架小屋が散らばる。

# 下田（しもだ）

## ——開国の港町

静岡県下田市一丁目ほか

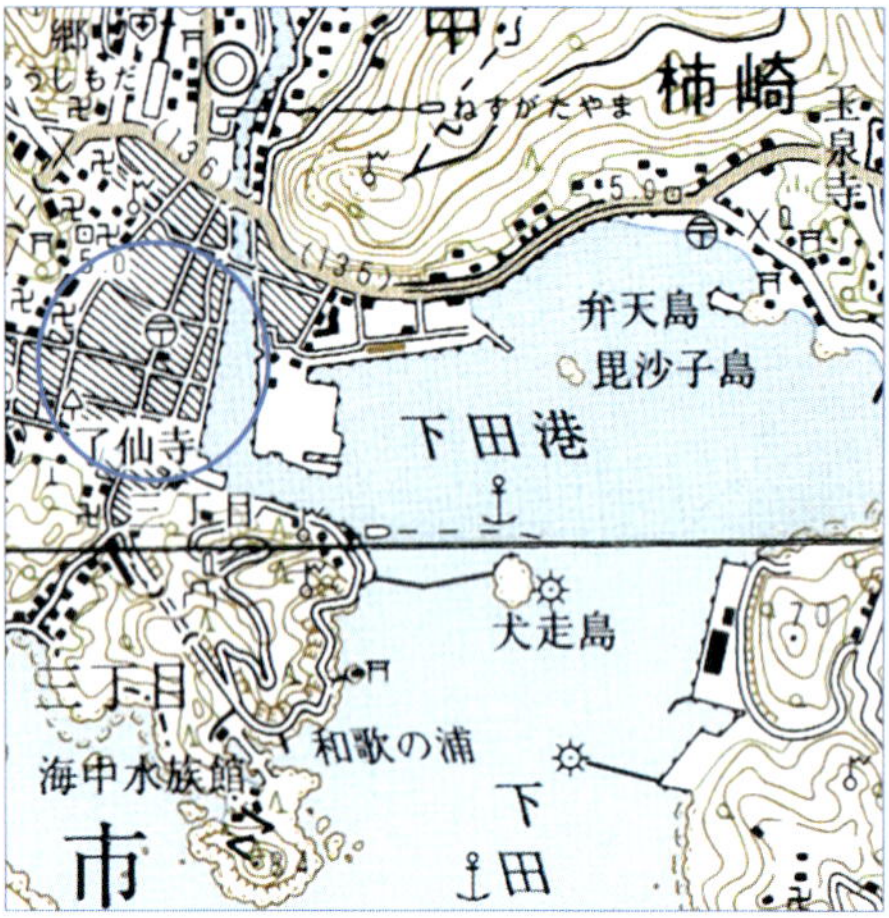

（一辺３km）

下田港は、山を背に巾着形をした天然の良港です。江戸時代、菱垣（ひがき）廻船や樽廻船など、江戸と大坂を結んだ廻船で賑わう屈指の寄港地でした。幕末には、ペリーが上陸。吉田松陰の密航未遂事件。さらに、日本最初の開港場として日本中の瞠目を集めました。

この下田が、最初に注目されたのは、天正十八年（一五九〇）の小田原攻めの時でした。それまでは、地名からも判るように、本郷村の下手にある田んぼという意味で、辺鄙な一漁村に過ぎませんでした。

小田原城攻めに際して、後北条氏は、関東各地の城の防備を固め、「下田城」（鵜島城）も西国水軍の来襲に備えて強化します。清水康英が城主に入り、地元土豪たちも小田原へ人質を送り、臨戦態勢を敷きました。小田原攻めが始まると、前衛だったはずの堅城・山中城はまたたく間に落とされます。しかし、下田城は、兵六〇〇で西国水軍一万数千と奮戦し、五十余日も持ち応えたといいます。

徳川家康が江戸に入ると、下田の港は、船の風待ちや避難の寄港地として重要視されます。新しい江戸の建設に必要な物資が上方方面から海路で運ばれ、また、伊豆から江戸築城の石材（伊豆石）、さらに縄地・湯ヶ島・土肥金山の金も下田から積み出されました。

慶長十一年（一六〇六）、大久保長安が、伊豆金山奉行となり、採掘方法を一新するとともに、下田陣屋町の整備に力を入れました。

下田の町には、海鼠壁で鎧のように身を固めた民家が散在する。中央の民家は「雑忠」（鈴木家）で、紀州・雑賀から移住してきたと伝わる。そういえば、石山合戦で活躍した雑賀衆・鈴木孫一なる武将がいたが、その一党だろうか。紀伊半島と房総や伊豆には、勝浦や白浜など同じ地名が見られる。黒潮に乗ってやってきたのだろうか、さまざまなロマンを誘う。

山善河岸。伊豆の踊子と主人公ははここで別れた。

ペリーロード界隈。中央は風待工房（骨董店兼カフェ）。

港町といえば、乱雑に密集するのがふつうですが、下田では整然とした道路割りになっています。当時の陣屋として計画的な町割りが下敷きになっています。

二代将軍・秀忠は、大坂方を警戒して下田の港を重視。遠見番所を設け、初代下田奉行・今村彦兵衛に往来する船を監視させます。正保二年（一六四五）、二代目奉行・伝四郎には武ヶ浜浪除（なみよ）けを築造させ、港湾機能の本格的な整備を図ります。これよって「山善河岸」の発展の礎が出来ました。やがて、大坂・江戸航路に加え、東廻航路の船も検問受けに入船するようになり、「出船入船三千艘」といわれるほどの賑わいを見せることになります。

幕末には、黒船の来航によって、下田は否応なく歴史の表舞台に引き出されます。安政元年（一八五四）の日米和親条約で、箱館とともに開港場とされます。ペリーは、その足で調査と称して下田と箱館に上陸しています。下田の上陸地点は、今のペリーロードの東端付近でした。

外国船への薪、水、食料、石灰などを供するという名目の一方で、早速、欠乏品といって日常品や漆器などの土産品を売るつける者まで出てきます。これが結構繁盛したようで、幕府も黙認し、ちゃっかりと売上税を三割も召し上げていたといいます。しかし、下田が歴史の表舞台で脚光を浴びたのは、横浜が開港するまでのわずか三～四年ほどの短い期間でした。
下田の町屋は、庇の短い寄棟屋根に、壁面を全面的に「海鼠壁」で纏っているのが特徴です。寄棟屋根も海鼠壁も、海からの強い風雨や火事への対策のためです。海鼠壁の目地は、武家屋敷に見られる縦横筋の馬乗目地でなく、斜めの躍動的な「四半貼り目地」です。それらの中でも、海鼠壁で全身を固めた「雑忠」の土蔵は必見です。鈴木家は、紀州・雑賀からの移住。当主が代々忠吉を襲名したので、「雑忠」と呼ばれるようになりました。江戸時代には、廻船問屋を営み、明治以降も、銀行、製氷会社、バス会社などを経営し、下田の政財界を牽引してきた旧家です。

平滑川沿いのペリーロード界隈は、かつて花街でした。今でも、艶めかしい気配のする建物が目を惹きます。赤い橋やアーチ橋が架かり、シダレ柳がたなびき、黒壁、青壁、伊豆石壁、海鼠壁の家が佇んでいます。近年、そこには、ギャラリー、アンティーク、カフェなどのお洒落な店が集まり、大正ロマンの雰囲気を醸し出しています。近くには、唐人・お吉が営んだ小料理屋・安直楼も残ります。

時代の寵児となった町には、華やかな光の影に、切ない寂寥感がつき纏います。下田にも、このアンビヴァレンス（ambivalence／相反性）が漂っており、それがこの湊町の魅力でもあります。帰り途、伊豆の深海から獲れた「金目鯛の煮付け」をいただきましたが、これがなかなかの絶品でした。

雑忠の海鼠壁。跨ぎ瓦に㋚の家印。

港町は万物の集積場で、人・物・情報が溢れていた。

# 松崎（まつざき）

## ――海鼠壁の町

静岡県松崎町松崎

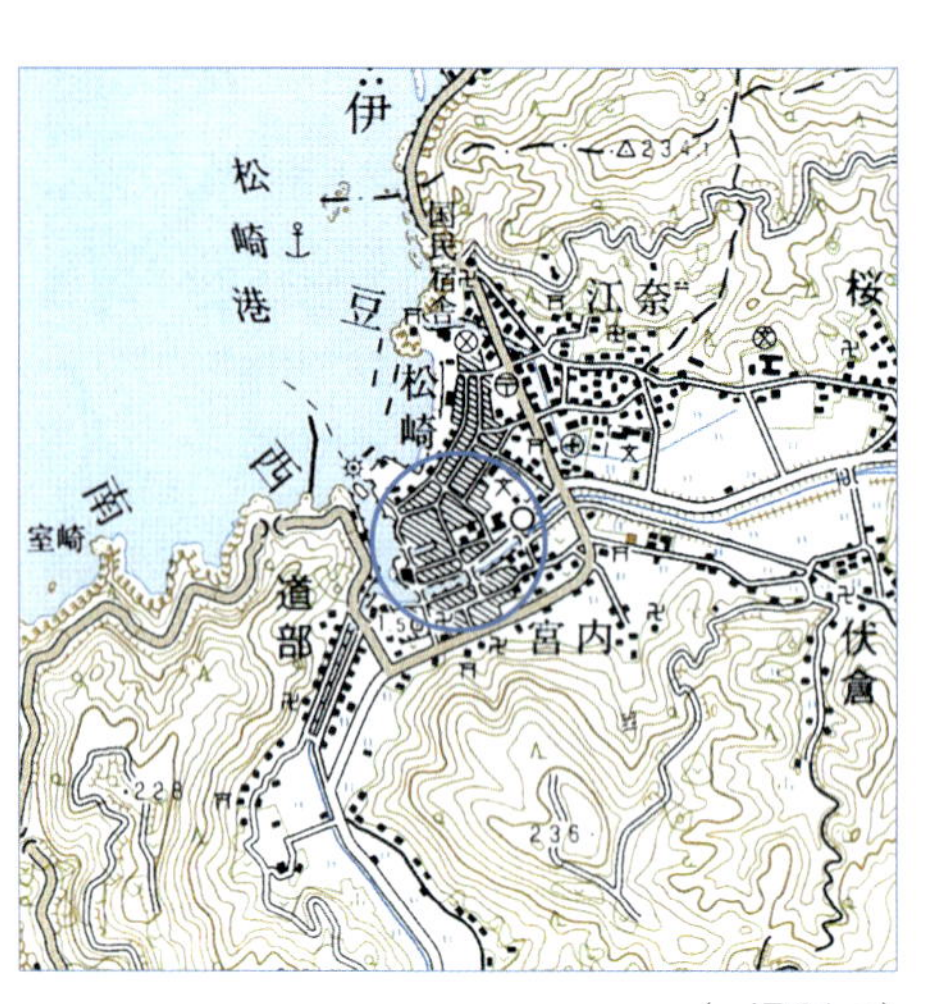


（一辺３km）

松崎は、伊豆半島の西海岸にあります。冬になり、強い季節風が一度吹き始めると、三日は止まらないといいます。富士山を回り抜けて駿河湾を渡ってくる風は、半端ではありません。このため、猛烈な風雨と火事に耐える家が求められました。この辺りでは、屋根瓦を漆喰でしっかり止め、外壁周りを海鼠壁（なまこかべ）でがっちり固め、兜を被り鎧で身を固めたような家が見られます。この厳つい海鼠壁の家は、必ずしも富の証しでなく、風との闘いの中から生まれてきたものです。

小田原落城のあと、江戸に入った徳川家康は、伊豆差配のために直ちに三島に代官を置きます。この松崎の地は、鰹漁で知られた漁港で、養蚕や木炭の生産も盛んでした。また、風待ちや避難のための良港でした。大沢地区の名主・依田家は、大地主の傍ら有力な廻船問屋でもありました。もちろん、旧邸宅は海鼠壁を覆った建物が並びます。

かつて、この辺りは、温暖な気候から「早場繭」の産地として知られていました。種繭の買い付け商が全国から集まり、繭市が開かれていました。依田家十一代当主・依田左二平は、明治九年に富岡製糸場に倣って「松崎製糸場」を創業しています。その頃、初繭の松崎相場は欧米にまで聞こえていたともいわれます。こうしたことから、松崎の町には呉服商も軒を並べていました。

近藤平三郎生家の海鼠壁。表通りから、主屋（店蔵）、付属小屋さらに2棟の土蔵へと海鼠壁の建物が続く。このため、傍らの小径は「なまこ壁通り」とも呼ばれる。これほど長く連なる海鼠壁は日本最大である。この海鼠壁は「四半張り」と呼ばれる斜め目地である。目地模様は、商家では躍動的な「四半張り」が好まれるが、武家地では端正な「馬乗目地」が使われた。

郊外部の一階建ても、海鼠壁で完全武装する。駿河湾から吹きつける西風が尋常ではないことが判る。

さて、松崎町には、海鼠壁を貼った建物が一九〇軒ほどもあります。しかも、町なかの町屋だけでなく、町の外にも広く散らばります。その特徴は、総じて全身を海鼠壁でがっちりと固め切るといった具合です。まず、外壁全面をすっぽり海鼠壁で覆います。さらに軒の鉢巻、破風、鼻隠しの細部まで、海鼠壁としている家もあります。その姿は、かなり武骨な恰好ですが、厳しい自然を生き抜く知恵と工夫でした。また、目地模様は、斜め線の交叉する「四半目地」で、力強く躍動的な意匠です。東海岸の下田も同じ四半目地です。南伊豆地域の左官屋の流儀かも知れません。確かに、水はけは、斜めの四半目地の方が、縦横目地の馬乗目地より合理的です。

近藤平三郎生家は、中宿通りに面して切妻・平入の主屋が建ち、その奥に付属小屋と二つの蔵が連なります。これらの建物の外壁全面に海鼠壁が張られ、約五〇mにわたり海鼠壁が連なります。この家は、元禄の頃から薬問屋を営み、平三郎は薬学者で東京帝国大学の教授となり文化勲章も受けています。

那賀川畔の中瀬邸（屋号）は、明治二十年、豪商・依田直吉が呉服問屋として建てたものです。黒漆喰の海鼠壁や贅を尽くした造作から依田家の繁栄ぶりが窺えます。その前には、ユニークな造形の時計塔が建ちます。また、「伊豆文邸」は、明治四十三年築の呉服商の建物です。向いの旅館「山光荘」は旧造り酒屋。つげ義春の「長八の宿」として知られ、長八の鏝絵も残ります。

海鼠壁造りは費用がかかり、富裕な家でなければできません。そこには、明治初めからの養蚕や織物景気という背景もありました。

ところで、松崎で忘れてならなのは、鏝絵の名工・入江長八（一八一五～一八八九）です。松崎に生まれ、十二歳で左官に弟子入りします。しかし、絵を学びたいと思い、十九歳の時、江戸に出て狩野派絵師の下で修行に励みます。日本橋の不動堂の柱に漆喰で「龍」を描き上げ、一躍、伊豆の長八の名声を博します。江戸を中心に色彩豊かな漆喰作品をつくりましたが、その多くは、関東大震災と太平洋戦争で失われました。故郷の松崎には、浄感寺や岩科学校に作品が残り、浄感寺の「雲龍」と「飛天の像」は傑作といわれます。「伊豆の長八美術館」にも六十点ほどが集められています。とりわけ、日本各地に残る鏝絵は、何らかの形でこの長八の影響を受けており、鏝絵の神様といわれてきました。

妻壁から破風まで海鼠壁・四半張りで完璧に固める。もちろん屋根瓦も漆喰でしっかりと止められている。

松崎から南東約二kmにある「旧岩科学校」（重文）も必見です。この学校は明治十三年に完成したもので、旧睦沢学校校舎（明治八年／甲府市）や旧開智学校（明治九年／長野市）に次いで古い擬洋風建築の学校です。長八の描いた群舞する千羽鶴の絵もあります。

時計台の文字盤には13時まである。大正13年、昭和天皇の成婚記念で青年団が造ったもの。昭和60年に再建。奥は中瀬邸。

松崎の町は、歩けば歩くほど、さまざまな表情をした海鼠壁に出会い興味尽きません。一日で観て歩くのは、とても無理かもしれません。この辺りには、海の幸あり温泉ありと宝物の埋蔵庫です。

# 有松（ありまつ）

## ——絞り染めで繁盛

名古屋市緑区有松

（一辺３km）

有松は、「絞り染めの町」として知られ、桶狭間古戦場のすぐ近くにあります。旧東海道筋の町ですが、宿場町ではありません。

慶長六年（一六〇一）、幕府は、東海道を定めました。しかし、池鯉鮒（ちりふ）宿（知立（ちりゅう）／三十九番／三河）と鳴海（なるみ）宿（四十番／尾張）の間は、人家もなく松が鬱蒼と繁っていて物騒な道筋でした。このため、尾張藩は、諸役免除や屋敷地不課税の特典を与えて、街道筋への移住を促しました。この呼びかけに、竹田庄九郎ら八名が来住して「新町（あらまち）」（有松）が産声をあげます。初めは、桶狭間村の一部でしたが、間もなく有松村として分立します。しかし、この辺りは丘陵が広がり、水田の適地は乏しく、また、茶屋を開くにも、本宿・鳴海宿に近過ぎるため見通しも立ちません。新住民たちは、暮らしの生業を探す必要に迫られました。

折しも、ちょうど、天下普請・名古屋城の築城が始まります。庄九郎らも出稼ぎに普請現場へ出かけました。その現場で、豊後（大分県）の人夫が着ていた奇抜な柄の衣装が目に止まりました。この絞り染めで手拭をつくり商売できないものかと思い立ったと伝わります。慶長十三年のことで、庄九郎は有松絞りの開祖とされています。彼は知多木綿の産地である阿久木村の出身でもありました。その後、豊後の藩医・三浦玄忠の妻から豊後絞りの技法を伝授されます。このため「三浦絞り」とも呼ばれます。

有松を代表する絞り問屋の「井桁屋」(服部邸)。創業は寛政2年(1790)。屋敷の間口は45mもあり、主屋は本卯建を揚げる厨子二階・虫籠窓・桟瓦葺き・黒漆喰の塗籠造りである。表通りの土蔵は、腰壁に黒漆喰四半目地の海鼠壁を貼る。幕末から明治にかけての商家建築の意匠が、すべて集約された秀逸な店構えである。来客用の西庭には、樹齢350年のクロガネモチが座する。

竹田嘉兵衛商店（屋号：笹加）。開祖・竹田庄九郎の末裔で寛保年間の創業とされ、有松の全盛期の典型的な絞り問屋である。

この頃、大名の参勤交代が制度化され、また、寛永十五年（一六三八）には、伊勢神宮へのお蔭参りの最初のブームも起こります。東海道を往来する人々が増えました。有松の絞り手拭は、手軽な土産物として評判となり、大人気を博すようになります。参勤交代の大名も、わざわざ有松に立ち寄って、絞りの反物・浴衣・手拭を買い求めました。

こうして、有松絞りは東海道の街道一の名産品となります。東海道膝栗毛の弥次・喜多さんの二人も、冷やかしに店を覗き、また、広重の浮世絵・鳴海宿にも、名産有松絞りと記しています。興味深いのは、第十四代将軍・徳川家茂が上洛時に、また勝海舟も、明治十四年に竹田嘉兵衛店（屋号笹加）に立ち寄っています。

有松の絞り染めが盛んになると、周辺地域にも絞り染めが広がります。これに対して、有松の絞り商人たちは、ほかの地域の絞り染めを禁止するように尾張藩に訴え出ます。天明元年（一七八一）、藩は有松絞りに特産品としての独占権を与えます。それを契機に、有松では絞り技法にいっそう磨きをかけ繁栄します。ただ、生産工程の一部を、鳴海など周辺地域にも下請していました。

ところが、天明四年（一七八四）、大火で町は全焼します。この再建をきっかけに、塗籠造りや土蔵に建て替えられ、屋根も茅葺から瓦葺になりました。現在の街並は、これ以降に形成されてきたものです。

岡邸。商品は深い土庇の店棚に並べられ開放的な店構えであった。

井桁屋の本卯建。先端を腰葺き（奴葺き）で納めた数寄屋風の意匠。

井桁屋。裏の藍染川沿いに建つ土蔵群は城郭を想わせる格子窓。

明治になると、人の流れが大きく変わり、有松も一時的な衰退を見ます。しかし、新しい時代に備えて、店先販売から問屋業へ切り替えて一層の最盛期を迎えます。道端の土庇（どびさし）（下屋）に商品を並べる必要がなくなり、店先に改造も加えられ街並も少し変わりました。戦災に遭わなかったこともあり、近世から近代の商家建築を集大成した街並が今に残されました。

有松の街並みは、藍染川（毛越川）の南側に沿って、緩やかに曲がりながら八〇〇ｍほど続きます。絞り商人の大きな屋敷が点々と並んでいます。広い間口いっぱいに、豪壮な主屋・蔵・塀を構えながらも、染物の町らしく格調と品位を備えた洒落た意匠が凝らされています。同じ東海道筋でも、他の旅籠の宿場町とは趣が違った印象の町筋です。

主屋は、基本的に切妻・平入で、厨子二階・虫籠窓・塗籠造り・桟瓦葺・土庇付きの建物です。屋敷内には、作業場や土蔵があり、商談のための座敷、庭、茶室も設けられていました。井桁屋（服部邸／一八六一年築／本卯建）、竹田嘉兵衛商店（竹田邸／江戸末期築、明治に本二階に改造）、岡邸（江戸末期築／元丸屋丈助店）、小塚邸（一八六二年築／本卯建）、棚橋邸、中濱邸など。在りし日の繁栄の面影を伝えています。

有松の町は、昭和四十九年、妻籠宿と今井町とともに「町並み保存連盟」（現・NPO法人全国町並み保存連盟）を立ち上げ、町並み保存活動の御三家として、その運動をリードしてきました。

# 足助（あすけ）

## ——塩問屋の在郷町

愛知県豊田市足助町

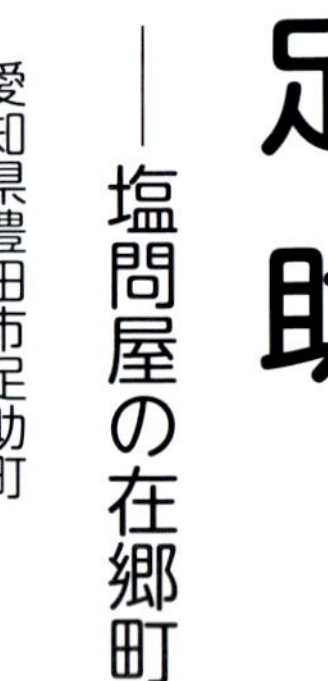


（一辺3km）

足助の町は、三河から信州へ向かう伊那街道（三州街道）にあります。足を助けるという地名から、古代より交通の要所だったことが窺がえます。このため、戦国期には、三河の松平氏（徳川氏）、駿河の今川氏、甲斐の武田氏の草刈場ともなりました。

山奥にありながら、かなり大きな町で、足助川の河岸段丘に犇め き合うように長く延びます。近世、「塩」の中継地として栄え、また明治期に入っても近郷の在郷町と賑わい、早くも明治二十三年に町制が敷かれています。

三河湾で焼き出された塩は、矢作川（やはぎがわ）を舟で巴川の平古渡場へ、ここから馬で足助の塩問屋へ運ばれました。瀬戸内海の塩も名古屋側から入ってきました。各地から集まる塩俵はさまざまで、足助で新たな塩俵に詰め替えて信州へ運ばれて行きます。足助から先は山間の道であるため、舟便の塩俵から、陸路の馬用の俵七貫（約二十六kg）にする必要がありました。同時に、各地の塩の品質を整え合わせ調整しました。この塩俵の荷造り直しの作業を、「塩ふみ」、「塩直し」あるいは「足助直し」などと呼び、「塩座（しおざ）」という同業者組合で行っていました。幕末には、田町を中心に十三軒の塩問屋があったといいます。「莨屋（たばこや）」はその代表格で、現在でも塩を商っています。塩が専売制となる明治三十八年まで、足助は、塩運搬の中継地として重要な役割を担ってきました。

マンリン小路。足助の町には、表通りから裏手の高台に上る横路地が何本かある。マンリン小路もその一つで宗恩寺への参道である、白壁と黒壁に挟まれる半トンネルのような細い坂道は、郷愁匂う懐かしい日本の原風景である。

足助川の岸。生活感あるシタヤ付の町屋が仲良く顔を並べる。

本町・新町の街並。平入・妻入が混在し変化のある街並。中央はマンリン書店。

明治になって、塩の町に加えて、木材、薪、木炭、竹材などの林業が盛んになり、昭和三十年頃まで、近傍の生活を支える在郷町として発展を続けました。こうした様々な生業が、この狭い谷間に凝縮され、とても多様性に富んだ魅力的な街並が造り出されました。

足助の町は、西町を除いて足助川の右岸（北側）に広がります。表通りは、屈曲や曲がりを繰り返しながら通り抜けていきます。切妻・平入の塗籠造りを基調としながらも、妻入の町屋も混じり、変化のある街並が形成されています。町は、安永四年（一七七五）の大火で全焼し、今の建物は幕末から明治期のものです。また、足助川の岸に貼りつくシタヤ（物置）付の建物群は、その生活感溢れる情景に旅心を刺激されます。

本町にある旧鈴木家住宅は、屋号を「紙屋」という紙問屋で、醸造業、金融業、新田経営も手がけ、領主・本多氏の財政を支えた豪商でした。主屋は、安永大火の翌年に建てられています。その低く大きな屋根は錣葺（しころぶき）という古い形式のものです。

その近くに、「マンリン書店」という洒落た響きの書店があります。もとは呉服店で屋号を「万屋（よろずや）」といい、当主は林右衛門（はやしうえもん）と名乗っていました。昭和初めに書店を始めた時、「万（マン）」と「林（リン）」をとって「マンリン書店」にしたそうです。この東側に、白壁と黒壁の土蔵に挟まれた細い坂道があり、「マンリン小路」と愛称される郷愁誘う魅惑的な坂の小径です。

旧田口家住宅（屋号／萬屋）は、間口六間・奥行四十間ほどの短冊形敷地に、奥に土蔵が三棟も連なります。主屋は、厨子二階・虫籠窓の塗籠造りで江戸末期の建物です。製茶、菜種油、金物、肥料などを手広く扱っていました。大正期に、自動車の普及を見込んでガソリン販売も手がけ、店内の地下にはガソリンタンクが残ります。マンホールの蓋には、シェルのマークとライジングサン石油會社の名が刻まれています。かつて、この店には、芸妓が髪結の椿油を買いに来ていたそうです。足助の町が林業で沸返った頃、芸妓が数十名もおり、田町には置屋の仕舞屋（しもたや）も残ります。東の新田町には、大庄屋を勤めた小出家があります。足助川に面して、両翼に土蔵を配した屋敷構えで、安永大火前の建築ともいわれます。また、旅籠は、町の西と東にありました。西町には、江戸時代から続く玉田屋旅館が残り、現役で営業を続けています。

本町の街並。旧鈴木家住宅（重文）は、段違いの「錣葺」の大きな屋根で古い形式の民家である。軒高を低く押さえ、近世の家並を静かに語る。

町の入口にある紅葉の名所・香嵐渓は、寛永十一年（一六三四）、香積寺の三栄和尚が、参道に楓と杉を植えたのが始まりとされます。足助の町とはあまり関わりがなさそうなのが少し残念です。

足助の町角には、あちらこちらに商いの町らしく地蔵堂が祀られています。また、火縄銃に付ける妙なメ縄が軒裏に吊るされていたり、突然、カラクリ小径に出くわしたり、意外性にも富んだ町です。この谷間には、近世と近代の残響が、まだまだ木霊（こだま）しているようです。

（一辺3km）

# 関（せき）
## ——古代要衝の宿場町
三重県亀山市関町

「関」の地名は、七世紀の古代三関の一つ「鈴鹿の関」に因んでいて、地政上の要衝でした。「関東」とは、この三関より東側の地域を指していました。一方、「関西」という言い方は、平安時代にできた逢坂の関より西側のことをいっていたようです。

この関は、天皇の崩御や政変の毎に、畿内と東国を遮断するために度々固められたといいます。壬申の乱では、大海人皇子（後の天智天皇）が鈴鹿と不破の関を固め、大友皇子に勝利しました。平安時代には、伊勢へ向かう斎王群行の鈴鹿頓宮のあった所ともされています。東の追分で「伊勢別街道」に、西の追分で「大和街道」（伊賀街道）につながっていました。江戸時代、鈴鹿峠を控えた宿場町であったため、参勤交代や伊勢参りで賑わいました。

関の地蔵さんで有名な「地蔵院」は、天平十三年（七四一）、行基が諸国に流行した天然痘から人々を救うために開創したと伝わります。中世、伊勢平氏の流れをくむ関氏の所領で、関地蔵の門前町でもありました。現在の町は、関盛信が、天正年間に「新所（しんじょ）」と「木崎（こざき）」の間に「中町（なかまち）」を町立てしたことに始まります。

慶長六年（一六〇一）、東海道が制定されると、江戸から四十七番目の宿となります。東西に約一・八㎞も連なる大きな宿場町です。天保十四年（一八四三）の「東海道宿村大概帳」には、家数六三二軒、一九四二人、本陣二軒、脇本陣二軒、旅籠四十二軒と記され、

百六里庭・眺関亭から見た「中町」の通り。正面に「関の地蔵さん」（地蔵院）の寄棟・錣葺の大きな屋根、右の妻入りの建物は置屋だった橋爪家、その奥に旅籠の旧玉屋など、賑わった関宿の街並が一望できる。後方に鈴鹿の山が立ち塞がる。

地蔵院。この寺の前庭は東海道に開放されている。

ひらかなの「の」が見えるので、この方向は京都へ向っている。

東海道屈指の大きな宿場町でした。

関宿には、近世の宿場建築が多く残っており、旧東海道筋で宿場の面影を最もよく留めています。建物は切妻・平入が基本で、中町界隈には厨子二階建・塗籠造・虫籠窓の伝統的な町屋が軒を並べています。格子窓、バッタリ（揚げ店）、庇の幕板（雨除け）、環金具、造形的な持ち送りなども目に入ります。また、軒に龍、鯉、亀、虎などの可愛らしい漆喰細工が施されているなど、遊び心に溢れた小造作もあります。

旧「玉屋」は、「関で泊まるなら鶴屋か玉屋、まだも泊まるなら会津屋か」と謡われた関宿代表の旅籠です。本二階にある虫籠窓には、宝珠の玉（玉から火焔が上がる文様）を形どった鏝絵が施されています。

「深川屋」は、「関の戸」という銘菓で知られます。小豆のこし餡を牛皮餅で包み、和三盆をまぶしたものです。店の庵看板には、東面に「関の戸」、西面に「関能戸」とあります。当時、宿場の旅籠や商家の名前は、看板の両面に「ひらかな」と「漢字」の二つで表示していました。これは、旅人が行き先を間違えないようにした工夫で、「ひらがな」を見ながら行けば、迷わず京都に着けるようにしてありました。旅先の宿場町で、看板の両側の文字を見比べてみるのも一興です。

「橋爪家」は、大きな起り屋根の妻入の建物で、ひときわ異彩を放っています。有力な両替商でしたが、幕末に置屋（や）を始め、桟や手摺りに花街建築の意匠を採り入れています。

面白いことに、関宿の特産品に「火縄」（火奴）がありました。西寄りの新所には、数十軒もの火縄屋が軒を並べ、大名の御用にも応じ、また旅人の煙草に重宝されていました。大いに繁盛したといいます。

また、地蔵院の屋根は、寄棟の古い形式の錣葺（しころぶき）で、町の象徴（ランドマーク）となっています。関宿には一〇もの寺院があり、通常の宿場町とは一味違っています。「瑞光寺」には、徳川家康の面白い逸話が伝わります。天正十年（一五八二）六月二日、堺を物見遊山中に本能寺の変の急報を受け、命かながらに伊賀越えで、三日後に三河・岡崎に帰り着きます。加太峠から伊勢国に入り、やっと、関の「瑞光寺」に着き安堵します。和尚が三河の人で家康と幼馴染だったとか。家康はここを通る度に、あの難儀を思い出したことでしょう。この寺には、家康ゆかりの「権現柿」も伝わります。

旅籠・玉屋／塗籠め造りに宝珠の玉の虫籠窓。

造形巧みな持ち送り。他に漆喰細工や瓦細工も。


ところで、「関の山（せきのやま）」という言い方がありますが、「もうこれ以上やっても無理」という意味です。この「関」は関のこと、「山」は山車（だし）のことです。全盛期には十六基の山車が練り出された関の名物でした。その豪華さを競い合いましたが、「もうこれ以上はできない」というところから生まれた言い回しだそうです。

このように、長く延びる関の町には、たくさんの面白い話が腸詰のように詰め込まれています。古代から、地政的な枢要地にあったため、夥しい群像の往来があったからに他なりません。

# 松阪

## ――御城番屋敷が残る

三重県松阪市殿町

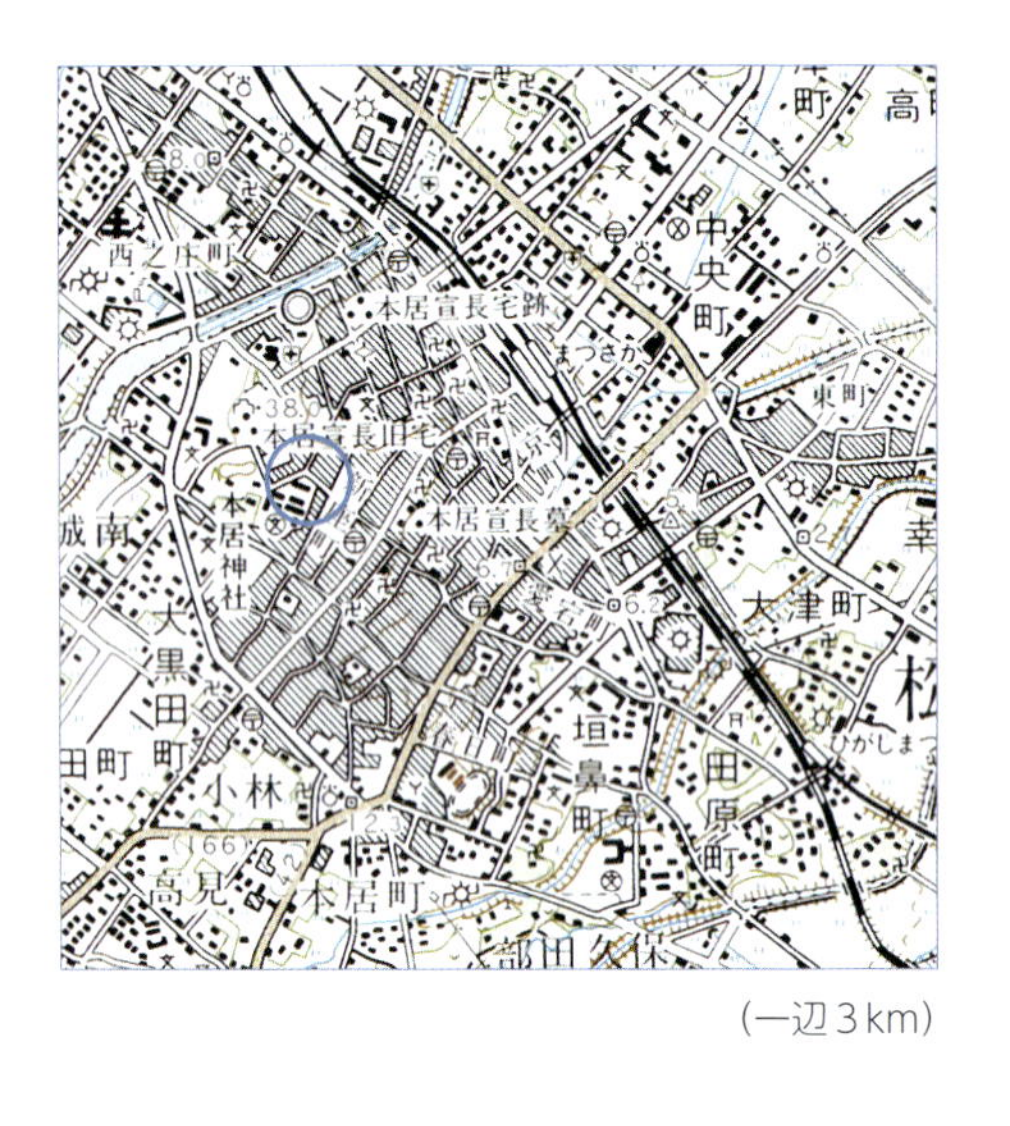


（一辺３km）

「松阪」といえば、「松阪牛」でしょうが、松坂商人を生んだ町としても有名です。この町は、蒲生氏郷によって礎がつくられました。氏郷は、本能寺の変の後、豊臣秀吉に日野六万石から、松ヶ島十二万石へ移封されます。四五百森に城を築き、伊勢街道を城下に迂回させ、松ヶ島の住人を移住させ、日野商人も呼び寄せ、楽市楽座を開いて、「松坂」と命名しました。義父・織田信長の安土を模しています。氏郷は信長の人質でしたが、大変気に入られ娘を妻に迎えています。後の松坂商人を生む下敷きとなります。

しかし、小田原征伐の後、会津・四十二万石（後に九十二万石）の大守として国替えになります。秀吉は信長に近い氏郷を遠ざけておきたかったのでしょう。大坂の陣が終ると、伊勢国南部（十八万石）は、御三家・紀州藩の藩領に組み込まれます。城代は置かれましたが、明治まで城主不在の城下町でした。和歌山からは地続きではありましたが、実態的に飛び地であり、天領のような自由な気風がありました。

松坂では上質の伊勢木綿がとれ、縞柄の「松坂嶋」は大変な人気でした。松坂商人は江戸へ出店。特に日本橋大伝馬町に多く集まり、「江戸名物は伊勢屋、稲荷に犬の糞」と揶揄されました。かれらは、一流の文化人を神宮参拝に招待し、茶会や歌会・句会を開き、商人文化を芽生えさせます。本町や魚町には、豪商の長谷川家（重文）、

御城番屋敷は、東棟（10戸）と西棟（9戸）計19戸からなる。いわゆる棟割長屋で、各戸は間口5間・奥行5間・角屋付の建物で前庭と裏庭がつく。田の字型の間取で8帖と6帖の四室、通り土間と台所があり、内玄関のほかに式台玄関もある。槇垣がたいへん美しい。幕末のものであるが、近代の長屋住宅と遜色なく、今も借家として使われている。長屋としては珍しい国の重要文化財となっている。

御城番屋敷の玄関と槇垣。左に式台玄関、右に内玄関がある。

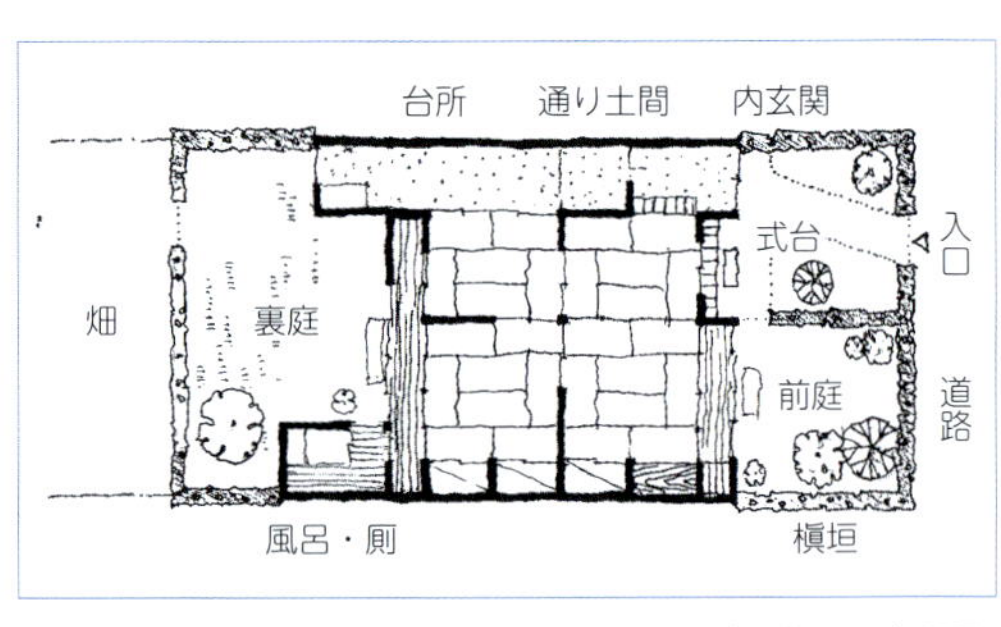


御城番屋敷の住戸の標準間取図。田の字型の４室間取りで、式台玄関も設えられる。前庭と裏庭・畑がある。

小津家、三井家跡地などが残り、往時の豪勢ぶりを伝えています。

三井家は、高利の時、江戸の日本橋に「三井越後屋呉服店」を開き、店前売りと現銀掛け値なしの新商法で大成功します。三井家は、もともと南近江・六角氏の家臣で、伊勢に逃れて質屋や酒・味噌の商いを始めます。昔の役職「越後守」から、屋号を「越後屋」とし、三井の「三」と越後屋の「越」から「三越」と呼ばれるようになります。

また、国学者・本居宣長は木綿問屋に生まれ、医業の傍ら儒学や古典を研究し「古事記伝」を著します。幕末の探検家の松浦武四郎も松坂の人で、蝦夷地を踏査し、「北海道」の名づけ親とされています。

松坂城址に上ると、すぐ下にある搦手門の前に、二棟の長屋が並んでいます。これは、松坂城警固の御城番たちが住んだ組屋敷です。かれらは「横須賀党」を名乗り、三河時代からの古参武士団です。横須賀党は、紀州藩主・徳川頼宣に伴い、田辺城主・安藤家を助勢する田辺与力として田辺に住んでいました。ところが、突然、安藤家家臣になることを命じられ、それを断って藩士の身分を棄て放浪の身を選びます。その他方で、本藩への帰藩を嘆願し続け、六年後の文久三年（一八六三）、ようやく願いが叶い、松坂城の御城番に召し抱えられ、松坂に住むことになります。

この長屋は、木造一階建・瓦葺きの二棟が石畳の道路を挟んで並びます。戸数は十九戸で、間口五間・奥行五間・角屋付となっています。間取りは田の字型の四室ですが、武士屋敷らしく式台があります。前庭と裏庭があり、手入れの行き届いた美しい槇垣で囲われています。近代の長屋と何ら遜色ないものです。

魚町の街並。豪商・丹波屋（長谷川家住宅／重文）はいち早く江戸に進出した木綿商。厨子二階に軒先に幕板を吊るす。

今でも、子孫たちは、この長屋を「合資会社苗秀社（びょうしゅうしゃ）」という法人組織で運営し住んでいます。明治新政府は、秩禄処分で職を失った士族の救済のため「士族授産」という政策をとりました。彼らは、払い下げられた山林四十五町余、田畑五反余、荒地一町余、屋敷地一・六町余の資産をもとに、明治十一年、苗秀社を設立。土地は借地や駐車場にし、建物は貸家にもし、生活基盤を固めます。借家人も自ら決めてきました。横須賀党の人たちの結束の強さと矜持を感じます。

この住まい方は、欧州のコーポラティブハウジングに近いものです。組合法人が住宅を所有し、各住戸に居住権があり売買もできます。日本でも、戦後の一時、組合所有方式による供給方法が、住宅政策の話題に上りました。しかし、最終的に昭和三十七年、集合住宅の所有形態は所有区分法に落ち着きます。

松坂の町には、お伊勢参りで多くの往来があり、江戸や上方の新しい情報がもたらされました。松坂商人、また本居宣長や松浦武四郎らの偉人を生んだ背景です。和田金や牛銀も、文明開化の食文化を先取りしたものです。松坂の地が、旺盛な進取精神に満ちた町だったことを改めて感じます。

# 伊勢

## ——内宮の門前町

三重県伊勢市宇治中之切町

（一辺３km）

伊勢の町は「伊勢神宮」の門前町です。宇治に「内宮」（皇大神宮）、山田に「外宮」（豊受大神宮）が祀られ、聖域とされてきました。その裏方を支えたのが河崎の湊でした。

室町期になると、社領が侵略や横領されて経済的に疲弊します。御師たち（下級の神官）は、経済基盤を立て直すべく、浄財集めに全国津々浦々へ出かけます。そして、各地に「伊勢講」という集団参拝の仕組を考え出しました。参拝者一行を自らの豪華な館に招き、お祓いし祈祷し幣物を奉じ参拝の代役を務めました。あの「お伊勢参り」の始まりです。

江戸時代の中頃になると、庶民にも経済的なゆとりが生まれ、街道の整備が進み、旅の安全も高まります。人々は遠く九州や東北から伊勢を目指すようになります。ある時には、数百万人が爆発的に伊勢へ押しかけました。「お蔭参り」です。宝永二年（三六二万人）、明和八年（二〇〇万人）、文政十三年（四二七万人）などがありました。当時、伊勢は世界最大の観光都市で、御師たちは、その総合旅行代理店のような役割をしていました。遠路遥々からの参拝者は、御師の豪奢な門を潜り、豪華なもてなしに心を躍らせました。残念ながら、その豪壮な御師館はもう残っていません。

伊勢には、宇治が政事を行う格上の存在、山田が商いの町という棲み分けがありました。しかし、神領や参拝客の争奪をめぐり対立

おはらい町通りの街並。切妻・妻入の店が軒を並べる。伊勢独特のきざみ囲い・張り出し南張り囲い・出格子・軒がんぎ板（幕板）を纏う建物が個性を競演する。江戸時代、豪勢な御師館の門が並んでいたが、明治以降、参詣者相手の旅館、食べ物屋、土産物屋に変わった。今の町はこの頃の街並を再現したものである。左は老舗「赤福」、右の路地（旧數ノ世古）を入ると「おかげ横丁」。

五十鈴川河畔。天照大神は聖地を求め清流・五十鈴川の畔に辿り着いた。

おかげ横丁。往時の宇治の空間を再現。正面：つぼや、右：おかげ座

きざみ囲い・張り出し南張り囲い・出格子・幕板を装う建築意匠。

も続きます。文明十八年（一四八六）には合戦におよび、外宮の正殿が焼かれています。神官は世襲制で、内宮は荒木田家、外宮は度会（わたらい）家でした。明治新政府は、神宮の儀は国家の儀とし、世襲制や御師制を廃止します。戦後、GHQも、伊勢講の仕組を賭博行為とみなし解散させました。伊勢の町はすっかり元気を失い、修学旅行や海水浴客を相手に細々と頼るようになります。近鉄線が賢島（かしこじま）まで延伸されますが、伊勢は単なる通過点に過ぎなくなってしまいます。

こうした状況の中で、昭和五十四年、赤福の濱田益嗣を世話人として、往時の活気ある門前町を取り戻し魅力的な町を再現しようと、「内宮門前町再開発委員会」が発足します。まず「おはらい町通り」を再現。さらに平成五年には、第六十一回式年遷宮に合わせ、赤福が「おかげ横丁」をオープン。こうして、宇治の町は集客力を一気に回復します。中世の御師たちの起死回生策・伊勢構をみる思いがします。

おはらい町の街並は、木造・本二階建・切妻・妻入の町屋が軒を連ね、変化に富んだ鋸状の街並となっています。さらに、海からの強い風雨に対処するため、独特の工夫がされています。土蔵の外壁は「きざみ囲い」という板壁で覆われ、防腐のために煤と魚油の黒い塗料（濡れ烏）を塗ります。板壁は「折れ釘」で止め、火災時には延焼防止のために簡単に外せるようになっています。また、「張り出し南張り囲い」といって、二階軒下に外囲いの板壁を廻らし、「兜」のような厳つい姿です。さらに一階の庇に雨除けの「軒がんぎ板」を取り付けるという徹底ぶりです。屋根の形にも「起(むく)り」と「反り」があり、いぶしの「伊勢瓦」が葺かれます。「隅蓋瓦」を揚げ、火除けを願って雲、波、亀、鯉、蛙など水にまつわる細工がしてあります。神宮の簡明な神明造りと対照的に、民家の方は重く暑苦しい厚化粧をしています。

「松谷ノ世古」。おはらい町通りから五十鈴川へ下りる白壁の路地。河畔辺りを築地と呼んでいたので「築地ノ世古」ともいう。

町なかには、「世古(せこ)」という狭い路地が巡らされています。狭い処という意味の「狭処(せこ)」で、長ノ世古、梅谷ノ世古、松谷ノ世古、阿弥陀世古、極楽寺世古など、かつて宇治と山田に一三〇もの世古がありました。

また、伊勢への参宮街道は「餅街道」とも呼ばれ、気軽に小腹を満たせる餅を売る店がたくさんありました。「赤福餅」が有名ですが、あの形は餡を餅で包む暇がないほど忙しく、まぶすだけにしたとか。桑名の「安永餅」、関の「関の戸」、宮川の渡しの「へんば餅」、宇治橋の「太閤餅」、多気の「おきん茶屋餅」など、各地に名物の餅があり、旅の楽しみでもありました。

伊勢神宮では、式年遷宮が飛鳥時代から一三〇〇年に亘り営々と続けられてきました。常に新しくかつ清浄に保ち続けるという日本固有の営みで、世界に例を見ない思想です。そこには、パルテノン神殿や法隆寺とは根源的に異なる哲学が、存在しているように思われます。

伊勢の地は、式年遷宮や御師の活躍を観比べると、聖なるものと俗なるものが同居する不可思議な土地柄のようです。

# 麻吉（あさきち）

## ——古市遊郭の残り火

三重県伊勢市中之町

（一辺３km）

伊勢の「古市遊郭」は、最盛期、吉原や島原と並んで五大遊郭といわれました。内宮と外宮を結ぶ参宮街道（古市街道）のちょうど中ほどにあり、精進落しの恰好の場として殷賑を極めます。旅館「麻吉」は、その名残りを今に伝える唯一の貴重な存在です。

古市の町は、伊勢参りの盛衰とともに生きてきました。農業の傍ら、参宮客相手の茶屋稼ぎから始まり、伊勢参りの隆盛ともに大遊郭街へと膨れ上がります。全盛期は、天明年間（一七八〇年代）で七〇軒ほどの遊郭があり、千人を越える遊女がいたといいます。「口の芝居」と「奥の芝居」の二つの芝居場があるなど、一大歓楽街を形成していました。古市遊郭は、公道に自然発生的にできたものです。吉原や島原のように、政策的につくられた遊郭とも、品川宿や千住宿などの岡場所とも違います。このような御上黙認の大遊郭は特殊な存在です。やはり、お伊勢参りは治外法権の世界にあったのでしょうか。

古市には、油屋、備前屋、杉本屋、千束屋、柏屋などの大きな遊郭がずらりと軒を並べ、備前屋（牛車楼）が最大でした。店構えは、切妻・妻入の起り屋根で、伊勢特有の「きざみ囲み」や「張り出し南張り囲い」を装った建物でした。

各々の遊郭では、夜な夜な精進落しで「亀の子踊り」（伊勢音頭の総踊り）が踊られました。芝居場では「伊勢音頭恋寝刀」が上演

“手振り坂”を上ると「麻吉」。建物は懸崖造りの木造５階建て、玄関は４階にある。提灯と暖簾が残り火を伝える。大正の頃まで、伊勢音頭の舞台もあり30人の芸妓を抱えていたという。昭和20年の空襲で本館は残ったが、古文書などが焼失し詳しいことは定かでない。当時、米国は日本国民の戦意を喪失させようと、神都・伊勢への空襲を度々行っていた。

麻吉を通り抜ける“手振り坂”。頭上に渡廊下。

麻吉の渡廊下から“手振り坂”を見下ろす。胎内空間。

されました。古市遊郭は役者の登竜門ともいわれ、松本幸四郎や尾上菊五郎も来演しています。川柳に「伊勢参り大神宮へもちょっと寄り」とあり、当時の世相をよく言い当てています。

しかし、幕末になると、社会状況の変化もあり衰退に向います。明治四年に御師制度が廃止され、同二十一年には油屋が旅館へ、同四十年に杉本屋が閉店し、大正四年、備前屋も廃業します。昭和十四年に杉本屋と備前屋が火事で焼失。同二十年七月の空襲で芝居小屋も焼失。遊郭の姿は表通りからすっかり消えました。

「麻吉」は、表街道から少し横に入った所にあり、備前屋や油屋に次ぐ格の遊郭でした。すぐ前には「奥の芝居」があり、役者たちも麻吉をよく利用していたといいます。現在の旅館「麻吉」は、嘉永四年（一八五一）に「花月楼麻吉」として創業したとされています。天明二年（一七八二）の「古市町並図」にすでに「麻吉」の名があり、また十返舎一九の「東海道膝栗毛」にも「麻吉へお供しよかいな」という場面が出てきます。これらのことから、江戸の中頃には、参拝客相手に料理屋をやっていたようです。「麻吉」の屋号は、当主の麻屋吉兵衛から採ったといいます。この辺りには、伊勢神宮に納める絹や麻を取り扱う家が多く、以前は「麻問屋」をやっていたと伝わります。

麻吉の建物は、間の山（長峰）という丘陵の東斜面に貼りつくように建っています。木造五階建ての「懸崖造り」。実態は、一～三階建ての建物が、幾つか上下に繋がるといった具合です。麻吉は、古い地図ではもう少し下の所にあり、繁盛して土地を買い足しながら、上へ上へと上っていったようです。この旅館の中を、細い坂道（御岩世古）が通り抜けています。この坂道の頭上に、本館と別館をつなぐ渡廊下が架かっています。この半トンネルのような路地空間に身を置くと、母の胎内にいるような安堵感に包まれます。そうして、曲がりゆく坂道は、その行手に好奇心を誘います。丘陵の坂と建物が創り出した逸品の路地です。かつて、この路地坂を「手振り坂」と呼んだとか。細い路地をゆく客に、遊女たちの渡廊下から手を振る姿が浮かんできます。

かつて、麻吉旅館に二度ほどお世話になったことがあります。仲間と伊勢見物に出かけ、大女将から最上階の聚遠楼（大広間）で、いろいろ話を聞かせてもらいました。のちに、若女将に手振り坂のことを尋ねてみたのですが、「知りません」と素っ気ない返事が返ってきました。

古市遊郭は、長峰の尾根筋に忽然と不夜城のように現れ、二〇〇年間にわたって、煌めき消えていった砂上の楼閣のような存在です。人間という生き物は、あるきっかけで、とんでもない所にとんでもない物を造ってしまう習癖があるようです。人間の営みの偶然性と必然性の巡り合せに、想いが堂々巡りします。

麻吉の玄関（４階）。遊郭の階段は男女が並んで歩けるように幅広。左上に、内大臣と司法大臣閣下御旅館の鑑札が掲げられている。

古市遊郭の街並（備前屋付近／絵葉書より）。伊勢独特の妻入・むくり屋根・きざみ囲い・張り出し南張り囲い・出格子の遊郭建築が軒を連ねていた。

# 海津

## ——湖北の古湊

（一辺３km）

かつて、琵琶湖の北岸には、今津、海津、大浦、塩津、長浜と、湊が並んでいました。とりわけ、塩津、海津、大浦は「湖北三湊」といわれ、北国の産物を京都へ運ぶ中継港として賑わいました。日本海の敦賀とは「塩津街道」や「七里半越え」で結ばれていました。海津には、古代の官道・西近江路（北陸道）が通り、すぐ北方に「愛発関」がありました。また、今津の湊は、「九里半越え」で若狭の小浜と繋がっていました。

戦国期、琵琶湖の要衝性にいち早く注目したのは、天下布武を目指す織田信長でした。信長は上洛を果たしたあと、元亀二年（一五七一）、比叡山を焼き討ちにすると、琵琶湖を掌握するため、直ちに明智光秀に坂本城を築かせます。続いて、丹羽長秀を佐和山城に、羽柴秀吉が長浜城を築城、そして、天正四年（一五七六）、自ら安土城に着手します。その後、豊臣秀次の近江八幡城、井伊直勝の彦根城など、わずか三十年余りの間に、本格的な城が九つも築かれています。どれも琵琶湖を睥睨する「水城」でした。豊臣秀吉も、

近世初頭の琵琶湖岸の水城

海津浜の波除石垣。まるで城壁のように、東浜に367間、西浜に272間、計639間（約1163m）の高石垣が延々と続く。所々に浜への降り口である「辻子」が切り込まれている。湖北三湊は、お互いに競い合うように港湾施設の整備に力を注いだ。しかし、今では、塩津の湊は埋め立てられ、大浦にも往時の面影はない。

浜通りの吉田酒造／大きな妻面に下屋を出して威圧感を和らげ、酒林や酒樽の設えにもどこか品位がある。通りには寺院も散在する。

天正十五年、「大津百艘船」を組織して制海権の掌握を固めます。このように、琵琶湖は政治と経済の要でした。

北国の特産物は、律令制成立のあと、荘園制の進展や商品経済の発展とともに、若狭湾の敦賀湊に集められ、山を越えて塩津や海津の湊から、船で大津へ送られ京都に運び込まれました。大津への「上り荷」は、米、鰊、昆布、塩、紅花、菜種、薪炭、「下り荷」は、反物、着物、綿、古着、酒、陶磁器、漆器、煙草、飴など多品目にわたりました。これらは「丸子船」で運ばれ、最盛期には一三〇〇隻を超えていました。元禄の頃、塩津に一一五隻、海津に七五隻、今津に九八隻、大津に八十隻あったといいます。紺碧の「淡海」をゆく白帆の姿は、活き々とした風景だったことでしょう。

「海津」の湖岸には、高さ三mほどの高石垣が一km余り延々と続き、長城かと見間違います。これは、家屋・田畑を水害から守る波除であり、同時に港湾機能の拡充を図ったものです。この辺りは内湖が入り込む湿地帯で、古代の西近江路ももう少し西寄りの山麓沿いを通っていました。

この長大な石垣は、元禄十六年（一七〇三）、西与一座衛門（甲府領代官）が金丸又座衛門（幕府領代官）と協力して、幕府の許可を得て築いたとされています。同時に湖岸の「浜通り」も整備されました。

街並は、広い間口に切妻・平入の建物が並び、寺院もあって落ち着いた雰囲気です。吉田酒造（銘柄・竹生嶋）は、大屋根の切妻・妻入の建物で、街並に変化を添えています。浜通りから湖岸へは、「辻子」と呼ばれる細い通路が下っており、どの辻子もそれぞれ違う顔をしています。浜には桟橋が並び、船が着く毎に、浜と辻子はごった返しました。時に子供たちの遊び場、また井戸端会議の場でもありました。

浜に残る桟橋の跡。左の山鼻は桜の名所・海津大崎。遠く伊吹山や竹生島が見える。どこまでも優しく穏やかな湖北の佇まい。

浜から浜通りへの「辻子」。子供の遊び場や井戸端会議の場でもあった。

海津の町は、船持（廻船問屋）、馬借、船宿、旅籠、倉庫業などの運送業に特化した町でした。あくまで中継地で、後背地がないため大商人は出ていません。仕切人は幕領の代官や湖東の近江商人でした。江戸の中頃になると、下関を廻る西廻航路が整備され、蔵米は直接大坂へ送られるようになり、琵琶湖の水運にも陰りが出てきます。

ところで、興味深い話として、琵琶湖に幻の運河構想がありました。平安末、越前国司・平重盛は、父・清盛から若狭湾への運河掘削を命じられています。そのあとも、敦賀城主・大谷吉継、豪商・田中四郎左衛門、河村瑞賢、加賀藩なども試みましたが、いずれも険しい山越えから断念しています。なお、敦賀から「疋田宿（ひきだ）」までは、高瀬舟が笙（ふえ）の川を遡航してきていました。運河の悲願は、明治になって京都と結ぶ琵琶湖疏水という形で実現します。

明治十三年、東海道線が長浜と大津間を除き開通しますが、この区間は鉄道連絡船で結ばれ、しばらくの間、琵琶湖の舟運が活躍していました。しかし、同十七年、北陸本線（旧柳ケ瀬線）が敦賀へ延伸され、さらに同二十二年、東海道線が全線開通すると、湖北三湊の役割は終ります。旧制三高・ボート部の「琵琶湖周航の歌」（大正六年）に、今津と長浜の名前は出てきますが、もう海津や塩津のことは忘れられつつあったのでしょう。

湖北の湖は、どこまでも清々しく透明感に溢れ穏やかです。この辺りには、至福の水辺空間が広がっています。

# 菅浦（すがうら）

## ――湖北の隠れ里

滋賀県長浜市西浅井町菅浦

（一辺3km）

琵琶湖の最奥に、隠れ里と呼ぶにふさわしい「菅浦」という小さな集落があります。その浦は葛籠尾崎（つづらおざき）の陰にひっそりと佇みます。この辺りは、嶺南の山塊が急崖をなして群青の湖に鋭く落ち込み、北欧のフィヨルドを髣髴させます。目の前に、竹生島（ちくぶじま）が神秘的な霊験を湛え浮びます。かつて、この地は、舟よりほかに近づく手立てがなく陸の孤島でした。奥琵琶湖パークウェイができ、陸路が開通したのは、ようやく昭和四十六年のことです。

菅浦の成り立ちは、古く謎めいています。古代の「贄人（にえびと）」から起こったといわれます。贄人とは、朝廷に海水産物などの食物を貢いでいた集団です。その後、荘園制の拡がりとともに、その多くは、有力な寺社に隷属する「神人（じにん）」となってゆきます。一方、朝廷の御厨（みくり）に携わる集団は「供御人（くごにん）」といわれました。菅浦は、平安以降も供御人として、琵琶湖の漁撈や水運の湖上権を握る集団でした。同時に、食材の採取や交易のために、諸国への自由な往来、関銭や津料の免除という特権を持っていました。中世には、北隣りの「大浦庄」と日指・諸河の土地境界をめぐり相論（そうろん）（訴訟）し、また湖南の雄・堅田衆と漁場（ぎょば）を争っています。菅浦は、竹生島を通じて延暦寺に庇護を、かたや大浦庄は園城寺を頼り、朝廷や有力な寺社を巻き込みます。このように、菅浦には、朝廷の特権下で独特の村落が生まれる背景がありました。また、この隠れ里には、廃帝・淳仁天皇

葛籠尾崎から見た菅浦の集落。嶺南の山塊が琵琶湖に落ち込む神々しい光景の片隅に、隠れ里にふさわしい浦集落がある。集落の西入口である「四足門」は中ほどの木立の中にあり、右に山を上れば須賀神社がある。遥か遠く西に今津が見える。

菅浦集落の全景。（西から東を見る）

集落の西入口にある四足門。門の内は「在所」と呼ばれ、有事の際にはここで出入りの検察が行われた。

の悲話も伝わり、時の右大臣・恵美押勝（えみのおしかつ）（藤原仲麻呂（ふじわらなかまろ））一族が壊滅したのもすぐ近くの高島沖です。

菅浦の集落は、湖沿いに湾曲し東西に広がります。かつて、東村と西村に舟入がありました。湖岸には、石垣が波除（なみよけ）や浜欠（はまか）けために二段に積まれ、屋敷の周囲にも石垣を廻しています。その昔、高台に一〇余りの寺院が並んでいたそうで、相当の権力と財力の集積があったものと思われます。

この村の特異性を象徴するものに「村の門」があります。現在でも、集落の東西の入口に「四足門（しそくもん）」という惣門が建ちます。この惣門は、村落共同体としての領域性や帰属性（結束性）を意味するもので、かつて、北側の入口にも二つあり、計四つの惣門があったと伝わります。惣門には質実剛健な冠木門が多いのですが、ここでは、格調高い茅葺の薬医門となっています。

また、須賀神社の御供所には一対の社庫が蕭然と建ちます。近年、屋根がトタン屋根に葺き替えられました。以前の佇まいは、入母屋の茅葺屋根に白漆喰壁と腰板壁で、ふつうの村神社とは異なり、清貧なうちにも高貴な趣きを湛えていました。さらに驚くことに、須賀神社では、手水舎より先は素足で参ることになっています、ここには、他所（よそ）

須賀神社の御供所。一対の社庫は茅葺の清楚な佇まいであったが、今ではトタン葺きに葺き替えられている。

集落の東入口にある四足門。湖北独特の妻飾り（マエダレ）。

とは違う気配が確かに漂います。

ところで、菅浦には、通称「菅浦文書」といわれる一二〇〇余点の古文書が残されていました。相論や諸事・村掟・絵図などを事細かく書き留めたものです。菅浦の惣では、二〇名の乙名(おとな)衆による自治が行われていました。中世惣村の活動記録が、これほどにほぼ完全な形で残るのは、この菅浦文書だけといわれ、惣村研究を目指す者にはたいへん貴重な資料です。現在、国宝として滋賀大学に保管されています。

時代が戦国の世へと移り変わると、菅浦は、新興の戦国大名・浅井氏や織豊政権の差配を受けるようになります。それまでの既得権を失い、自立した惣村としての存立基盤も失います。近世、湖北三湊と大津を結んだ琵琶湖の舟運がたいへん盛んになります。しかし、菅浦の浦は、これに関与することなく、恙なく明治を迎えました。江戸時代には、膳所(ぜぜ)藩（本多家）の飛び地でした。

こうして、菅浦の浦は、中世のまま地形的にも歴史的にも閉ざされ、タイムカプセルの中に閉じ込められました。この穏やかな湖畔には、古の菅浦惣の闊達な息づかいはもう聞こえてきません。しかし、真聖な気配が密かに漂う小宇宙が存在しています。菅浦の集落は、「四足門」や「菅浦文書」によって、中世の村落共同体の姿をそっと私たちに伝えてくれています。湖北の魅力にとりつかれてしまいそうです。

# 五個荘（ごかしょう）

## ——近江商人の里

滋賀県五箇荘町金堂

（一辺３km）

琵琶湖の湖東には、穏やかな田園風景が広がります。お寺の大きな甍を囲んで、民家が肩を寄せ合い、水平な横の線が卓越し平穏を誘っています。ヨーロッパの村では、教会の尖塔が鋭く聳え、垂直な縦の線が緊張を装うのとは対照的です。

五個荘・金堂は、近江商人の本宅があった集落です。近江商人とは、天秤棒一本で他国へ行商に出かけて、大変な財をなした商人群像といわれます。その源流は、中世の四本商人、枝村商人、五箇商人にあります。近世になると、社会体制の変化とともに、新しく八幡商人、日野商人、五箇荘商人、高島商人が生まれます。その発生時期、商い法、商った地域は異なります。

五箇荘商人は、出発が最も遅く半農半商をしながら、先発組の間隙をぬって成長します。外村与左衛門（「外与」の創業者）が、農業の傍ら、初めて麻布の行商に出たのは元禄の終わり頃です。その成功を見て、堰をきったように行商を始める者が現れ、その数は八幡商人や日野商人を凌ぎました。五箇荘商人には、外村一族のほか、松居久左衛門、塚本定右衛門、高田善右衛門、中江勝治郎（朝鮮・中国の三中井（みなかい）百貨店）、戦後では塚本幸一（ワコール）などが知られます。

ほかにも、八幡商人には西川仁右衛門（西川ふとん店）、伴荘右衛門、日野商人には正野玄三（日野薬品工業）、武田長兵衛（武田

弘誓寺の庫裏。この庫裏の側面は、水路の石垣に沿って、白壁・板壁・舟板壁・窓・庇・川戸・見越しの松が、絵画的に割り付けられ諧調な通り景観を見せる。長い時間の中で、ひとつひとつ丁寧に吟味され緻密に計算されて積み上げられた意匠の結晶といえよう。湖東平野には、このような伝統美を纏う家々が散らばり、近江人の経済的豊かさと審美眼の確かさに感服する。

近江商人の本宅に挟まれる路地。建物・門・塀は整然とし、その意匠も巧みである。ただし、人影はなく生活感が薄い。

薬品工業）、高島商人には、小野権兵衛（小野組）、飯田新七（高島屋）、豊郷の伊藤忠兵衛（伊藤忠）、彦根の弘世助三郎（日本生命）。変わり種として、高月の山岡孫吉（ヤンマーディーゼル）、秦荘の堤康次郎（西武鉄道）などと枚挙に暇がありません。

近江商人の活躍した背景には、①交通の要衝、②近江商人の信条、③商品経済の発展があります。近江の地は、中山道、東海道、北国街道、御代参（ごだいさん）街道（伊勢道）が通り、琵琶湖の水運に恵まれた所で、物や情報の出入りが盛んな土地柄でした。

近江商人の家には、家訓や書置（かきおき）が代々伝わります。その要諦は、勤勉、倹約、始末、質素、正直、堅実、礼儀、根性、不撓不屈、家業永続など。例えば、金堂の松居久左衛門（遊見）は、屋号を「星久」、商印を「%」としています。「／」は天秤棒、二つの「o」は朝と夜の星です。まだ星のある暗いうちに家を出て、夜の星を見て帰ってくるという意味で、近江商人の勤勉と根性を言い当てています。また、司馬寺の中村治兵衛の「三方よし」（売り手よし、買い手よし、世間よし）の心得は、その高い倫理性や社会貢献性が企業経営者の鑑とされました。これらの底流には、儒教思想や浄土真宗の信仰があったといわれます。

江戸時代の中頃、各藩は財政改善のため特産物に力を入れますが、藩内の需要だけでは限界がありました。これに対して、近江商人の「持ち下り商い」や「ノコギリ商い」に始まる「諸国産物廻し」という商い方法が、特産物を他国へ上手く売りさばいてくれました。まさに、現代の輸出入を扱う総合商社の役割でした。

「五個荘」の地名は、平安時代、ここに五つの荘園があったことに因みます。「金堂」は五箇荘の中心的な位置にあり、江戸時代には、大和郡山藩の陣屋が置かれていました。金堂の集落には、立派な塀や土蔵を廻らした豪壮な屋敷が、襟を正して静かに佇みます。土蔵や塀には雅趣のある舟板が張られ、見越しの樹木が通りや路地に彩りを添え、落ち着いた品位を醸し出しています。豪商屋敷でも豪農屋敷でも武家屋敷でもなく、成金的な装いも感じられません。これこそ、近江商人の信条を見事に体現した中庸の姿です。

日頃、主（あるじ）は他国に出かけており、家族が本宅を守っていました。防犯には細心の注意が払われ、高塀に忍び返しも見られます。こうしたことから、どこか余所々々しい雰囲気で、人影もなく生活臭もあまり感じられません。水路沿いには、川戸（カワト）と呼ばれる洗い場が設けられ、防火用水でもあり、洗い屑を食べる鯉も飼われています。近江商人の始末の良さが窺われます。また、行商人の村らしく、村外れには旅の安全と商売繁盛を願って、西出地蔵、東出地蔵（大日地蔵）、北出地蔵（外が辻地蔵）の地蔵尊が祀られています。

近江という土地柄は、人々の知恵と手が、等身大で丁寧に緻密に注ぎ込まれた処です。どこを歩いても、その営みの確かさに触れることができます。最も日本らしい風土といっても過言でありません。

舟板壁。土蔵の外壁に張られ雅趣に富んだ意匠。琵琶湖を走る船の廃材を使ったもので、近江商人らしい始末の良さが窺がわえる。

「川戸」。水路から水を引き込み洗い場として使っている。鯉が飼われているところもある。

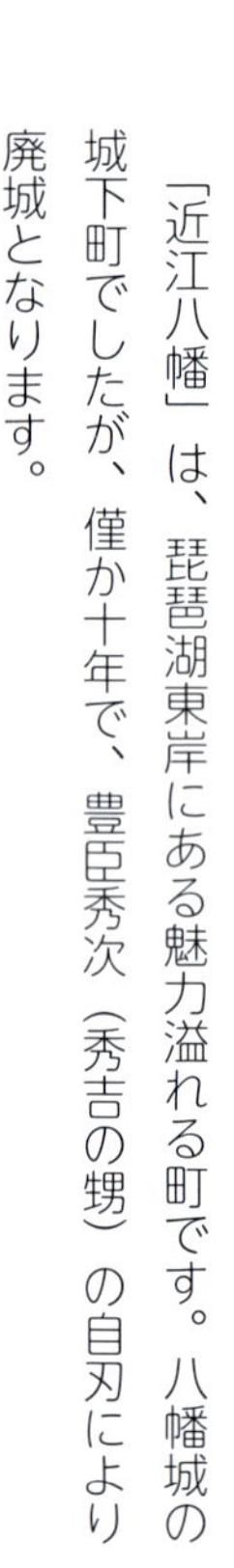

# 近江八幡（おうみはちまん）

## ——近江商人の町

滋賀県近江八幡市新町

（一辺３km）

「近江八幡」は、琵琶湖東岸にある魅力溢れる町です。八幡城の城下町でしたが、僅か十年で、豊臣秀次（秀吉の甥）の自刃により廃城となります。

本能寺の変後、豊臣秀吉は天下人の威光を示すべく、織田信長の安土の遺構を消し去ろうとします。すなわち、三年後の天正十三年（一五八五）、安土城西方の八幡山に「八幡城」を築き、近江の新しい拠点とします。城主には若干十八才の秀次を四十三万石で入れます。五年後、秀次は、尾張・伊勢一〇〇万石の大守として清須城へ移り、八幡城主には京極高次が入ります。翌年、秀次は関白となり、豊臣家の後継者として聚楽第で政務をとるようになります。ところが、秀頼が生まれると状況が一変。文禄四年（一五九五）、秀次は謀反の疑いで切腹に追い込まれ、その妻子や側室の三十九名が三条河原で処刑されました。冤罪説もあり真相は定かでありません。秀吉は、彼の痕跡を絶つため、聚楽第とこの八幡城を徹底的に破却します。

八幡の人たちは、町の生死を賭けて活路を探ります。もともと、八幡商人は、早くからの近江商人で、石寺（観音寺城）や安土の楽市を経て、八幡へ来住してきた人たちでした。江戸、京都、大坂はもちろん、遠く北海道や海外まで商いを広げていきます。

さて、どのような城下町だったのでしょうか。城郭は、八幡山頂上に本丸と二の丸、山麓に居館を置くいわゆる山城方式です。琵琶

新町二丁目付近の街並。八幡御三家の西川庄六家（奥）と森五郎兵衛家（手前）などの豪商の家が並ぶ。厨子二階建て、本卯建、土蔵、白壁、出格子、犬矢来、見越しの松と伝統的な意匠が総動員されており、近江商人らしい洗練された品位ある街並が形成されている。屋根の分割的な重なりも、諧調な街並の景観演出に一役かっている。奥の山は八幡山。

新町の家並。手前は八幡堀で、この少し右寄りに新町浜の船着場があった。

湖から引き込んだ「八幡堀」を内堀とし、船が直接城下に入れるようにします。これらは、安土の山城方式、琵琶湖の水運活用、楽市楽座の振興と酷似しており、そのコピーといっても過言ではありません。一方で、城下は、時代を先取りした合理的な「町割」（都市計画）が採り入れられています。古来の条里制を下敷きに「十二本の通り」と「四本（十二本）の筋」という整然とした碁盤状街路です。城下町特有の丁字型や喰違いの道路はありません。また、信長時代の「京街道」を迂回させ、八幡城下への往来を義務化します。同時に、琵琶湖の船も八幡堀へ寄港させ、八幡浦は大津や堅田と並んで湖南有数の港となります。新町の北には「新町浜」という船着場を設け、八幡堀沿いには石垣通路を通して、直接、蔵から荷の積み下ろしができるようにしました。ただ、堀の幅は広くはなく、おそらく一方通船だったと推定されます。明治以降、水運が廃れるとヘドロ、川藻、雑草とひどい有様となり、八幡堀の埋立も持ち上がりました。しかし、保存運動の高まりの中で八幡堀は蘇りました。

新町通りには、西川利右衛門家、西川庄六家、森五郎兵衛家、伴庄右衛門家などの大店の家がまとまって残ります。西川利右衛門家（重文）は、屋号を「大文字屋」といい、蚊帳や畳表の商いで財をなしました。主屋は、厨子二階建て・切妻平入・桟瓦葺で、右側に本卯建を揚げています。下屋庇は、むくりの付いた柿葺（こけらぶ）きという格式高い仕様となっています。東寄りの永原通りは、安土城下の永原町から移住した商人や町人が住んだ町です。大杉町には、西川甚五郎家（西川ふとん店の祖）が広大な屋敷を構えます。元和元年（一六一五）、早くも日本橋に出店し、二代目は萌黄色の蚊帳で家業を大きく発展させました。

また、近江八幡は、建築家・ウィリアム・メレル・ヴォーリズが、一柳満喜子夫人と生涯を過ごした町でもあります。滋賀県立八幡商業学校の英語教師として来日しましたが、やがて建築家や社会事業家として幅広い活動をします。「ヴォーリス記念館」や「近江兄弟社学園」など二十余の作品が町に散在します。日本の伝統的な民家と彼のモダン建築を見比べながら歩くのも、この町ならではの一興です。

ところで、この町の名物に「赤コンニャク」という真っ赤なコンニャクがあります。派手好きの信長に因むともいい、ここにも彼の残影が覗きます。赤色はベンガラ（酸化第二鉄）だそうで、柔らかで弾力的な触感があり、地元では冠婚葬祭を彩る御馳走として重宝されています。

八幡堀。蔵から直接に荷の積み下ろしをした八幡堀運河。映画のロケ地でも有名。

ヴォーリス設計の近江兄弟社学園（昭和６年）。ヴォーリス記念館、ウォーターハウス記念館、旧八幡郵便局などがあり、和洋の建物が同居し町歩きの魅力をより多彩化してくれる。

近江八幡というと、どうしても、あの秀次の痛ましい悲劇を思い出します。八幡の人々はこれに負けず、近江商人の町として逞しく生き貫いてきました。律儀な商人魂が、造り上げた街並や掘割の確かさには格別なものがあります。ヴォーリスが、この町に感動し愛したのもよく判ります。近江の地には、日本人の原像のようなものが脈々と宿っているよう気してなりません。

# 坂本（さかもと）

## ――石垣の里坊（さとぼう）

滋賀県大津市坂本

（一辺３km）

坂本は坂と石垣の町です。日吉大社の門前町であり、天台宗総本山・比叡山の表玄関口でもあります。

室町時代には、坂本の町は比叡山の台所として賑わい、人口が一万人を越え大津を凌ぐほどでした。今でも、信仰を色濃く残す里坊（さとぼう）の町で、古色蒼然とした石垣に包まれ、品性正しく清々しく整然としています。少し無表情で厳つい感じもしますが、これが坂本の魅力でもあります。「日吉馬場」に立つと、琵琶湖が目の前に広がり爽快な気分になります。

これらの石垣は、「穴太衆（あのうしゅう）」という石工集団が築いたものです。野面積（のづらづみ）の一つで、「穴太積」とも呼ばれ、不揃いの自然石を巧みに積み上げた非常に堅固な石垣です。しかも、その石垣模様は、力感に溢れ雅趣にも富んだ美しい姿をしています。彼らは、坂本のすぐ南の「穴太」という集落に住み、古くから比叡山や坂本の石垣の築造と修理の仕事に携わってきました。

この穴太積は、元亀二年（一五七一）、織田信長が比叡山を焼き討ちした際、その堅牢性が武将たちの注目を浴びます。このあと、穴太衆は安土築城に駆り出されます。巨大城郭の城壁には、大量の石材を一気に調達し築き上げる必要があります。大小雑多な石から、野仏や墓石までかき集めて、手際よく積み上げるには、穴太衆の石工技術が不可欠でした。穴太から安土までは七里ほど。舟で簡

日吉馬場沿いの高石垣（律院付近）。大小さまざまな自然石を意のままに積み上げてある。この力強い石壁に清楚な白壁の対比美が印象的である。傍らを流れるせせらぎとその音も清々しい。坂本の町は、比叡山の玄関であり祈りの里でもある。前方には比叡山が高く立ちはだかり、振り返れば、琵琶湖が茫洋と広がる。

作り道の町屋。下坂本の湊から日吉馬場への道沿いには店が並んでいた。土蔵と町屋の間にもお地蔵さんが祀られる。

横小路界隈の石垣と生垣に囲まれた里坊。この付近には小さな里坊群がある。後方は八王子山。

単に行けました。

こうして、穴太衆が築く石垣は一躍脚光を浴びます。その後、伏見城、熊本城、松坂城、金沢城、伊賀上野城、篠山城、小倉城、名古屋城、彦根城、和歌山城など、多くの石垣を手掛けることになります。穴太衆の粟田家十三代目の粟田万喜三さんは、石を築くには「石の声を聞く」という名言を残しています。

さて、坂本の町は、大宮川と権現川の扇状地にあり、そのちょうど真ん中を日吉馬場が東西に貫いています。中ノ鳥居（中神門）のところで、南へ「作り道」、北へ「横小路」が伸びます。これらの道より山側（西側）は里坊（さとぼう）、湖側（東側）に町屋が広がります。

里坊とは、比叡山の僧が晩年に人里に移って暮らした住まいのことです。いわば、高僧の隠居所であり、立派な庭園も備えられています。これらの里坊の石垣群が、坂本の町に独特の雰囲気をつくり出しています。里坊は、近世に八十ヶ所ほどあったといわれ、現在でも五十ヶ所ほどあるそうです。

町を歩くと、さまざまな表情の石垣に出会います。日吉馬場には、穴太積みの高石垣が連なります。南西の「滋賀院」（天台座主の居館）の界隈にも格式高い石垣が積み上げられています。また、北東の「横小路」や「今辻子」の付近には、少し低い石垣と生垣にはさまれた小径が廻らされています。石垣の中に、お地蔵さんの小さな祠が組み込まれていたりして、散策が楽しくなります。

「作り道」は、造り酒屋、醤油屋、菓子屋などの暮らしを支える店が軒を並べていた通りで、今でも老舗の「鶴喜そば」や「日吉蕎麦」が健在です。その昔、船で日吉社へ参拝する人たちは、下坂本の湊から「松の馬場」を上がり、作り道を通って日吉馬場から神社へ向かいました。湖岸の下坂本は、「三津浜」とも呼ばれ比叡山の表玄関でした。東山道や北陸道から琵琶湖を船で運ばれてくる物資は、ここに荷揚げされ、京へも山中越えで送られました。この坂本は、中継の港湾都市であり、商人、土倉、馬借（運送業者）が幅を利かせる町でもありました。日吉社の神輿を担ぎ京へ強訴した連中にはこの馬借たちも混じっていました。

坂本は「お地蔵さんの里」ともいわれ、地蔵堂、道端、辻、石垣、民家の片隅や戸境の隙間にも祀られる。地蔵巡りも一興。

こうしたことから、信長は比叡山を焼き討ちすると、琵琶湖の制海権を掌握するため、直ちに明智光秀に坂本城を築かせます。信長の目的は、比叡山とつながる朝倉・浅井軍の兵站基地・坂本を押さえておくことでした。おそらく、焼き討ちも、山上より坂本の方が過酷だったかも知れません。

比叡山の東麓は、早くから渡来人が住み着いたところで、穴太遺跡や南滋賀遺跡、大陸系の横穴式石室などがあります。天智六年（六六七）、中大兄皇子（後の天智天皇）が、大津京を置いたのも坂本の少し南に当たります。比叡山開祖の最澄も、渡来系士族の生まれといわれます。明治初めの廃仏毀釈の嵐は、この日吉社・神殿の鍵の争奪から始っています。いずれにしても、この辺りは、先進性に富んだ土地柄で、多彩な歴史が積層している処です。

# 伊根

## ――舟屋と暮らす

京都府伊根町平田ほか

（一辺3km）

伊根は、若狭湾にある漁村です。「丹後ブリ」で知られ、氷見や五島列島とともに鰤の三大漁場とされました。伊根浦は、舟屋が海岸線に一条の縄のように連なり、独特の水辺景観を見せます。

この不思議な姿をした集落は、その原形が江戸時代にでき、明治から昭和にかけて形成されました。各々の家は、山側に主屋や土蔵、道路を隔て海側に舟屋があるという特殊な配置となっています。二〇〇棟余りの舟屋が、将棋の駒を並べたように海岸に整列しています。このような浦集落が、延べ五kmにもわたり点々と湾沿いに連なります。一見、アジアの水上集落に似ているようにも見えますが、その透明感は別格です。日本の誇るべき絶景です。

中世、伊禰庄があったと伝わりますが、詳しいことは定かでありません。いずれにしても、丹後半島の最果ての地にあり、久しく海路よりほかに交通手段はありませんでした。近世に入ると、鰤、鯨、鮪、鰹、烏賊、海豚などの漁を生業とし、とりわけ鰤漁と鯨漁が盛んでした。明暦二年（一六五六）から記された鯨永代帳が残ります。

もともと、家屋敷は短冊形の土地で、山側から海へ、主屋・庭・小路・舟屋の順に並び、「表」は海側でした。この小路は、集落を横に抜ける勝手道で、人がやっと通り抜けられる獣道のようなものでした。

昭和の初め、この小径を拡げて自動車を通すことになり、お互い

平田地区の舟屋群。海に面して舟屋が並び、道路を隔てた山側に主屋や土蔵があり、裏山には魚付林が鬱蒼と繁る。舟屋を通して、海との穏やかな暮らしぶりが伝わってくる。近年、舟の大型化に伴い舟屋に入らない船もある。特筆すべき日本の原風景である。

海から山へ向かって、舟屋、主屋、土蔵、さらに魚付林と行儀よく並ぶ。

に庭や畑の土地を出し合ってやりくり四ｍほどに拡幅します。主屋と舟屋は、新しい道路で切り離され、舟屋は海側へと押し出されます。折しも、鰤の大漁に沸き、建替えが盛んに行われ、舟屋も一階建から二階建へ、屋根も藁から瓦へ葺替えられました。

舟屋は切妻・妻入りの建物で、一階が舟の格納と作業場や漁具置場です。ここに「ともぶと」という軽舟を引き入れました。間口幅によって二隻引とか三隻引と呼ばれました。二階は、漁網干場や漁具の保管場所として使われました。風通しを良くするため、壁は藁や古網を吊るし、床板も隙間のある歩み板にしていました。一方、主屋の方は、切妻平入の広間型三間取りです。土蔵は山側の少し高い場所に建てられています。寺社も高台にあります。

さて、どうして、このような舟屋群ができたのでしょうか。それには、①穏やかな海、②豊かな漁場、③狭隘な土地、④干満差が小さい、⑤積雪対策、⑥「同等一栄（どうとうひとつえ）」の心得などが考えられます。

まず、何より豊かな漁場に恵まれていました。この円い湾は「お間内（まうち）」といわれ、宮津湾を時計廻りに回遊してくる魚が、最後に入り込む定置網の箱網のような位置にありました。このため、漁民は、庭前（にわさき）の海で魚をいくらでも獲ることができました。遠洋まで出かける必要がなく、大名漁師とも呼ばれるほどでした。

つぎに、このような舟小屋が造れたのは、干満差が小さかったことです。日本海は、対馬海峡、津軽海峡、宗谷海峡、間宮海峡で、太平洋と遮断された大きな湖のような海です。このため、干満差は数十㎝程度で、伊根湾でも五十

㎝ほどしかありません。このような舟小屋は、日本海側の能登半島、島根半島、隠岐島などでも見かけられます。地中海も干満差が小さいので、トルコのボスポラス海峡の「ヤル」（別荘）では、週末にイスタンブールから船でやって来て直に玄関先へ横づけします。他方、カナダのファンディ湾では潮位差十五ｍに達し、有名な世界遺産のモン・サン・ミシェルでも潮位差は十ｍを超えます。有明海でも六ｍも。このような所では、伊根のような舟小屋は造れません。

また、この辺りは多雪地帯で、舟を積雪から守るため、屋根付小屋に格納する必要がありました。そして、平地がないため、勢い、舟屋は海に突き出さざるを得ませんでした。

ところで、伊根の浦には、神社に海の安全や大漁を祈願する際、「同等一栄」とかけ声をする風習がありました。「みんな一緒になって栄えよう」という意味です。舟屋の間口幅も皆ほとんど同じで、この平等精神こそが、統一された景観をつくり出したのでしょう。

この独特の水辺風景は、伊根の人々が海と向き合い、豊かな自然の恵みを受け入れられるように、土地固有の厳しい地形条件を克服し生み出した知恵の結晶です。

伊根湾は、どこまでも鏡のように静謐で澄み切っています。

道路の海側は妻入の建物（舟屋）が肩を寄せて並ぶ。山側の建物は平入り。

舟屋から海を見る。その澄んだ透明度が素晴らしい。舟入は作業場としても使われる。さまざまな漁具の置場であり仕事着の洗濯場でもあり、生活感に溢れている。

# 美山（みやま）

## ――日本の原風景

京都府南丹市美山町北

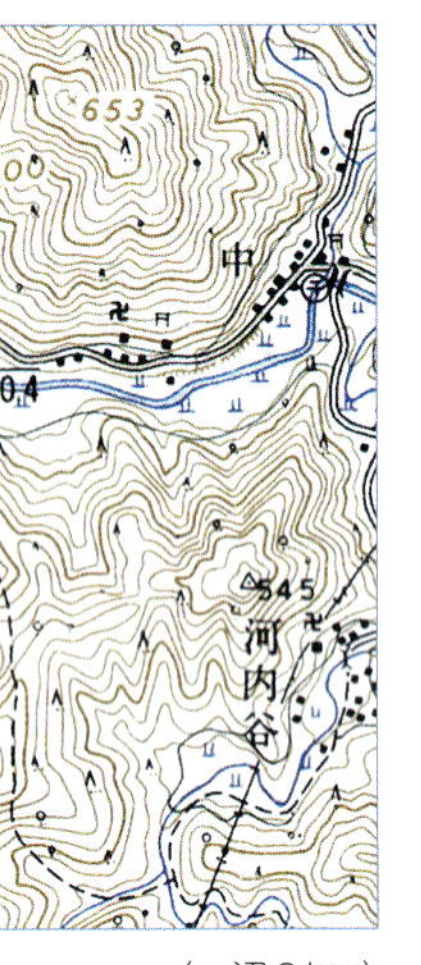


（一辺3km）

京都から、北山杉で有名な周山街道（国道一六二号線）を北へひた走り、桂川と由良川の分水嶺である深見峠を越えると、美山町に入ります。この辺りは、京都の屋根と呼ばれ、由良川のゆるやかな谷底平野が広がります。由良川というと、芦生の原生林や森鷗外の「山椒大夫」など、別世界の空気が漂っているような気分になります。この山里には、日本昔話に出てくるような茅葺の集落が点々と散らばります。

中世には、丹波国・弓削荘に属し、林業を生業としてきました。近世の「北村」は、篠山藩に属し知井九ヶ村の一つでした。西外れにある八幡神社はその総社です。また、京都と若狭を結ぶ往還が通り、いわゆる鯖街道の一つでした。古くから人や物の往来があり、京文化も入ってきました。

美山町一帯には、「北山型民家」と呼ばれる伝統的な民家が多く残ります。北集落は五〇戸ほどの集落ですが、凡そ八割近くが茅葺屋根。江戸中頃から明治に建てられたものです。主屋の横には、納屋が棟を直角にして建ちます。

北山型民家には、つぎのような特徴があります。①入母屋造りで入口は妻入、②壁は板壁に板戸、③置千木と雪割り、④大きな破風、⑤あげ庭などです。このような民家は、丹波や摂津にも見られ、「摂丹型民家」とも呼ばれています。

美山町の北集落。茅葺民家が緩やかな南斜面に集まる塊村である。屋敷地は、低い石垣を積んで雛壇状になっているが、家の周りには塀のような囲いはなく開放的である。南側に前庭、横側に付属屋や菜園がある。入母屋造りの屋根は背高の急勾配で、大きな破風にわずかに「転び」がつけられ、引き締った端正な姿形を見せる。日本の穏やかで山里の原風景である。

北山型民家の端正な佇まい。背高い入母屋屋根に千木と雪割りが載る。両脇の破風のわずかな転びが姿形を引き締めている。

雪深い地域のため、屋根は急勾配にしてあります。この丈高で瀟洒な姿は、整った品位のある印象を与えます。両脇の破風のわずかな「転び」が姿形を一層ひきしめます。屋根の小屋組は、古くは棟木を束柱で支える「オダチトリイ組」という構造でした。のちには、二階の使い勝手から「扠首組」*や「併用小屋組」に変わっていきます。二階は、葺き替え用の茅置場などに使われていました。

入母屋の妻入は珍しい形式ですが、国人衆など上層の家の形式ともいわれます。のちには、使い勝手のよい平入に改築された家もあるようです。妻には洒落た破風が飾られ、その正面性を強調しています。破風の拝みに懸魚、その下に透かし彫りの家紋を設えます。この透かし彫りは、煙出しや通気口にもなっています。これらの整った意匠は、京の影響を受けたものです。また、構造材や屋根材は、囲炉裏や竈の煙で燻され害虫から守られてきました。近年、竈を使わなくなり、葺替えも五〇年から二～三十年に一度と短くなっているそうです。

屋根の千木も、北山型民家の大きな特徴です。棟仕舞に「X形」の千木（馬のり）がかけられ、そこに雪割り（烏どまり／積雪除け）が載せられています。千木は五本が基本で一部に七本の家のもあります。このような民家の棟飾は、神社ではともかく丹波地方でしかあまり見られません。

間取りは喰い違い田の字型です。ニワ（土間）は、ダイドコの床近くまで土を盛り、外より高くなっています。これは北山型特有のもので「あげ庭」といっています。雪国だからともいわれていますが、定かでありません。

妻側の破風。拝みに懸魚、その下に家紋を透かし彫りの煙出しとする。各家で意匠にさまざまな工夫が見られる。

美山町の樫原に、北山型の原型といわれる「石田家住宅」（重文／慶安三年（一六五〇）築）が残ります。建築年代が確認できる日本最古の民家のひとつです。また、下平屋にも、大庄屋だった「小林家住宅」（重文／文化十三年（一八一六）築）があります。この家は、時代が下ることから、妻入でなく平入が採られています。

北集落の家は、どの家もほぼ同じ規模・意匠で、同じ南向です。また、棟飾りの千木も五本を基本とし、妻飾り設えも歩調を揃えたような意匠となっています。突出した家はありません。皆で助け合う村落共同体の平等精神が、家や集落の形にも表われています。

美山の風景は、西日本の集落形態の到達点でないかと思います。東北や越後の豪農の出た集落とは一線を画しています。この穏やかな同質性こそ、日本固有の村風景にほかなりません。平凡で平穏でありながら、どこか山葵の効いた原風景。これこそ、日本人の真髄が宿っているように思われます。

＊扠首組とは合掌形（三角形）に組んだ小屋組のこと。

# 上賀茂（かみがも）

## ——凛とした社家町（しゃけまち）

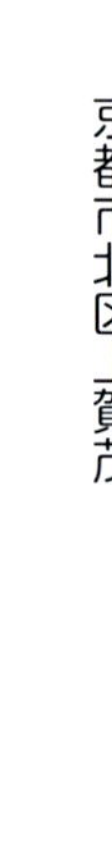
京都市北区上賀茂

（一辺３km）

上賀茂の社家町は京都の北辺にあります。「社家」とは、神官の住んだ家で、社家町はその集まりです。上賀茂神社から流れ出す明神川沿いに、土塀や石橋の家並が、凛とした神域の気配を漂わせています。現在では、社家町は、「高畑」（奈良県／春日神社）や「真名井」（島根県／出雲神社）に面影を留めるに過ぎません。上賀茂の社家町は、面的な広がりもあり大変な貴重な存在です。

その昔、京都には東に賀茂氏、西に秦氏という豪族がいました。この賀茂氏の氏神を祀ったのが「賀茂社」の起こりで、京都遷都にも大きな貢献を果たしたといわれます。一方の秦氏の氏神は松尾大社です。

賀茂社は、朝廷の厚い崇敬を受けます。京都三大祭りのひとつ「葵祭り」（賀茂祭）は六世紀に始まり、のちに朝廷の勅祭とされ、勅使が派遣されていました。都で祭といえば「賀茂祭」のことでした。その後、「上賀茂神社」（賀茂別雷（かもわけいかづち）神社）と「下鴨神社」（賀茂御祖（かもみおや）神社）に分社しますが、社格は最高位にありました。賀茂氏は、「賀茂十六流」の姓に分かれ、その高位の社家が賀茂七家です。

現在の社家町の骨格は、室町時代に形成されたようです。江戸時代、幕府から社領二五〇〇石余を安堵され、社家が二七五軒ほどありました。明治維新で、神職の俸禄制や世襲制が廃止されて失職し、ほとんどの社家が窮乏していきます。

明神川沿いの社家町。枇杷色の土塀と古色な石垣が、清々しいせせらぎと協奏しながら凛として清楚な佇まいをみせる。この明神川は賀茂川から取水され、上賀茂神社境内に入ると「御手洗川」、御物忌川と合流すると「楢の川」となり、境内から出て東に向きを変え「明神川」となって社家町の中を流れていく。“神の川”とされる。

社家の家は、どこまでも簡素な佇まいを基本とする。白漆喰の真壁・桟瓦・土塀と統一された形と材で巧みに意匠される。

明神川沿いを歩くと、石垣、土塀、石橋、見越しの樹々、薬医門、腕木門、その奥に主屋が見え隠れしています。枇杷色の土塀は、清々しいせせらぎと協奏しています。主屋は平屋建ての切妻・妻入で、白漆喰の真壁を基調としています。妻側は豕扠首（いのこさす）や束・貫の簡明な意匠となっています。玄関は、式台玄関と内玄関があり、この式台玄関は、洛中の公家や門跡との交遊のためのものでした。これらの設えは、品位と節度をわきまえ、社家らしく簡素ながらも凛として、しかも洗練されています。また、屋敷地は概ね一五〇〜二〇〇坪程度のささやかなものです。

この透明感ある霊気は、寺町とは異り、どこから湧き出ているのでしょう。さらりとした風情は、重苦しさや暑苦しさから解き放たれたものです。特に凝ったものや奢ったものは捨象され、同質の美ともいうべき世界観です。堅苦しいシキタリに縛られながらも、磨き上げられてきた礼節の美といえます。日本人の内奥にある「心の表象」かも知れません。

この界隈には、社家の生活を伝える家がいくつか残ります。「西村家別邸」は錦部（にしごり）家の旧宅でしたが、明治時代に、西陣・織物問屋の西村清三郎が別邸として取得。往時の趣を残して建替えたものです。邸内には三つの小さな庭園があり、養和元年（一一八一）、十八代神主・藤木重保の作庭と伝わります。北の庭では、明神川から神聖な水を引き込み曲水川とし、再び明神川に還しています。曲水の宴なども催され、「禊の井戸」や「降臨石」も設けられています。生活用水の方は、明神川に戻さず裏の農業用水に放流し、汚水は南の庭にある「水口（すいくち）」という穴に流し濾過していました。実に水環境を配慮した考え方です。また、南東の奥の庭は、池泉回遊式庭園の観る庭となっています。ほかにも梅辻家、井関家、岩佐家などの社家の遺構が残ります。梅辻家は「賀茂七家」の中で現存する唯一の社家です。井関家には三階建ての望楼（石水楼）があります。なお、一方の下鴨神社の社家は、昭和初めの土地区画整理事業で変貌し残っていません。

　ところで、稀代の芸術家・北大路魯山人（きたおおじろさんじん）は、上賀茂の社家に生まれ、幼名を「房次郎」といいました。父は彼が生まれる前に自殺し、母も彼を養子に出して出奔します。幼少期に、里子、養子、丁稚奉公など不遇な時を送ります。漸く書や篆刻（てんこく）で認められ、やがて料理家また陶芸家として大成。東京に「星岡茶寮」、鎌倉に「星岡窯」を開き一世を風靡します。一方で、傲岸、不遜、狷介（けんかい）、虚栄な態度から、大変気難しい人物と悪評がつきまといますが、作品は芸術性に溢れています。「食器は料理の着物である」の名言も残しています。この孤高の人には、上賀茂社家の出自という確かな矜持が宿っていたのでしょう。彼の言動は、それを隠す煙幕だったかも知れません。

　この社家町に来ると、どこか素直な気分になります。風景の線が横に穏やか広がり、すべての素材が自然でそれらの尺度も等身大です。

明神川から屋敷内への水の取り入れ口。下流側には排水口もあるが、生活排水は裏の農業用水へ流すようになっている。

西村家別邸の庭園。明神川からの水は、曲水川に導かれる。庭に禊の井戸や降臨石がある。

# 祇園（ぎおん）

## ——京の花街

京都市東山区元吉町ほか

（一辺3km）

「祇園」とは、四条通りを挟んで八坂神社から鴨川までの総称をいいます。この一帯は「祇園感神院」という広大な寺の境内でした。明治維新の廃仏毀釈で廃寺となり、「八坂神社」になりましたが、今でも、祇園さんと呼ばれています。この辺りは、鎌倉時代から、洛東の祇園社や清水寺への参詣客のために、休み茶屋や水茶屋が立ち、茶立女や茶汲女も置かれ賑わっていました。応仁の乱で、洛東への遊山も一時途絶えます。

しかし、安土桃山期、信長入京や秀吉の聚楽第造営により、祇園も活気を取り戻します。四条河原には「芝居小屋」や「物見せ小屋」が立ち、慶長八年（一六〇三）、阿国（おくに）の女歌舞伎が大人気を博し、一気に集客力を高めます。河原小屋は「南座」などが常設化。遊興と芸能が結びついた一大歓楽街となり、祇園独特の文化が花開いていきます。

祇園の花街（かがい）は、寛文九年（一六六九）、鴨川両岸に築かれた「寛文新堤」と前後して形成されます。当時の川幅は今の二倍以上もありました。まず寛文六年、周辺の水茶屋が鴨川東岸に集められ、縄手通りや宮川町などの新地ができ「祇園外六町（そとろくちょう）」といわれました。さらに正徳二年（一七一二）、その東一帯が「祇園内六町」として開かれます。大和大路より東側の一帯です。一方、鴨川西岸の先斗（ぽんと）町（ちょう）界隈は、慶長十六年、角倉了以の高瀬川開削とともに、この運

新橋地区の白川に架かる「巽橋」。この橋から「切通し」を南へ抜けると四条通りに出る。江戸時代、この東辺りに膳所藩の屋敷があり「膳所裏」と呼ばれており、明治に「祇園乙部」、戦後に「祇園東」と呼ぶようになった。かつて、白川の両岸には茶屋が並んでいたが、戦時中の建物疎開で撤去され、白川南通りとなっている。右は「辰巳大明神」で、芸舞妓さんが技芸上達を願う小社となっている。

新橋地区。茶屋には本二階建てが許された。

河沿いにも茶屋や船宿が建ち並ぶようになります。

江戸時代の祇園花街は、四条通りの北側一帯に広がっていました。最盛期には、お茶屋七〇〇軒・舞妓芸子三〇〇〇人を超えていたといわれます。祇園は、幕府公許の「島原」（西新屋敷）と違い、気楽に遊べて隠匿性の高い花街として人気がありました。幕末、新鮮組の浪士が「島原」で豪遊したのに対して、勤皇の志士たちは自由な気風に溢れる「祇園」で遊びました。

新橋地区・新門前通りの路地。

祇園茶屋といえば、老舗の「一力亭」です。この名前は、「仮名手本忠臣蔵」の作者・竹田出雲が大石内蔵助の遊んだ伏見・撞木町の揚屋・万屋から拝借したものです。「万」の字を「一」と「力」に分けて「一力」とした芝居が大当たり。祇園の万屋も「一力」と呼ばれて人気を博し、店名も「一力」に変えたそうです。

明治維新で、天皇が東京へ遷座すると、志士たちも潮が引くように東京へと去っていきます。たちまち、茶屋渡世は危機に直面します。多くの遊女たちをどう食べさせていくかが喫緊の課題となります。

そこで、京都府は荒療治に出ます。明治四年、上知令で「建仁寺」から約一八〇〇〇坪を接収。「祇園女紅場」に一括払い下げて再開発します。建仁寺の塔頭群を取り壊し「花見小路」を南北に通し、歌舞練場、製茶所、養蚕所などを整備します。「花見小路」という艶めかしい名は、通りに見事な桜があったからといいます。女紅場は、土地

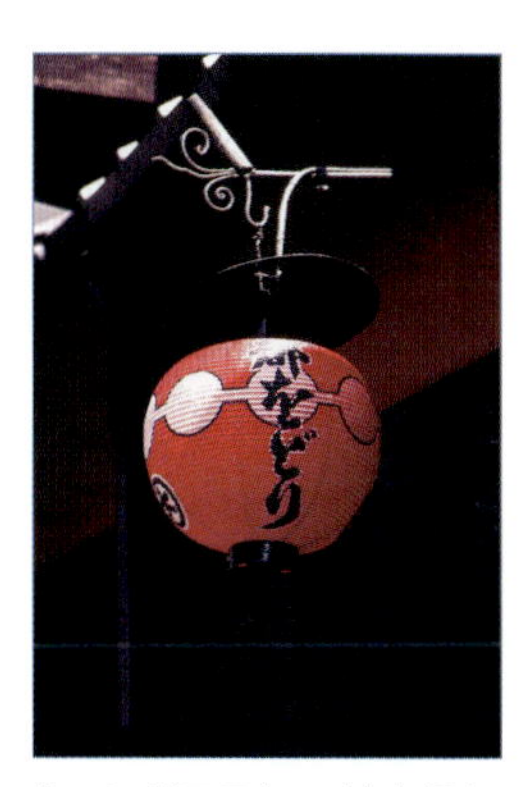

「つなぎ団子」の紋章提灯（祇園甲部）。

一力亭。玄関はかつて四条通りにあった。

祇園甲部。花見小路から入る図子。

の賃貸に際し外観意匠に規制をかけ、花街の町並継承に尽力したともいわれ、景観規制の先駆けといえるものでした。意外にも、この四条通りの南一帯は明治以降にできた新しい花街なのです。

明治初め、四条通りは幅四間ほどの道路でしたが、明治四十五年、市電を通すために、北側に拡幅し十二間の大通りとします。茶屋は表通りに相応しくないと、花見小路などに立ち退かせました。一力も、四条通りにあった玄関を、花見小路側に移すという苦肉の策で凌ぎます。

白川沿いの新橋地区には、伝統的な茶屋建築の通りがあります。元治二年（一八六五）の大火後に建てられたものです。一階は千本格子、二階には手摺のついた張り出し縁が設けられ、年中「簾（すだれ）」が掛かっています。その佇まいは夜に開く蛍茶屋を連想させます。なお新橋の呼称は、知恩院への新橋が白川に架けられたことに因んでいます。

今も、京都には「上七軒」、「祇園甲部」、「祇園東」、「先斗町」、「宮川町」の五花街があります。各々の花街は独自の「紋章」を持ち、春になると、一斉に、紋章提灯が軒先に吊るされ、町は一気に華やぎます。なお、老舗の「島原」は、京都花街組合連合会に入っていません。

祇園の町は、応仁の乱や明治維新など幾多の激動に振り回されながら、歓楽の町として生き抜いてきました。京都の人々は、千年にわたる都の栄枯盛衰を見極めつつ、強く鍛えられてきました。このしなやかな芯の強さこそ、京都人の誇るべき遺産かも知れません。

# 伏見（ふしみ）
## ——酒蔵の町

京都市伏見区本材木町ほか

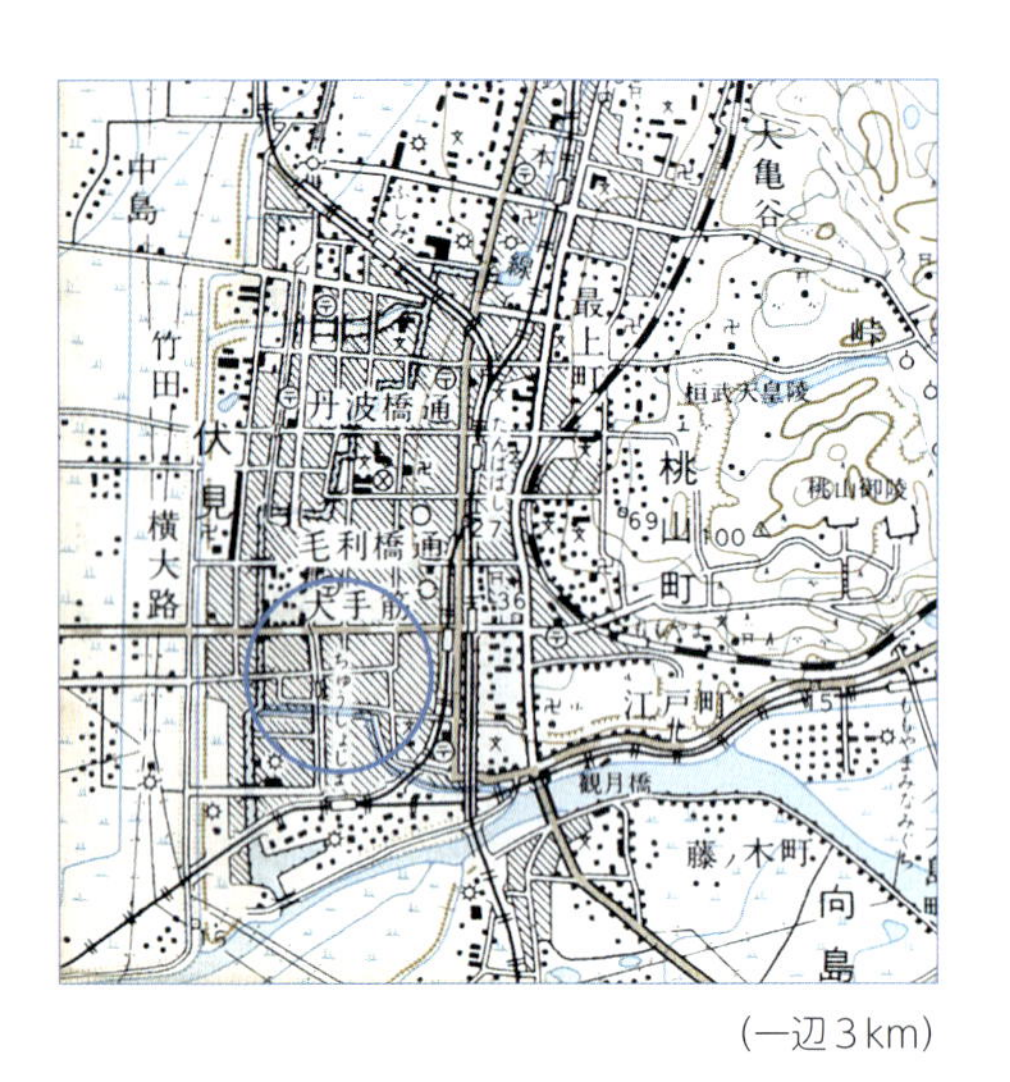


（一辺３km）

「伏見」は、「灘」と並んで酒造りの町として知られます。灘の酒は「男酒」、伏見は「女酒」と呼ばれ、柔らかでまろやかな口当たりといわれます。これは「水」の違いで、灘はミネラル分の多い「硬水」、伏見はミネラル分の少ない「軟水」（中硬水）が使われているからです。

ところで、伏見ほど世の激動に翻弄された町もありません。古くは渡来人・秦氏の拠点の一つで、平安時代には、橘俊綱が伏見山荘を営むなど風光明媚な所でした。しかし、文禄三年（一五九四）、豊臣秀吉が「伏見城」を築くと状況が一変します。この地は、大坂と京都の中間にあり、奈良にも繋がり、琵琶湖の大津へも山科を経て短絡できる水陸交通の要衝でした。伏見城は、秀吉の隠居城としてつくられましたが、関白・豊臣秀次を失脚させると、たちまち、政治の表舞台となります。

太閤堤が築かれ、宇治川を巨椋（おぐら）池から分離し、「宇治川派流」を外堀の濠川につなぎ、城下への水運を整備します。城の南西に大名屋敷、その西側に京町通と両替通を南北に通して、大々的な町割を行います。またたく間に、一大城郭都市が形成されました。

慶長三年（一五九八）、秀吉がこの城で波乱の生涯を閉じると、徳川家康が入城します。翌年、家康が大坂城に移ると、諸大名も一斉に大坂へ引っ越し。伏見の町は一時的に寂れます。関ケ原の戦い

濠川沿いに連なる酒蔵群（月桂冠）。月桂冠の大倉家は、江戸初期に笠置から伏見に出て来て酒造りを始め、本宅は戊辰戦争の戦禍から奇跡的に免れ酒造りを続けてきた。伏見の酒蔵は、桟瓦屋根、白壁に茶色の板壁、窓の割り付け、塀、犬矢来などに洗練された品位ある意匠を見せる。この辺りは「本材木町」と呼ばれ、伏見城築城の際の建設資材の荷揚げ浜であった。

新高瀬川沿いにある「松本酒造」。長大な40mの酒蔵３棟を構える。菜の花が土手に咲く頃が必見。

で伏見城は炎上しましたが、家康が城を再建して、城下に「銀座」を置くなど復旧を図ります。慶長八年、家康は、念願の征夷大将軍宣下をこの伏見城で受けます。続いて三代目・家光まで、伏見城で宣下を受けています。

このわずか三十年ほどの間、政治の表舞台は伏見にありましたが、やがて京都の二条城に移ります。それでも、伏見港は秀吉が見立てた通り、大阪と京都を結ぶ重要な中継港として賑わっていきます。大坂と伏見は「三十石船」、伏見と京都は「高瀬舟」が繁く往来し、伏見の京橋付近は、船宿をはじめ多く旅籠や問屋が建ち並びました。伏見では、河岸（かし）のことを「浜」と呼び、あの寺田屋は南浜にありました。幕府は大名の入洛を警戒して、伏見を宿駅と定めたため、本陣が四軒、脇本陣も二軒あり、人口は、十八世紀には四万人を超えていたといわれます。

ところが、「鳥羽・伏見の戦い」が勃発。伏見奉行所があったことから主戦場となり、町の多くが焼失しました。

明治二十七年、「鴨川運河」が京都から伏見の濠川へと結ばれます。舟運が琵琶湖から大阪までつながり、墨染（すみぞめ）にはインクライン（斜面鉄道）と発電所ができました。しかし、明治二十二年に東海道線が開通し鉄道整備が進むと、舟運による物資輸送は衰微に向かいます。

伏見の酒は、秀吉の頃、桃山丘陵の伏水を活かして始められました。その後、政治や経済の要となり、酒造りも発展します。江戸の初めには八十三の酒屋があったといいます。しかし、灘の酒に押され気味となり、鳥羽・伏見の戦

カッパの「黄桜」。窓の割り付けが洒落る。

幕末の動乱を象徴する「寺田屋」。

深草ある旧帝国陸軍第十六師団の残り火。

いで大打撃を受け逼塞します。

明治四十一年、「帝国陸軍第十六師団」が、北方の深草（ふかくさ）に置かれ軍都と化します。軍には、酒と女がつきもの。酒の需要が急増し息を吹き返します。現在でも、伏見には二十軒ほどの酒蔵があります。

伏見の酒といえば「月桂冠」です。月桂冠の大倉家は、寛永十四年（一六三七）に木津川上流の笠置から出てきて「玉の泉」の銘で創業します。「月桂冠」の名は、日露戦争の勝利を祝って命名したといいます。裏手の濠川沿いには、大きな酒蔵が建ち並びます。また、新高瀬川沿いにある「松本酒造」は、京都・東山にあった酒造家「澤屋」が、伏見の名水を求めて大正年間に出てきたものです。

ところで、伏見には妙な地名や標識があります。桃山町治部少丸（ちぶしょうまる）（石田三成）、桃山町三河（徳川家康）、桃山町正宗（伊達政宗）、景勝町（上杉景勝）、島津町（島津義弘）、肥後町（加藤清正）、桃山福島太夫南町（福島正則）など。これらの地名は、戦国大名の屋敷があったことに因んでいます。さらに驚くことに、先ほどの深草には、帝国陸軍第十六師団に因む「師団街道」、「第一軍道」、「師団橋」、また「軍人湯」という標識も残ります。地名は歴史の証人といいますが、これほど生々しく残っている所も珍しいと思われます。

伏見という所は、時の権力に振り回されながらも、不死身の如く生き返ってきた不思議な町です。

# 石切（いしきり）

## ――異形（いぎょう）の門前町

大阪府東大阪市東石切町

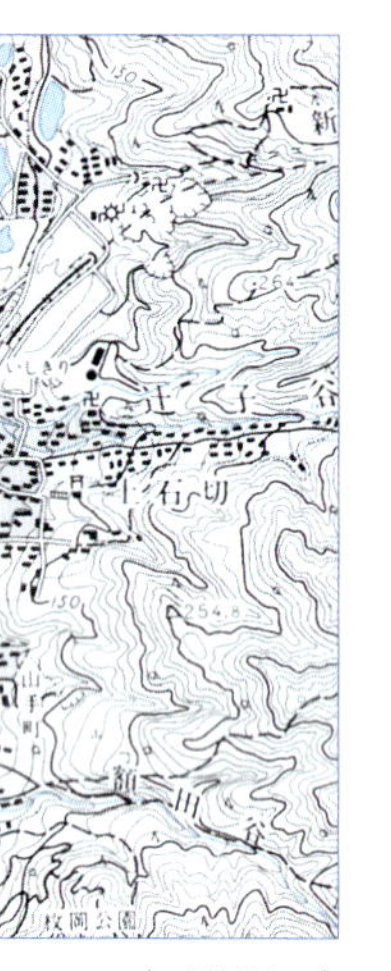


（一辺3km）

生駒山の西麓に「石切劔箭（いしきりつるぎや）神社」という不思議な神社があります。「石切さん」と呼ばれ、「でんぼ」（腫れ物やでき物）の神様として親しまれてきました。

この参道には、霊験怪しげな気配が支配します。占師の店、漢方薬の店、異形な石像、珍奇な物を売る店が犇めいており、非日常的な光景がくり広げられています。中国的、インド的、中央アジア的というか、異世界の空気に覆われています。

この神社は、室町期に兵火に遭い、社殿や宝庫が悉く焼失し、定かなことは不明。その沿革には、神武天皇の東征にかかる饒速日（にぎはやひ）尊（みこと）や長髄彦（ながすねひこ）が登場し、また宮司の木積家（穂積氏）は古代・物部氏の子孫と書かれています。古事記には、長髄彦が神武天皇の生駒山越えを阻止したとした話があります。

長い空白を経て、明治三十八年、突然、饒速日尊を下之社に合祀。再興の気運を高め、昭和四十七年に往古の姿を取り戻したとしています。神話に長けた智者の創作でしょうが、謎を深め好奇心をそそります。いずれにしても、生駒山にあった修験道と深く係わるもので、この石切の出自を一層神奇なものにしています。

神社への参道には、飲食店、食品、土産物、占い、漢方薬、衣料品、日用品など百五十余りの商店が並びます。とりわけ、占いと漢方薬の店が異様さを放っています。

石切劔箭神社の参道商店街。かつての参道は西方の東高野街道からであったが、大正3年、近鉄・奈良線が開通すると、東の新しい石切駅から下り坂の参道となる。現在、最寄駅は近鉄・けいはんな線（昭和61年開通）の新石切駅。陽射しが高くなると、真っ白い日除け天幕が一斉に張られ、まるでシルクロードのバザールのような空間に変身する。この参道は変幻自在な場である。

豊八大黒殿（占いの店）。２体の狛犬に守られ、中に入ると大きな大黒様の石像が怪しく鎮座する。

手相・家相・四柱推命・タロット・トランプ・易・星・陰陽など多種多様の占いの店が軒を並べ、さながら「占い横丁」です。記録によると、御籤や易断の店が、昭和六年には三店、昭和三十八年でも四店でしたが、昭和五十年頃には十軒ほどに増えます。バブルの崩壊後に急増し、今では少し減って四十軒ぐらいといいます。たくさんの人が、石切さんへの神頼みにやって来るので、占い師も商売になると考えたのでしょう。

　通りを歩くと、「豊八大黒殿」「豊八衣料品」「お好み焼き豊八」「占いはん豊八」などと、「豊八」の看板がやたらと目につきます。どうやら、地主さんのようで、占いの店もそのブースを借りています。芸能人にも人気があり、最近では若い女性客も多いようです。それにしても、これだけ占いの店が集まってくると、異様な雰囲気になります。

　また、ひと昔前まで、和漢方の薬屋が軒を並べていました。病で悩む人たちが、石切さんに参拝するついでに生薬を求めていきました。江戸時代、石切の少し東の「辻子谷」で、生駒山の薬草を水車で粉末にして、大坂道修町の薬問屋へ出荷していました。大正の最盛期には、水車が四十四輌もあったといいます。当然、神社の近くに薬屋を出す者もいたでしょう。昭和六年に十七店、昭和十八年に二十九店を数え、昭和三十八年でもまだ十一店もありました。しかし、平成十八年にはわずか四店に減っています。今でも、「森田薬房」や「阪

老婆の膝をさする托鉢僧。

森田薬房。達磨の生薬看板が吊るされる。

サカンポー創業の地。石切大仏は阪本家の建立。

本漢方薬局」など個性的な店構えの薬屋が残ります。森田薬房は、陀羅尼助丸、サルノコシカケ、霊芝、ゲンノショウコ、赤マムシなどの生薬を売っています。阪本漢方薬局は、漢方薬の「サカンポー」の前身です。

最近まで、「高木薬房」という薬屋がありました。店先には、奇怪な人体模型や奇妙な謎の病名が書かれ、「かべつちを食べる」という治療も書かれていました。ひと昔前の人たちは、石切さんといえば、好奇な漢方薬の店が並ぶ町を思い出し、あのおどろおどろしい人体模型は、子供にはトラウマになっているともいいます。いつのまにか、この参道は、身体を治す薬屋さんから、心を癒す占い屋さんの町に変身してしまったようです。

石切劒箭神社は、お百度参りでも全国的に知られます。たくさんの老若男女が、昼間から真剣な顔つきで列をつくってお百度を踏んでいます。今の日本で、このような光景が見られるのはここだけかも知れません。本殿の絵馬殿の棟には鋭い剣が建てられ、この剣で腫れ物を切り落してくれるそうです。石切の参道は、わずか百年ほどの間に、関西独特の磁場が生み出した人生劇場の場となっています。色んな人々、商い、願い、因果が、生き生きと雑居する縮図空間となっています。

ふつうの街なかでは怪しげなことも、ここでは日常です。ちょっと覗いてみたくなる衝動に駆られます。日本人のどこかに気づかず隠されている原風景なのかも知れません。

＊この見聞記は二〇〇二年で、今では変幻しているかも知れません。

# 富田林（とんだばやし）

## ――河内屈指の在郷町

（一辺3km）

戦国時代、富田林の町は、石川を見下ろす河岸段丘の上に、浄土真宗の寺内町として産声をあげました。石山合戦の最中（さなか）、織田信長と折り合いをつけ、戦乱の世を上手く切り抜けます。江戸から明治にかけ、河内屈指の「在郷町」（商業都市）として栄えました。町の中に一歩踏み入れると、重厚な本瓦葺の風格ある家々の佇まいから、この町が只者でなかったこと、そして、いかに裕福だったかを知らされます。

浄土真宗の中興の祖・蓮如（れんにょ）は、越前・吉崎から畿内に戻ると、摂津や河内の布教に力を入れます。出口御坊・光善寺（枚方市）に居を構え、河内一円に教線を拡げます。

こうした中で、永禄元年（一五五八）、本願寺・京都興正寺の証秀上人が、南河内の高屋城主・安見直政から、石川左岸の「荒芝の地」を銭百貫文で手に入れます。そして、近在の中野、新堂（しんどう）、毛人谷（えびだに）、山中田（やまちゅうだ）の四ヵ村の庄屋株を持つ八人衆に、この土地の開発を託しました。

「富田林興正寺別院」（富田林御坊）を核にして、外周を土塁と竹林で固め、六筋七町（のちに七筋八町）の町割りが行われました。町の出入口には木戸門を構え、夜間は閉ざしました。ここに、寺院特権に便乗した計画的なニュータウン「富田林」が誕生しました。

町の運営は、八人衆の合議制によって行われました。二人が年番

「城之門筋」の街並。富田林の町は、興正寺別院（重文）を核に「六筋七町」の寺内町として造られた。城之門筋（幅３間）の中ほどに興正寺があり、山門を挟んで南に鐘楼、北に鼓楼を構える。道路は碁盤目状であるが、辻に「あて曲げ」という微妙な喰い違いがあるなど防御にも余念がない。町そのものが歴史博物館である。

杉山家（重文）。主屋は17世紀中頃の築といわれ、増築や改築が重ねられ、屋根が複雑な形となっている。この重なる屋根を八棟という。忍び返しも威圧的。

制の株役（庄屋）を勤め、残りの六人を年寄としました。領主・直政の「定」には「諸商人座公事之事」とあり、「寺内の商人から租税をとってはならぬ」と定められました。このように、御坊への志納金と町内の負担金以外は免除されたため、近傍から門徒たちが寺内に移り住むようになります。宗教自治都市・富田林は、この特権を生かして商いの町としての足掛かりをつかみます。

ところが、大坂の本願寺が、信長と石山合戦を起こします。しかし、この八人衆は本願寺に与力せず、信長より「寺内之儀、不可有別条」の安堵を得て無傷のまま生き残りました。富田林の町は、本願寺傘下の寺内町というより、「富田林八人衆」の自治都市という性格が強かったのでしょう。寺院の威光を利用しながら、他方で自らの既得権を守ろうとする民衆の強かさを見る思いがします。一口に寺内町といっても、本願寺との距離感は、それぞれの寺内町でかなり違っていたのでしょう。大和の今井町も然りです。

江戸時代には天領となり、在郷町として発展します。東高野街道や富田林街道（千早街道）が交叉し、石川の舟運にも恵まれる立地にありました。商品経済の発達とともに、河南地方では、綿や菜種の栽培、また石川谷の良水にも恵まれ酒造業も盛んになります。これらの農産物や商品を扱う商人が多く現れ、造り酒屋、河内木綿、油搾り問屋などの大店が軒を並べ、元禄の頃には造り酒屋が七軒もありま

ランドマークとなる３階建ての土蔵（葛原家）

重厚な本瓦葺の屋根に煙出し。（奥谷家）

商いの町らしく街角に駒繋ぎ石や環が残る。

した。

富田林の寺内町は、東西四〇〇m、南北三五〇mほどに広がります。道路は、整然と碁盤目状に敷かれ、南北の通りは「筋」、東西は「町」と呼び、画地は背割り方式となっています。辻には「あて曲げ」という半間ほどの喰い違いを設けて遠見遮断し防御にも配慮し、また、「用心堀」という防火用水も通されていました。今でも、往時の姿を留めています。

城之門筋には、北から奥谷家（油屋）、杉田家（油屋）、田守家（木綿商）、興正寺別院（重文）、妙慶寺、橋本家（酒造）、木口家（木綿商）などが並びます。南会所町の葛原家（醸造）の三階蔵も目を惹きます。これらの商家は、広い間口に農村型の入母屋形式の主屋を構えています。不思議なことに、この富田林には、河内特有の大和棟造りは見当たりません。享保十五年（一七三〇）年に大火があり、茅葺を禁止したからなのでしょうか。いずれにしても、町そのものが、近世の商家建築や意匠の博物館です。

また、林町にある杉山家（酒造／重文）は、八人衆の筆頭で一街区を占める大きな屋敷構えです。最後の当主・杉山タカは、石上露子の筆名で歌人。与謝野晶子らともに「明星」で活躍します。文化度の高い町でもありました。

一向宗の寺内町は、戦国時代、信長や他宗派との抗争でその多くが消失しています。これらの中で、富田林、今井町（橿原市）、一身田（津市）は強かに生き残りました。いずれの町も近世の寺内町の白眉です。

# 平福（ひらふく）

## ――至福の川端

兵庫県佐用町平福

（一辺３km）

どの人も、心の何処かに懐かしい原風景を持っています。この川端に出るとその琴線に触れます。子供の頃、日が暮れるまで夢中で遊んだ日々のことを思い出します。

平福は、兵庫県西部の盆地にある小さな町です。播磨（姫路）から因幡（鳥取）へ通じる因幡街道（智頭街道）の要地でした。室町時代、播磨の守護大名・赤松氏が、北への守りに備えて別所氏に利神山（三七三m）に山城を築かせ、山下に居館を構えたことに始まります。

戦国時代に入ると、赤松氏の力が衰え、東から織田勢、西から毛利勢。加えて、備前の宇喜多氏、出雲の尼子氏ら戦国大名の鍔競り合いの地となります。利神城も、天正六年（一五七八）、尼子の猛将・山中鹿之助に落城させられています。西播磨一帯には、白旗城や置塩城など堅固な山城の跡が多く残り、混迷した時代を物語っています。尼子一族の終焉地である上月城も近くに眠ります。

関ケ原戦の際、岐阜城攻めで武功をあげた池田輝政が、姫路・五十二万石の太守となります。輝政の甥・由之に佐用郡を与え、利神山に三層の天守閣を築き、山麓に御殿と武家屋敷を構えます。佐用川を外堀とし、智頭街道を町人地として四ヶ所の遠見遮断を設け、本格的な城下町を整えました。天守閣は威容を誇り「雲突城」とも呼ばれました。しかし、輝政は幕府からの咎めを恐れ破却します。

この和やかな川端は先人からの贈り物である。日常の営みの中で培われてきた「暮らしの美」がある。水の恵みと暮らしてきた忘れ難い水辺の原風景である。石垣には「川門」と呼ばれる川端への出入口が所々に刻まれており、それが長い石垣に分節的な心よい点景を添える。この付近には、小さな越堰が設けられ豊かな水面を湛える。残念ながら、奥に見える荒壁の煙草乾燥小屋はもうなくなった。

今でも、山頂に大きな石垣跡を仰ぎ見ることができます。
その後、輝政の六男・輝興が二・五万石で平福藩を立藩しますが、間もなくに赤穂藩に移り廃藩となりました。家臣団や御用商人たちも、潮が引くように赤穂へ去ります。後ろ盾を失った平福の町は、城下町から智頭街道の一宿場町として生きていかざるを得なくなります。

幸なことに、姫路の池田宗家は、隣りの鳥取に国替えになり、その本陣が平福に置かれました。また、赤穂の池田藩とも、千種川の水運で繋りを保てました。高瀬舟は、赤穂の外港・坂越から久崎まで往来し、山間部から木材、薪炭、大豆、米など、瀬戸内海から塩、魚、酒などが運ばれました。久崎と平福の間は一〇㎞ほどで、荷駄は、陸路を荷車で、また佐用川を小舟で行き来しました。因幡街道は南隣りの佐用宿で出雲街道と交差し、東西南北の往来の便にも好都合でした。

利神城への登城道から川端風景。連なる蔵壁の色調や風合いが絶品の原風景を創り出す。中央が瓜生原家。その奥に旧因幡街道が通る。

廃藩後、旗本の知行所となり陣屋がありましたが、領主は江戸住まいで、制約はさほど強くありませんでした。この自由な気風はさまざまな商売の繁盛を促し、街道随一の在郷町へと発展してゆきます。地の利と従来からの誼を活かし、城下町から在方商人の在郷町へと生まれ変わります。
瓜生原家は、享保年間に津山から移り住み、「吹屋」という屋号で、代々鋳物業を営みました。幕末には、七九業種・

一八一の店が軒を連ねていたといいます。

さて、佐用川の川端に降りてみましょう。川岸には一間半ほどの川端道が通されています。小気味よい乱積石垣に、土蔵や川座敷が、姿形を諧調に織り交ぜながら連なります。土蔵壁は、洒落柿色の荒壁が卓越し、ところどころに剥げ落ちや補修跡もあって、壁肌に絶妙な味を添えています。幾歳もの星霜が刻まれ、その素朴な風合いの中から、生活の温もりも伝わってきます。

土蔵の荒壁の風合い。川面にも映り込む。

川端に出る川門と川座敷。川との自然なつながり。

川端へは、中庭の階段を降りて、建物下の川門（かわもん）を潜って出ます。また、表通りから直接降りる「吹屋小路」もあります。この川端は、洗い場、水汲み場、干し場、そして子供の遊び場。時に、川座敷から川面の涼風に身をまかせながら利神城跡も眺められます。まさに川端暮らしの親水空間です。

ところで、往来の要地ゆえに面白い逸話があります。あの剣豪・宮本武蔵の初決闘場が、この平福の「金倉橋」の袂（たもと）でした。新当流の達人・有馬喜兵衛を一刀のもとに倒したといわれます。武蔵は美作・大原に生まれ、幼くして母、七才で父と死別します。幼い武蔵は母恋しさのあまり、平福に戻った義母の許をしばしば訪ね、正蓮庵の僧・道林坊に預けられ剣の腕をめきめき伸ばします。吉岡一門や巌流島など六十余の決闘にすべて不敗だったといわれます。

平福の表通りは、少し埃っぽいふつうの街村ですが、裏の川端に廻ると、裏勝（うらまさ）ともいえる川端の原風景に出会います。この慈愛深く優しい懐は、とても居心地が良く去りがたい気持ちになります。

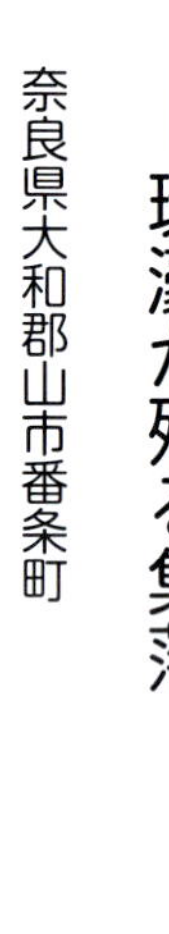

# 番条（ばんじょう）

## ——環濠（かんごう）が残る集落

奈良県大和郡山市番条町

（一辺3km）

環濠集落は、弥生時代に見られた集落形態ですが、抗争が少なくなるにつれ姿を消していきました。

ところが、奈良盆地には濠を廻らした集落が多く残ります。環濠集落といえば、とりわけ「稗田（ひえだ）」が有名です。「番条」、「今井町」、「若槻」、「南郷」にも見られます。面白いことに、高所にある山の辺の道沿いの「竹之内」や「萱生（かよう）」も環濠集落といわれています。少し特殊なものに、中家住宅（重文／安堵町）のような二重濠を廻す環濠屋敷もあります。

「番条」は、室町時代、番条氏が佐保川の微高地に番条城を築き、防御のため、西の佐保川と北の菩提仙川を天然の濠とし、東と南に人工の濠を掘って造られた環濠集落です。

奈良盆地では、近世まで小競り合いが絶えませんでした。古来より、興福寺の力が強く、事実上、大和国の守護（国主）でした。しかし、「一乗院」と「大乗院」の両門跡の対立が根強く、衆徒（しゅと）や在地領主の間で争いが続いてきました。番条氏は大乗院方でしたが、長禄三年（一四五九）、一乗院方の筒井氏に攻められ一時没落します。応仁の乱の際、筒井氏に与力して復帰。その傘下で群雄割拠していた大和の平定に尽力します。織田信長が松永久秀を討ち、豊臣秀吉が、弟の秀長を郡山城に入れてようやく治まります。このとき、番条氏は、筒井氏の伊賀上野への転封に随行し大和を去ります。

番条集落の東側に残る環濠。中世の頃、集落を敵対勢力から防衛する濠として造られたが、近世以降、溜め池の役割を担ってきた。奈良盆地には、このような環濠で囲まれた集落が稗田や今井町など至る所に残る。

三つの地区を南北に貫く一本の通り。北の城地区から南を見る。立派な長屋門を構え、質実で高潔な家々が続く。

南北の通りから入った横路地。入口は長屋門となっており、高い側壁を縦張の板壁とし堅実な屋敷構えである。

番条の集落は、南北七〇〇m・東西二〇〇mに広がり、北から南へ三つの地区に分かれています。三地区は、かつての番条城の「北の城」、「北藪」、「南藪」の三曲輪に相当し、南北を貫く一本の通りに串刺し団子のように繋がります。西側には、佐保川の堤防ができたため、濠の痕跡は残っていませんが、東、北、南には濠が残り、環濠で防御されていたことが窺えます。

北端の「北の城」には、番条氏の館があったとされ、現在の熊野神社付近とされています。この地区には、嘉永六年創業の中谷酒造があり、数々の賞を取った銘酒「萬穣」の老舗です。長屋門の奥に、この地方特有の「大和棟造り」の主屋が構えられています。東隣りにも同じような大和棟の民家が建ちます。その南の地区が「北藪」で、阿弥陀院脇の「念仏堀」では、長禄三年（一四五九）の戦いで、郷民多数が濠に落ちて死んだと伝わり、激しい攻防があったことが窺がえます。

集落内の屋敷は、少し特異な構えをしています。三〇〇坪ほどの敷地に、外周を土蔵、納屋、塀で囲み、その中に主屋と中庭があります。入口は立派な「長屋門」です。集落全体を環濠で防御した上に、各々の家は頑丈な建物で守りを固めるという念の入れようです。中世からのDNAなのでしょうか。通りを歩くと、農村集落というより武家屋敷に近い感じです。建物も節度ある堅実なもので、小窓の霧除けも洗練された意匠です。余所者を拒絶する閉鎖的な感じもしますが、総じて高潔な印象を受ける屋敷構えです。何処か、中国の伝統的家屋の「四合院（しごういん）」に似た感じもします。
何故、環濠集落が奈良盆地に多く残ったのでしょうか。この盆地は、その昔、大きな湖だったという説がありま
す。何らかの地殻変動で、「亀の瀬渓谷」（大和川）から水が流れ出し干上がったというのです。その根拠のひとつに、縄文遺跡は盆地周囲の丘陵部だけに見られますが、後の弥生遺跡は、中央部の低地で見られるようになるといいます。湖底の土壌は肥沃で、稲作が早くから行われていたことが推量できます。大和政権の発祥地となったことにも説得性が出てきます。

中谷酒造（北の城地区）。大きな長屋門を入ると「大和棟造り」の主屋が構えられる。茅葺部分は鋼板葺に変わっている。

一方、この奈良盆地では、降水量が一三〇〇㎜程度と少ない上に、中小河川しかないため、慢性的な水不足に悩まされていました。こうした中で、商品経済の発達に伴い、稲作と小麦や綿との二毛作をするには、水の合理的な使い方が求められました。このような事情から、「環濠」を「溜め池」として利用してきたともいわれます。因みに、大和郡山で有名な金魚は、郡山藩の武士の失業対策に、その溜め池で養殖したことに始まるそうです。

万葉集に、奈良の都を偲んで「青丹（あおに）よし寧楽（なら）の都は咲く花の薫（にほ）ふがごとく今盛りなり」（小野老（おののおゆ））と麗しさを讃えた歌があります。しかし、一方で、これらの数多くの環濠集落の存在は、この盆地がたいへん物騒な時代を耐え生きぬいてきたことを今に伝えているようにも思えます。

# 今井町（いまいちょう）

## ——寺内町から在郷町へ

奈良県橿原市今井町

（一辺３km）

「八木」の町は、奈良盆地を南北に走る「下ツ道」（中街道）と、東西に抜ける「横大路」（伊勢街道）が交わる十字路にあり、古代から交通の要衝でした。伊勢参りや吉野詣でも賑わいました。このすぐ南西に「今井町」があります。近世の街並がそのまま凍結されたように残り、町自体が博物館といっても過言ではありません。この幻の町を蘇えらせたのは、昭和三十年、東京大学の伊藤鄭爾（ていじ）らが倒壊寸前だった今西家の調査に入ったことに始まります。町並保存の記念碑となった町です。

この一帯は、興福寺領の今井庄でしたが、天文年間（一五三二〜五五）、一向宗が本願寺の道場（現・称念寺）を開いたのが今井町の始まりです。門徒たちが、寺院の特権・不輸不入（ふゆふにゅう）を頼り集って来ました。やがて、商人や牢人も呼び寄せ、外敵からの防御も堅固にします。このように自衛武装化した町を「寺内町（じないまち）」といい、いわば宗教的な運命共同体です。山科（京都）、久宝寺（大阪）、鷺森（和歌山）、金森（滋賀）、吉崎（福井）、尾山（石川）、城端（富山）などがありました。特に、今井町（奈良）、富田林（大阪）、一身田（いしんでん）（三重）は、今でもその面影を強く留めています。

本願寺は、織田信長と対立し、元亀元年（一五七〇）、石山合戦が始まります。一向門徒の今井衆も、周りを濠と土居で固め町割りも強化し戦いに備えます。天正三年（一五七五）、明智光秀や筒井

新町の小路。今井の町は、称念寺を核とした寺内町（城塞都市）として産声をあげ、初めの４町から、東側に新町と今町が造成され６町となる。東西に４本の筋と南北に９本の小路で構成された碁盤目状の町である。この同質的な街の中に入ると、微妙な曲がりや喰い違いまたＴ字路などで遠見遮断されており、迷路箱の中に入り込んだような錯覚に陥る。

新町の中尊坊通り。高木家（大東の四条屋／醸造）と河合家（上品寺屋／酒造）が並び、いずれも国の重要文化財。今井町そのものが近世の博物館である。

順慶の軍勢に包囲されます。このとき、堺の豪商・津田宗久らの斡旋により「万事大坂同前」の扱いとなり、事なきを得ました。信長は、川井正冬（後の今西氏）に褒美の太刀を与え「やつむね」と唱えて、あとにしたと伝わります。「八ツ棟」とは、重ね棟を掲げた立派な家のことをいいます。

自治権を得た今井郷は本願寺とは一線を画し、交通の便を活かしながら商いの町として仕切り直します。米、木材、肥料、木綿、酒、金物、油などを幅広く商い、堺とも連携し南大和きっての在郷町へと成長します。「大和の金は今井に七分」とまでいわれました。寛永十一年（一六三四）には「今井札」の発行を許され、両替商さらに大名貸しを行う者まで現れます。元禄の頃、絶頂期を迎え「今井千軒」といわれるほど繁栄を極めます。惣年寄制による自治商業都市を堅持し明治を迎えました。

今井の町は、おおよそ東西六〇〇m・南北三五〇mに広がります。この整形な長方形は、古代の条理制を下敷としています。外周の濠と土居は、信長との講和条件で取り壊されましたが、濠の名残りが南と西側に残ります。この濠は二重ないし三重であったといわれます。その頃、仁徳天皇陵（堺市）の三重濠、中家住宅（安堵町）の二重濠など、複重の濠は珍しくなかったのかも知れません。町の門は九つあり、主要な門には門番が置かれました。町内に宿（やど）はなく、他所者は一泊限りといった町掟までありました。城塞時代の習わしが残っていたのでしょう。

称念寺・太鼓楼。今井兵部旧宅で今井町発祥の地。

西口門を守っていた今西家。大棟・入母屋破風に段違い・小棟破風のつく八ツ棟造り。城郭建築に近い。手前の水面はかつての環濠の一部。

町割りは、初め東西南北の四町でしたが、後に東側に今町と新町が拡げられ六町となります。東西方向に御堂筋、本町筋、中町筋などが通され、南北に小路が交叉。御堂筋の称念寺・太鼓楼は、この町が寺内町であったことを物語っています。

民家は、近世後期から近代初めのものが大半で、切妻・平入りが基調となっています。町筋には本二階や逗子二階の立派な町屋が軒を並べ、小路には長屋も見られます。屋根は本瓦葺、壁は白漆喰の塗籠造り、一階には太い奈良格子の連子が並びます。また、今西家をはじめ八軒もの民家が、国の重要文化財に指定されています。これほど重厚な家々が、集団的に残っているところは他にありません。「今西家」は、惣年寄りの筆頭を務めた家で、西口門を固める重要な役目を担い、その名前には今井の西口を守る強い意志が籠められています。その佇まいはまるで城郭建築です。棟札に慶安三年（一六五〇）とあり、栗山家（五條市／慶長十二年築〔一六〇七〕）などと並ぶ日本屈指の古民家です。今井町の建物には、総じて均質感がありますが、この等質性は、寺内町という運命共同体の遺伝子からきているのでしょうか。

昭和四五年頃、この町を訪ねた時、町の中へ入りづらかった記憶があります。少し荒れた家並の中に鎮止然たる気配が漂い、他所者感を強く意識させられました。今では、すっかり観光地化され、あの時の張り詰めた空気はもうありません。

# 飛鳥（あすか）

## —日本の原点

奈良県明日村飛鳥

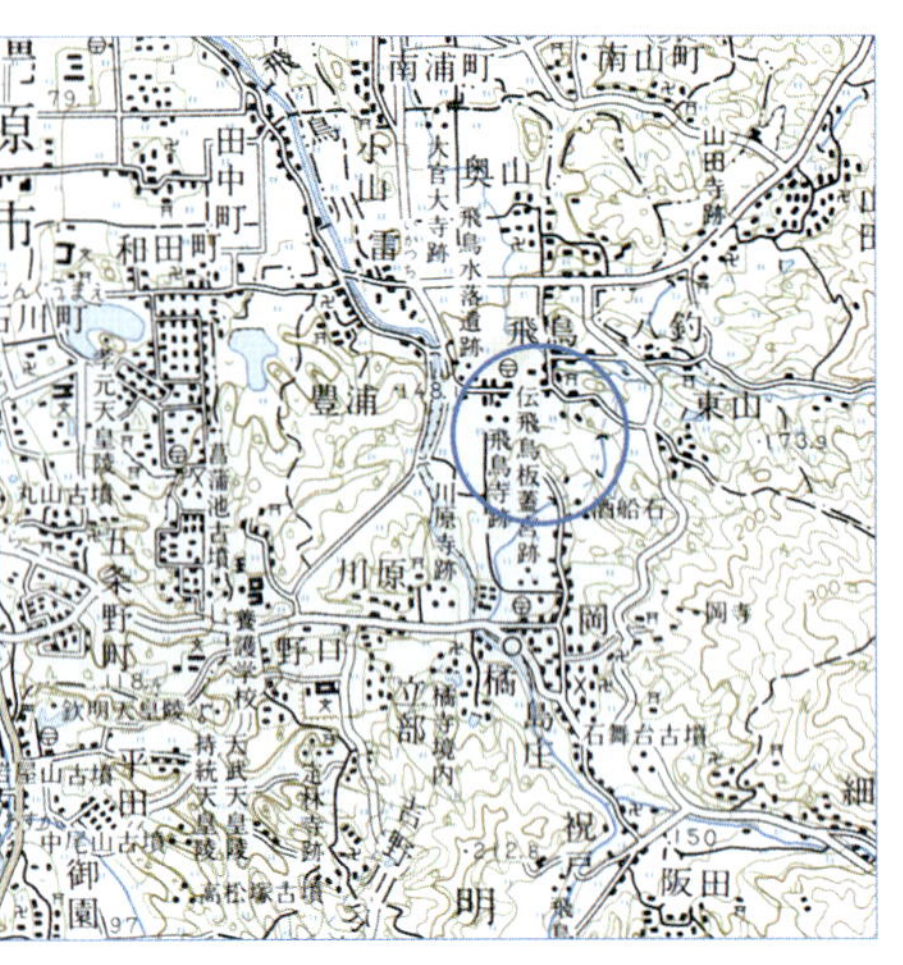


（一辺３km）

大和政権の発祥地は「纏向（まきむく）」といわれますが、揺籃の地は「飛鳥（あすか）」です。「甘樫丘（あまかしのおか）」（標高一四八m）に上れば、近く大和三山、眼下に飛鳥寺、飛鳥坐（あすかのいわす）神社、飛鳥板蓋宮跡、北に藤原京跡、東に多武峰（とうのみね）、遠く二上山、生駒山も望まれます。古代の風景が一望でき、思わず万感の想いに襲われます。

甘樫丘は、允恭（いんぎょう）天皇の時代（五世紀中頃）、姓（かばね）の乱れを正すために、熱湯に手を入れて真偽を判断する「盟神探湯（くがたち）」が行われた所と伝わります。北麓に、女帝・推古天皇が即位した豊原宮（とゆらのみや）、東麓には、有力豪族の蘇我蝦夷・入鹿父子の邸宅がありました。この丘は、飛鳥の地を一望できる象徴的な場所であり、蘇我氏の本拠地でした。

飛鳥寺は、日本最古の寺院で、蘇我馬子の発願で、推古十七年（六〇九）の完成とされています。元興寺（法興寺）ともいい、平城遷都に伴い奈良の元興寺へ移ります。伽藍配置は、高句麗系の「一塔三金堂」の壮大なものでした。その後、本元興寺と称していましたが、鎌倉時代以降衰退します。江戸時代、金堂跡に「安居院（あんごいん）」が建てられ現在に至ります。西の「槻（つき）の樹（き）の広場」は、外国使節の饗宴や国家的な儀礼を行うイベント空間でした。南方には、板蓋宮、川原宮、岡本宮、浄御原宮などの「飛鳥京」が営まれ、この一帯は飛鳥京の象徴的な所でした。

甘樫丘から見た飛鳥集落。正面の鎮守の杜には、謎めいた飛鳥坐神社が鎮座する。古代、参道の右一帯（南側）に飛鳥寺が広がり、その南方に、いくつかの飛鳥京が100年余りにわたって営まれた。この辺りの里は、緩やかな丘に平地が複雑に入り込み合う地形をしており、集落が自然に溶け込むように佇む。穏やかな集落風景が水平なうねりを基調として広がり、日本の原風景の源流といえよう。

飛鳥集落の中を通る参道。大和棟造りの民家は鋼板葺に葺替え。後方は甘樫の丘。

甘樫丘から北西の和田池（溜め池）を見る。飛鳥の風景はどこまでも自然である。

とりわけ、飛鳥板蓋宮は「乙巳の変」の舞台として有名で、皇極天皇四年（六四五）、中大兄皇子と中臣鎌足らが、時の実力者・蘇我入鹿を三韓の調の儀式に誘い出し殺害。父の蝦夷も追い込まれ自害し、蘇我宗家が滅ぼされた政変です。中大兄皇子は、このクーデターの立役者で、後に天智天皇となり、鎌足も、貴族・藤原氏の地位を不動なものとします。

このため、蘇我氏は、長い間、悪者扱いされてきましたが、近年の研究では、海外情勢に明るく開明家で、渡来人を束ねる傑出した政治家であったと見直されています。その先進性が、豪族たちの妬みや反感を買っていたのか知れません。

飛鳥の集落は、飛鳥坐神社の門前町で東西三〇〇mほどの小さな路村です。東端に飛鳥坐神社が鎮座し、南には飛鳥寺があります。また、近くに入鹿の首塚もあります。飛鳥の里は遷都後すっかり寂れ、江戸時代には高取藩領となります。ただ、神社の祭日には、市が参道に立ち賑わったようです。通りには、切妻・平入・厨子二階の主屋と袖蔵が礼儀正しく並びます。一階は太い奈良格子を連ね、駒繋ぎの環をつける家もあり、人や物の往来が盛んだったことを窺がわせます。大和棟造りの旧酒屋が一軒残りますが、茅葺はトタンに葺替えられています。総じて、農村の豊かな町場という印象です。近くの「八釣」にも、大きな大和棟造りの民家が、なだらかな里山に包まれ凛として佇みます。

さて、東の鳥形山に「飛鳥坐神社」という謎めいた神社が鎮座しています。祭神の一人は出雲・大国主神の第一子・八重事代主神で、また、天照大神が伊勢に祀られる前に一時祀られた倭笠縫邑ともいわれ、「元伊勢」の名も残ります。「日本紀略」には、天長六年（八二九）、甘奈備山より遷座されたとしています。神主家は、崇神天皇から「大神臣飛鳥直」の氏姓を賜り、飛鳥姓を八十七代にわたり名乗り続け現在に至ります。氏子がいない特異な社でもあります。また、天下の奇祭「おんだ祭」で知られます。五穀豊穣と子孫繁栄を祈願して、田植神事と婚礼や夫婦和合の営み（種付け）のしぐさを、コミカルに演じる儀式が行われます。深秘な森に包まれた境内には、いたるところに土俗信仰の陰陽石が祀られています。

八釣集落。里山の懐に茅葺・高塀の大和棟造りの民家が凛と建つ。大和の風景である。

甘樫丘から、飛鳥集落の家並を見下ろすと、飛鳥坐神社に向かって参道が一直線に延び、それに沿う甍と白壁の重り合う姿に見惚れてしまいます。もう、そこには古代の喧騒は聞こえてきません。

飛鳥の里は、緩やかな丘陵に平地が小気味よく溶け込み、そこを飛鳥川が楚々と流れていきます。その和やかな懐に集落が見え隠れし、何とも暮らしやすそうな所です。古代に栄えた吉備国（岡山県総社市の国分寺辺り）の風景ともよく似ています。古代の人たちが好んだ風土には、共通するところがあるように思えます。日本の原風景の揺籃の地は、この飛鳥の里にありそうな気がしてきます。

# 大宇陀（おおうだ）

## ――大和の勝手口

奈良県宇陀市大宇陀上中

（一辺３km）

大宇陀の町は、奈良盆地の南東に広がる準高原帯にあります。古くは「阿騎野」と呼ばれ、宮廷の狩場や薬草の産地でした。

この辺りは、大和朝廷の黎明期を彩る逸話の多いところです。古事記には、「東征してきた神武天皇が、生駒山を越えて大和に入ろうとすると、長髄彦の強い反撃に遭い、南に回って熊野から八咫烏の導きで、吉野を経て佐倉峠から宇陀に入り、大和を制した」と記されています。この八咫烏は、日本サッカー協会のシンボルマークに使われ、ボールを首尾よくゴールに導いてくれるという願いが籠められています。

大宇陀は、戦国期、宇陀三人衆の一人・秋山氏が築いた秋山城に始まります。江戸時代に入ると、元和元年（一六一五）、織田信長の次男・信雄が五万石で宇陀松山藩を立藩します。宇陀川を外堀とした町割りが骨格となっています。しかし、元禄七年（一六九四）、御家騒動（宇陀崩れ）で国替え。以後、天領として明治を迎えました。

伊勢本街道が南北に通り、交通の便に恵まれていたことから、在郷町として繁盛し、宇陀千軒とも呼ばれました。明治時代に入っても、郡役所や裁判所が置かれ、地域の政治や経済の中心となります。戦後は交通ルートから外れ、近世の街並みがそのまま残ることになりました。

長隆寺（日蓮宗）への参道。法事でもあったのだろうか、尼さんら三人が帰ってくる。大宇陀は分限者の町なのに、屋根瓦は軽快な桟瓦葺きである。豪商の今井町や富田林は、重厚な本瓦葺きが基調である。大宇陀の町は、どこか超然とした不思議な魅力を持つ。

唐破風の庵看板（天寿丸）／旧細川家。

軒看板（元祖吉野葛）／森野家。

近世から、大宇陀の町は、薬草、吉野葛、和紙で知られていました。特に、薬種問屋は十数軒もあり、その代表が「森野家」でした。下市で葛粉をつくっていましたが、江戸の初め、良い水と寒冷な気候の宇陀の地に移り住みます。享保の頃に、幕府の命で各地から薬草を集めて薬草園を拓き、約二五〇種を栽培してきました。また、「細川家住宅」（現・薬の館）は、藤沢薬品工業（現・アステラス製薬）ゆかりの家です。「黒川本家」も、吉野葛を求めて京都からやって来た老舗です。

伝統的な街並は、南北に約一㎞にわたり続きます。北寄りには、松山城の大手門だった「西口関門」（黒門）と枡形が残ります。町屋は、切妻平入り・塗籠造りで桟瓦葺きです。豊かな富を蓄えた町なのに、本瓦葺でないのは珍しい感じもします。各家の間口は、間口税がなかったことから広く取られ、黒川本家のような一〇間を超える豪商の家がいくつもあります。軒の低い逗子二階建ては江戸時代、高い本二階建ては明治以降のものです。虫籠窓（むしこまど）にはさまざまな形が見られ退屈しません。表構えは、今では格子となっていますが、昔は摺り上げ戸で、柱に戸溝跡も残ります。

表通りを歩くと、さまざまな商看板や杉玉などの飾り道具（street furniture）が掲げられ、往時の賑わいを追体験できます。細川家住宅には、腹薬・天寿丸の豪華な庵看板が掲げられます。こんな立派な唐破風看板を見ると、薬の効き目も百倍ありそうでつい買ってみたくなります。軒行灯（のきあんどん）も星霜を刻み風情を醸しています。吉野葛の森野家

深い軒下に優雅な犬矢来を設える。

杉玉を仲良く並べる。久保本家酒造。

軒行灯と虫籠窓。ガラス模様が粋／旧細川家。

や黒川本家には、由緒正しい袖看板が吊るされています。久保本家酒造では、小ぶりな杉玉を風鈴のように並べています。ほかに、奈良漬の「いせ弥」の樽看板、銘菓・きみごろもの「松月堂」の庵看板、さらに、いろいろと趣向を凝らした平看板など興味尽きません。この自由奔放な通りの演出は、天領の自由さからきているのでしょうか。

表通りの水路には、清冽な水が心地よい音をたてて流れ、音の町といってもいいかも知れません。かつての水路は、通りの真ん中を流れ「前川」と呼ばれていました。今では、自動車を通すため両側に移されています。通り沿いの犬矢来は、勾配がかなり緩やかです。前川を両端に付け替えた際、どの家も軒が深く犬走の幅も広かったのでしょうか。

大宇陀の町を歩くと、谷崎潤一郎の「陰翳礼讃（いんえいらいさん）」の世界が想起されます。古色然とした家々が黙して礼儀正しく並び、黒漆喰を纏う家さえあります。曇り日には、その暗澹さが一層強調されます。そのほの暗い家の中には、生活の伝統美が宿るのではと、好奇心が高まります。昭和四年、谷崎は、小説「吉野葛」の取材のため黒川本家に逗留。昭和八年から、雑誌「経済往来」に「陰翳礼讃」を発表します。彼の美意識が生まれた源流を、この町にみるような気がします。

「宇陀（ウダ）」という響きには、どこか謎めくものを感じます。幾重もの歴史の中に、微かに南朝の匂いも漂います。ここは、とりとめない空想を駆り立ててくれる魅惑的な土地柄です。

# 五條（ごじょう）

## ——夢破れた十字路

奈良県五條市五條一丁目

（一辺３km）

五條の町は、吉野川の河岸段丘にあります。この大河は、中央構造線に沿って西に流れ、和歌山県に入ると「紀の川」と名前を変えます。五条の地は、古くから往還の要で、西へ行けば和歌山へ、東は吉野を経て伊勢へ、北へひと山を越えれば奈良や大坂、南は熊野への道が通じていました。吉野川の水運にも恵まれ、水陸交通の要衝でした。

「五條」と聞くと、天誅組の乱や島原の乱のこと、また南朝のことが心を過ぎり、空しい想いに襲われます。

文久三年（一八六三）、尊王攘夷の最中、天誅組は、孝明天皇を大和の神武天皇陵と春日大社を参拝させ攘夷を祈願し、倒幕の兵を挙げる目論見でした。急進派の公卿・中山忠光や土佐脱藩浪士・吉村寅太郎らは、天皇の行幸（ぎょうこう）に先廻りして五條代官所を襲撃。「五條御政府」を首尾よく旗揚げします。八月十七日夕刻のことでした。ところが、その翌日、京で「八月十八日の政変」が起き、大和行幸は中止。天誅組の面々は忽ち大儀名分を失い一転して逆賊。忠光は、やっとのことで長州に逃れますが、「禁門の変」の後、藩の実権を握った恭順派に暗殺されます。享年二〇才。一方、寅太郎は吉野の山中を逃げさ迷った挙句射殺されます。享年二七才。熱血の若者たちは、わずか一日の違いで、悲運の死を遂げました。

もう一つは、「島原の乱」の松倉重政・勝家父子。慶長十三年（一

鉄屋橋たもとの旧「餅商一ツ橋」。大正初め創業の餅屋で、残念ながら2018年11月に閉店。素朴な焼き餅、白餅、よもぎ餅、揚げ饅頭などが人気で、昼過ぎには売り切れたという。かつて、伊勢神宮への街道は“餅街道”とも呼ばれ、各地に名物の餅屋があって伊勢参りの楽しみでもあった。また一つ、日本の原風景が消えようとしている。

栗山家。日本で最も古い町屋建築。

新町通りの紀州街道。狭い往還に近世から近代の町屋建築が静かに連なる。

六〇八)、重政は、関ヶ原の功で五條・二見城に入ります。二見城と五條の間に新しく「新町村」を取り立て、諸役を免除し商人を呼び寄せ、城下を大いに繁盛させます。今でも、地元では町興しの名君とされています。さらに大坂の陣でも武勲を上げて、外様大名監視とキリシタン対策の任務を背負って島原四・三万石へ栄転。幕府の期待に応えるべく、分不相応な島原城や城下町の普請に精を出し、領民に重税と賦役を強要。同時にキリシタン弾圧も強行します。これらの圧政が島原の乱の原因となりました。重政は変死しますが、子の勝家は一揆勃発の責めにより斬首刑となりました。大名の斬首刑は江戸時代を通じ唯一人です。重政の極端に相反する評価は、能吏ゆえの両刃の剣とはいえ悲しいことです。

二見城は、重政の転封後に廃城となりますが、五條の地は天領となって、交通の便を活かし物資の集散地として発展します。寛政七年(一七九五)、五條代官所が置かれ、南大和の政治・経済の重要地となりました。

伝統的な街並は、旧紀州街道の五條と新町に見られ、特に、五條界隈は、古い町屋が集団的に残ります。

「栗山家住宅」は、慶長十二年(一六〇七)の棟札があり、建築年代の判明する町屋(重文)として最も古いものです。煙出しのある大屋根は、寺院や城郭のように反りのある本瓦葺きです。南の「栗山家住宅」(本家)は、元禄九年(一六九六)築の建物です。両方とも、元禄十六年(一七〇三)の大火を乗り越えたものです。一

五新線の高架橋跡。ここにも夢の跡。

南朝・行宮跡の堀家。吉村寅太郎揮毫の「皇居」の扁額が掲げられ、ここも夢の跡。

方、大火の翌年築の東向いの「中家住宅」（庄屋）は、二階の窓まで塗り潰して壁にしてしまうほどの徹底ぶりです。

新町通りを行くと、宝永七年（一七一〇）創業の造り酒屋の「山本本家」が広大な敷地を構えます。西川に架かる鉄屋橋の袂には「餅商一ツ橋」がありました。さらに西へ向かうと、二階建てウダツを揚げる黒漆喰の店蔵など、古い町屋が点々と残ります。その途中、幻の「五新線」の高架橋跡があります。大正期に構想された五條と新宮を結ぶ鉄道路線で、昭和十四年に着工しますが、太平洋戦争による資材不足で一時中断。戦後、再開を模索しますが、昭和五七年に中止となりました。

ところで、ここから南へ七kmほどの所に「賀名生」という南朝の行宮跡があります。もと「穴生」（阿那宇）といっていましたが、吉野から移ってきた後村上天皇が、南朝による統一を願って「叶名生」と改め、さらに「賀名生」に改めたと伝わります。「堀家」（重文）の門には、天誅組の吉村寅太郎が書いた「皇居」の扁額が掲げられています。どうやら、この五條の辺りは、尊王志士たちの心の揺り籠であったようです。

五條の地は、幾つかの街道が交錯する渦のような土地柄で、多くの人々が行き交い、さまざまな歴史的事象が積み重なっています。数々の夢の跡が刻まれ、日本史の小さな坩堝のようでもあります。吉野川の流れは、騒々しかった出来事を洗い流し穏やかそのものです。

# 湯浅（ゆあさ）

## ——醤油発祥の地

和歌山県湯浅町湯浅

（一辺３km）

湯浅は、醤油の発祥地といわれます。町を歩くと、もろみや醤油の香りが、何処からともなくほのかに漂ってきます。この地は、平安時代から海上の要地で、湯浅党の本拠地でした。熊野古道の宿駅としても賑わい、近世から近代にかけて醤油の産地として栄えました。また、みかんの産地としても知られ、紀伊国屋文左衛門の出身地でもあります。

醤油は、日本料理には欠かせない調味料です。特に濃口醤油の存在なくして、握り寿司、蕎麦、蒲焼、天ぷら料理は生まれなかったかも知れません。醤油は、日本で生まれた世界の調味料です。十八世紀初め、ヨーロッパへ持ち帰られた醤油は、美食家のルイ十四世の舌にも留まりました。

醤油の起源には、諸説あるようですが、中国の「醤（ひしお）」とされています。大豆や小麦などの穀物に麹と塩を加えて熟成し発酵させた穀醤を絞ったものです。

湯浅の醤油は、鎌倉時代、覚心（かくしん）という禅僧が中国から持ち返った「金山寺味噌（きんざんじみそ）」（径山寺味噌）から、偶然生まれたとされています。もともと、金山寺味噌は夏野菜の保存方法で、瓜・なす・胡瓜などの野菜を、大豆・麦・米の麹と塩を加え混ぜ、三ヶ月ほど漬け込んだものです。精進料理の一つともいえる嘗（な）め味噌で、おかずや酒の肴として食べます。ところが、この漬け込みの際に出てくる汁（溜

大仙堀。湯浅の醤油はここから上方や江戸へ積み出された。この船溜り堀は、湯浅湾に注ぐ山田川河口にある内港で"しょうゆ堀"とも呼ばれ、「角長・醤油発祥地」の看板が誇らし気に掛けられる。大正４年、有田鉄道の海岸駅がこの付近につくられ、有田川流域のみかんや木材も積み出された。鉄道は、戦時中に休止され昭和34年に廃線となり、線路跡は堤防道路（右側）となっている。

北町通りの街並。江戸時代の切妻平入り厨子二階建てに明治や大正の本二階建ての建物が入り混じる街並。

「角長」の店構え。重厚な本瓦葺きに低い厨子二階・虫籠窓は、江戸後期の商家に見られる典型的な店構えである。

り）があまりにもおいしく、これに改良を重ねてできたものが、醤油の源流とされています。

当初、少し南の由良・興国寺辺りで造られていました。やがて山田川の良水が得られる湯浅で盛んに造られるようになります。十六世紀には、漁船に野菜や魚といっしょに積み込んで、大坂の雑魚市場へ売り出し、そこで、湯浅の醤油は評判となります。

江戸時代に入ると、湯浅の醤油は紀州の特産品として、紀伊藩から厚い保護と統制を受けるようになります。「御仕入醤油」と称され、醤油を運ぶ船は、㋖の旗を掲げて御用船と同様の特権が与えられていました。いきおい、湯浅の町には、醤油屋や味噌屋が軒を並べるようになります。江戸後期の文化年間には、九十二軒もの醤油屋があったといわれます。

江戸時代になると、湯浅の人たちは関東にも出かけて溜まり醤油の生産を始めます。例えば、銚子のヤマサ醤油の起源は、濱口儀兵衛（湯浅村の南隣り・広村出身）が、正保二年（一六四五）、銚子で醤油醸造を始めたものです。房総半島には、勝浦や白浜と紀州と同じ地名が多く見られ、紀州の人々が黒潮に乗り渡ってきたことを物語っています。また、小豆島の醤油も、湯浅に起点があるようです。大坂城築城の際、来島してきた採石部隊が持っていた調味料

（醤油）の美味しさに島民が注目。湯浅へ出向いて技法を持ち帰り、島の基幹産業となったと伝わります。湯浅の醤油はすっかり伝説化していますが、醤油の原点がここにあったことに間違いなさそうです。

町の骨組みは、北町通りに対して、濱町、中町、鍛冶町の三つの通りがT字形に交わります。少し東寄りには、道町（熊野古道）が南北に抜けています。これらの通りに細い小路が交わり、伝統的な街並が密に広がります。建物は、本瓦葺、厨子二階に虫籠窓、出格子に幕板と、近世から近代の建築意匠が存分に盛り込まれています。特に、重厚な本瓦葺と低い厨子二階は、商人の見栄と低姿勢が同居する象徴です。北町通りには、老舗の醤油関連の商家が軒を並べています。

民家の軒下に「せいろミュージアム」。蒸籠箱や樽を模し、古道具や詩歌などを思い思いに展示、来訪者を楽しませ歓迎する。

「角長」は、天保十二年（一八四一）創業の老舗醤油屋で、伝統の湯浅醤油を造り続けています。裏手の山田川河口には、醤油を積み出した大仙堀と呼ばれる船溜りが今に残ります。「太田家」（明治三十七年築）は戦前まで醤油、戦後は金山寺味噌を醸造。「加納家」（大正十年築）は黒漆喰の二階建。「戸津井家」（昭和十一年築）は文化年間からの醤油屋。麹屋看板の「津浦家」（明治初期築）。「岡正」は造り酒屋でした。そのほか、「竹林家」、「栖原家」、「白子家」、「甚風呂」、「旧赤桐家」などと古い建物が町に散在しています。

現在、醤油の生産地は、千葉県の野田や銚子、兵庫県の龍野、香川県の小豆島がよく知られますが、湯浅の知名度はあまり高くありません。しかし、湯浅では、醤油の発祥地であったことを誇りにして、町づくりを進めています。その姿に敬服を表したいと思います。

# 若桜（わかさ）

## ――土蔵を防火壁

鳥取県若桜町若桜

（一辺３km）

「若桜」と書き「わかさ」と読みます。何とも爽やかな佳字と響きある地名でしょう。姫路から鳥取へ向かう因幡街道（若桜街道／伊勢道）が通る町で、八東川（はっとうがわ）沿いに開けた明るい谷の最奥にあります。東に、氷ノ山（標高一五一〇m）を控える豪雪地でもあります。

この谷には、鉄道ファン憧れの若桜鉄道が走ります。終着の若桜駅にはSLの給水塔や転車台が残り、近くの安部駅は寅さんのロケ地や、隼駅はライダーの聖地として話題に事欠きません。近代日本の懐かしい原風景がのどかに広がります。

若桜は、不動院岩屋堂（日本三大投入堂／重文）があるなど、古くから拓かれたところです。中世には若桜鬼ヶ城の城下、江戸時代には在郷町また宿場町として栄えました。

関が原の後、摂津三田より山崎家盛が入り、城下町が整えられました。その後、鳥取藩・池田家の所領となり、やがて一国一城令により鬼ヶ城は廃城となります。しかし、若桜街道（播磨街道）や、但馬や美作への往来の便に恵まれ、物資の集散する在郷町として賑わいます。

ところが、明治時代に度重なる大火に見舞われ、町は焼き尽くされます。特に、明治十八年の大火では、三七〇戸のうち三五〇戸が焼けたといわれるほどの惨事でした。この時、若桜宿の人々は、直ちに「八東郡若桜宿　宿内議決書」という復興計画をつくり、火事

「蔵通り」。この裏通りには、土蔵が並べられ防火壁となっている。どの土蔵もほぼ同じ大きさと形で、置き屋根でなく塗籠めである。腰壁は豪雪地帯のため黒い焼杉板を張る。各敷地には2棟の蔵が並んで建てられ、その間に裏勝手口が設けられ、それぞれ個性付けされている。赤い桟瓦葺が狭い裏通りの陰気さを払拭する。

表通りのカリヤ（仮屋）とカワ（水路）。

表通り（カリヤ通り）の街並。奥の家にはカリヤが残るが、手前の家では出格子に改築。

に強い街づくりに一丸となって取り組みます。

その内容は、第一条の藁葺き屋根の禁止から始まり、災害避難路や防火水路の整備、通行妨害になるものの厳禁など、十一条からなっています。例えば、第五、六条では、表通りの建物を約三m後退させて、幅一・二mの仮屋（カリヤ）と幅六〇㎝の水路を設けること。また、一〇条では、裏通りには人家の建設を禁じて土蔵に限定することを定めています。この議決書は、日本で初めての住民による都市計画ともいわれ、内容的には、ドイツの厳しいB（ベイ）プラン（地区詳細計画）に近いものです。

議決書の中身は、すでに江戸時代からあった豪雪や防火への対策を、改めて厳しく盛り込んだものです。現在の町は、明治時代の大火の後に再開発されたもので、古くて新しい町といえます。

まず、表通りには、軒庇（下屋）を道路側に張り出し、「仮屋」という通路が設けられました。ここは私有地ですが、通行の邪魔になるような物は置いてはならないことになっていました。なお、他人の家の庇を借りて通るので「カリヤ」と呼ばれるようになりました。かつては七〇〇mほども繋がり、「若桜よいとこ雨の日もカリヤづたい傘いらず」と唄われました。しかし、今ではカリヤの無い家も増えて途切れ途切れになっています。この仮屋は、豪雪地の北陸（高田）の「雁木（ガンギ）」や東北（黒石）の「小店（コミセ）」と共通するものです。

つぎに、防火対策として用水路の整備にも力が注がれました。こ

若桜駅は昭和５年開駅の木造駅舎。構内にはSL、給水塔、転車台などが残る。

蔵通りの土蔵と土蔵の門の裏門。裏口も個性的に。

れは流雪用の水路でもありました。八東川から取水した「カワ」（水路）が、表通りや敷地裏に流され、家の前には「イトバ」（水汲み場）や「ホリ」（貯水槽）が設けられ、生活用水としても使われました。表のカワの水を家の通り土間へ取り込み、裏のカワに排水する家もありました。水の流れる音が清々しさをよんでいます。

さらに、裏通りには、土蔵を並べて防火壁とするため、議決書で土蔵以外の建物を禁じました。蔵の街・喜多方や川越でも、大火後に土蔵が建てられましたが、それらは個々別々にバラバラに建てられています。このように、土蔵が、計画的に群として集団的に建てられている例は極めて珍しく、この若桜だけと思われます。なお、昭和五十七年、東京の墨田区で関東大震災を教訓に、十三階建ての都営住宅を連続させて長大な防火壁とした事例があります。

表通りの主屋は二階建ての切妻平入。赤い桟瓦葺きが多く見られます。間取りは、表通りのカリヤから、通り土間に沿ってミセ・ナカノマ・オクノマが並び、さらに角屋（つのや）（便所・風呂）と中庭があります。その奥に土蔵二棟が並び、その間を通って裏口へと繋がります。この土蔵が、裏通りに一列に連なって並んでおり、「防火壁」の役割を担っています。

若桜の町は、山深いところですが、明るく穏やかな谷にあります。古代の人たちが早くから住み着いたことがよく判ります。町を愛した人たちの議決書に感銘します。

# 大森銀山（おおもりぎんざん）

## ——銀の争奪戦

島根県大田市大森町

（一辺3km）

大森の町を歩くと、寺院や神社が驚くほどたくさんあります。羅漢寺には五百羅漢が納められ、観世音寺は岩盤の上に建ちます。この多さは、銀山繁栄の陰で過酷な労働や事故で早死する者が多かった証しなのでしょうか。

石見（いわみ）銀山の歴史は鎌倉時代まで遡ります。その頃は、鉱脈が地表まで出て露天堀だったようです。仙ノ山（せんのやま）の石銀（いしがね）遺跡から、諸国の陶磁器が見つかっていることをみると周知の銀山でした。

この銀山が脚光を浴びるのは、大永六年（一五二六）、博多の豪商・神屋寿禎（かみやじゅてい）によって本格的な採掘が始められてからです。周防の大内氏の下で、鷺浦の銅山師・三島清右衛門の協力を得て、「間歩（まぶ）」（坑道）が掘られてゆきます。また、天文二年（一五三三）、新しい灰吹法（はいふきほう）という精錬技術が導入され、銀の生産が効率的にできるようになりました。

折りから、世界は大航海時代。ヨーロッパの国は、東方貿易の拡大にたいへん熱心でした。インドや東南アジアの胡椒や香辛料を持ち帰り、莫大な利益を上げていました。当時、中国が銀本位制であったことから、「銀」こそが貿易の生命線でした。

スペインは、ラテンアメリカや南アメリカに銀を求め、ポトス銀山などの開発に力を入れます。一方、ポルトガルは、日本へ中国の生糸・絹織物や陶磁器を売りつけ、日本の銀を手に入れました。かつ

羅漢寺の石窟には500体の五百羅漢が納められる。泣く者や笑う者などさまざまな姿態や表情を見せる。福光村の石工・坪内平七一門の作。大森に、勝源寺、西性寺、観世音寺、栄泉寺、極楽寺、清水寺などと寺が多いのは、鉱山で早世した者への供養の表われである。

狭い谷筋に赤い石州瓦の家並が密集しながら長く延びる。

観世音寺。岩山に建つ赤い山門が印象的。

て、日本の銀は、世界の産出量の三分の一ともいわれ、彼らの最大の関心事でした。種子島への鉄砲伝来も、この銀が引き寄せたのかも知れません。そのあと、宣教師が怒涛のように押し寄せて来たのも銀が狙いでした。石見銀山は、「SOMA（ソーマ）銀」の名でヨーロッパ中に知られるようになります。近年、石見銀山の世界遺産への選定が、思いのほかスムーズに進んだのも、欧州人の歴史標準に適っていたからなのでしょう。

折しも戦国時代。戦国大名にとって、新兵器の鉄砲と硝石（火薬の原料）の入手は、喫緊の課題でした。鉄砲はモノマネして造れても、日本に産出しない硝石は、喉から手が出るほど欲しかったはずです。その輸入には銀の確保が必要で、周防の大内氏、出雲の尼子氏、安芸の毛利氏らが、この石見銀山の激しい争奪戦を繰り広げます。ついに永禄五年（一五六二）、毛利元就は尼子氏から石見銀山を奪い、西国八ヵ国の戦国大名へと成り上がっていきます。

豊臣秀吉も石見銀山を求め、毛利氏との共同経営という形を採ります。しかし、徳川家康は、関ヶ原に勝利するや、直ちに毛利輝元から石見銀山を取り上げ天領としました。誰より銀の意味を強く意識していたからに他なりません。銀山奉行という新組織をつくり、大久保長安に大々的な採掘をさせます。生産は一気に軌道にのり、早くも十七世紀初頭にピークを迎えます。「銀山旧記」には、大森の人口は二

琺瑯看板が多く残る昭和の景色。

竹下錻力店。面白いものが所狭しと並ぶ。

駒ノ足付近の町屋。玄関脇に縁台がある。

十万人とありますが、かなり誇張のようで、定かではありません。長安は、多大な成果をあげ伊豆や佐渡の金山も手がけ一世を風靡します。

大森の町には、鉱山町と陣屋町の二つの顔があり、鉱山関係者はもとより、武士、商人、職人、百姓など様々な人々が集まって来ました。

銀山が急速に膨張する中で、谷間の狭い土地では、膨れ上がる人口を受け入れる余裕がありません。二代目奉行・竹村丹後守は、代官所を山内から宮ノ前に移します。この時、計画的な町割をするにも、物理的にも時間的にも余裕がありませんでした。狭い谷間の一本道に、代官所・武家屋敷から、商家・寺院・神社・郷宿・旅籠・町人屋、また茶屋・遊女屋・芝居小屋までが、入り乱れ建ち並ぶことになりました。暮らしに必要なものが無秩序に犇めき合って、五目飯（ごもくめし）のような町になりました。通常の陣屋町のように、武家地・町人地・寺町と地区純化させ整然とした町づくりはできませんでした。しかし、この混沌こそが大森の魅力でもあります。中ほどにある「竹下錻力店（ぶりきてん）」は、つい足を止めたくなるような魅力的な店です。かつて坑道のカンテラを作っていたといい、店先にいろんな玩具や小道具が所狭ましと雑然と並べられています。まるで大森の町そのものの縮図のようです。

大森銀山は、江戸の中頃から勢いを失います。明治には「大森県」が置かれ、地方行政の中心となり、物資の集散する在郷町でした。しかし、大正十二年に銀山が休山となり、昭和十八年の水害で閉山します。銀とともに、激動の時代を生き抜いてきた町に乾杯したくなります。

# 温泉津（ゆのつ）

## ――温泉湧く湊町

島根県大田市温泉津町

（一辺３km）

「温泉津」は「ゆのつ」と読みます。何とも心温まる響きです。その昔、この辺りは「温泉郷（ゆのごう）」といって湯の湧く所をさし、船付（ふなつき）を温泉津、家郷（いえさと）を湯里（ゆさと）といっていました。温泉津の町は、湾の奥深くに熱い温泉が滾々（こんこん）と湧き出し、温泉の湧く湊として知られていました。同時に、銀山の積出港という顔も持っていました。十六世紀初め頃まで、銀山の積出は鞆ヶ浦でしたが、手狭になり温泉津の沖泊（おきどまり）に移されました。

戦国期、火薬原料（硝石）を輸入するために銀の需要が高まり、石見（いわみ）銀山の争奪戦が起こります。大内氏→石見小笠原氏→大内氏→尼子氏→毛利氏→尼子氏と、その帰属をめぐって争奪戦がありました。最終的に永禄五年（一五六二）、毛利元就が手中に入れます。

元就は、温泉津の港を山吹城攻略の兵站（へいたん）基地とし、湾入口の櫛山城と鵜丸城を強化し、毛利水軍の拠点にします。ここから出雲や伯耆へも侵攻し、ついに永禄九年、尼子氏の月山富田城（がっさんとだじょう）を落とします。こうして、元就は、石見の銀に加えて、諸国から温泉津に入港する船にも関銭を課すなど、財政的にも潤いました。

徳川家康は、関ヶ原に勝利すると、即刻、石見銀山と温泉津を手に入れ天領とします。西国大名の不測の動きを警戒し、銀の運搬は海路から陸路に変更ます。三次（みよし）を経て瀬戸内海の尾道港へ陸送し、船で大坂の「銀座」へ運びました。

温泉津は赤瓦の家並が卓越する。鮮やかな朱色や渋い赤銅色のモザイク模様に、ところどころに黒瓦や燻瓦にやや荒れた屋根も織り込まれる。谷あいの狭い通りをはさみ、温泉宿、商店、民家、寺社が、肩を寄せ合いながら、山陰地方らしい赤瓦の家並が広がる。

赤い石州瓦の向こうに温泉津の深い入江が見える。対岸の波路浦には近年まで造船所があった。

江戸時代には、湯泉津からの銀の積出はなくなりましたが、銀山の増産とともに、鉱山労働者の食料、衣料、生活物資、また採掘工具や薪炭など、銀山経営の補給港として重要性が高まります。また、西廻航路が発展してくると、北前船の寄港地としても賑わうようになります。

小さな谷あいに、廻船問屋、船宿、温泉宿、酒屋、遊女屋、土蔵などが犇めくように建ち並びました。船乗り、商人、職人、旅人、湯治客、鉱夫など、さまざまな人々が行き交い、ごった返す町となります。温泉津は、古くから風待湊で知られていましたが、北前船の船乗りたちに名湯のある湊として人気となり、全国にも知れわたります。もちろん、彼らには遊興の湊という期待もあったことでしょう。こうして、温泉津の町はいっそう繁盛します。

この賑わいを物語るのが、船を係留するもやい綱を繋いだ「鼻ぐり岩」です。今でも、沖泊の入江には数多く残り、かつて四百個も並んでいたといわれます。無数の鼻ぐり岩から、往時の船着場の喧騒が聞こえてきそうです。

温泉津の家並は、石州瓦と呼ばれる赤銅色の屋根瓦に代表されます。この赤瓦は、都野津陶土を成形して、来待釉をかけ高温で焼成します。冬の凍害で割れないように強くしたものです。海岸近くには、庄屋を勤めた西村家や、廻船問屋跡が残り、奥の谷あいに、温泉旅館、商店、民家が、狭い通りにびっしりと並んでいます。「長命館」や「ま

「震湯」（旧薬師湯／大正8年築）。

沖泊に無数に残る「鼻ぐり岩」（岩の係留柱）。

「石見丸物」（半斗）の並ぶ陶器店。

すや」の木造三階建て旅館、薬師湯、震湯、元湯の温泉など、和洋混然とした昭和の温泉街が展開されています。また、横の路地には、湊町特有の濃密な生活空間が潜み、湊町ならではの魅力があります。山際に西楽寺、恵珖寺、龍御前神社も建ちます。

北隣りにある沖泊地区は、銀の積出や北前船の停泊で賑わった船着場でした。しかし、今では、古色然とした恵比須神社がポツンと鎮座し、数軒の民家があるだけです。入江の両側には、櫛山城と鵜丸城の跡が屹立しています。また、岸辺には、鼻ぐり岩が黙祷（もくとう）でもしているように静かに並びます。

東寄りの丘陵では、十八世紀初め頃から「温泉津焼」が焼かれるようになります。この焼物は「半斗（はんど）」（石見丸物）と呼ばれた水甕で、飴色の来待（きまち）釉に黒色のタレ模様を流してあるのが特徴です。江戸時代には、温泉津の最大の積出品となり、北前船で津々浦々へ運ばれていきました。重量物の焼物を運ぶには海運が好都合です。そういえば、常滑（とこなめ）焼も港があったことが発展の鍵でした。

温泉津は、和やかな温泉郷に始まり、銀山争奪戦に翻弄され、北前船の賑わいに浸り、騒々しくも華々しい時代を経験してきました。山陰本線が通り、南寄りの小浜地区に「ゆのつ駅」ができると、町の中心はそちらに移り温泉だけが残されました。静謐な入江に佇むと、寂寞たる気持ちに襲われ、時の流れの無常さを感じます。

# 倉敷（くらしき）

## ——文化芸術の町

岡山県倉敷市本町ほか

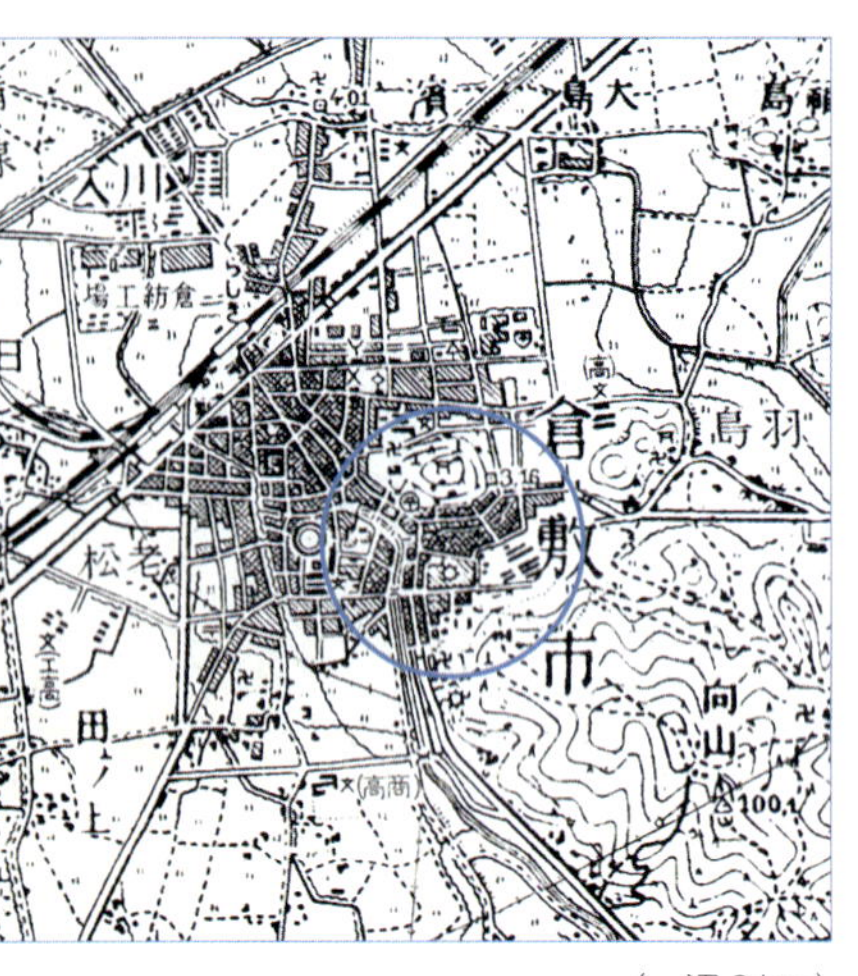


（一辺３km）

倉敷の町は、吉備の「穴の海」に浮かぶ内亀島の加古（かこ）浦に始ります。古代、穴の海は大きな内海で、児島（こじま）半島は児島という島でした。山陽道はその北岸を通っており、今の吉備津神社辺りは吉備国の湊（津）でした。この海へ流れ込む高梁川、旭川、吉井川の堆積によって広大な干潟が生まれていきました。

天正年間、備前城主・宇喜多秀家は、早島から向山を経て酒津との間に、宇喜多堤（汐止堤防）を築き干拓を始めます。その後、備中代官・小堀遠州や備前藩主・池田光政も引継ぎます。干拓は、四百余年間営々と続けられ、凡そ二〇〇〇〇haの土地が生み出されました。それが現在の岡山平野です。児島が干拓で陸続きとなり、児島半島となるのは江戸前期のことです。

関ヶ原の後、備中南部は天領となり、加古浦は年貢米の積出湊となります。大坂冬の陣が起こると、遠州は、徳川家康から兵糧米の調達を命じられ、ここから十数万石の米を大坂へ廻漕。この出来事が倉敷発展の礎となります。陣屋が設けられ、水夫（かこ）屋敷（倉敷地）は免税の免除地（よけち）とされました。

まもなく、陣屋は倉敷代官所となり、備中、美作、讃岐の天領（約六万石）を管轄します。商人たちは、町の発展とともに自治的な町運営を行い、「古禄」と呼ばれて羽振を効かせます。新田開発が進むと農業生産が高まり、米、綿花、菜種などの集散地となります。

横顔美人の倉敷考古館。大壁面が間延びしないように、海鼠目地壁、平目地壁、漆喰壁の三つに面分割し、窓、水切庇、通気孔、戸口、土台石を絵画的に割り付け、さらに瓦には褐色系のものを混在させて諧調な風合いにしている。この落ち着いた上品な「馬踏み張り目地」（馬目地／平瓦を水平方向に食い違いに並べる）の意匠は、格式を重んじる城郭や武家屋敷（長屋門）に使われることが多かった。他方、商家では、躍動的な斜め目地の「四半張り」が好まれた。

大原家（重文）の裏を通る“ひやさい”。蔵壁にも隙のない美的な意匠が施される。奥の紅壁塀は有隣荘。

この時、高梁川の分流だった倉敷川は、瀬戸内海へ短絡する運河として残されました。

江戸後期、新旧の商人の交代劇が起こります。当初、古禄の紀国屋や宮崎屋など十三家が村役人を世襲していましたが、「新禄」と呼ばれる新興商人が台頭してきます。かれらは、綿、イグサ、干鰯の仲買あるいは塩田開発などで財を蓄えてきた商人で、児島屋（大原家）、中島屋（大橋家）、浜田屋（小山家）など二十五家がありました。両者は、代官も巻き込んで競い、新禄が実権を握るようになります。後に倉敷紡績を興す大原家も新禄派の綿仲買商人のひとりでした。

倉敷川の河畔には、江戸時代から明治時代の豪商屋敷や米蔵が並びました。また、本町や東町の通りには、呉服屋、酒屋、染物屋、鍛冶屋、桶屋、提灯屋、畳屋、表具屋などの商人や職人の庶民的な町屋が軒を連ねました。街並は、平入・厨子二階・塗籠造りで重厚な本瓦葺きが基本となっています。独特の倉敷窓（角柄窓）も見られます。裏地には「ひやさい」と呼ばれる路地が通り、本栄寺参道、奈良萬通り、小山家の界隈など、魅力的な路地に出会います。

倉敷の蔵は、実質的でしかも洗練され洒落ています。小

旧小山家界隈の“ひやさい”。

考古館の壁面は絵画的に構成される。

文化人サロン・「はしまや」の軒行灯。

江戸・川越の蔵とは趣きを異にしています。この優れた意匠感覚は、富の象徴である蔵を一つの建築文化へ昇華させているようにも思えます。

　ところで、倉敷の美観地区の立役者といえば、倉敷紡績の大原家親子です。父の孫三郎は、画家の児島虎次郎に託してエル・グレコの名画「受胎告知」を日本にもたらせ、昭和五年、民間初の「大原美術館」を創設します。陶芸にも関心を寄せた彼は、昭和七年に、浜田庄司を招いて個展を開きます。民芸運動の柳宗悦らとも交流が始まります。息子の総一郎は、外遊中に見たローテンブルグの美しい町並みに感動し、倉敷の街並保存に思いを馳せます。民芸運動にも加わり、東京・駒場の「日本民芸館」に次ぎ、昭和二十三年に「倉敷民芸館」（水沢家の米蔵）を、二十五年に「倉敷考古館」（小山家の浜蔵）を開館させます。古民家再生の先駆けです。彼は、最も倉敷らしい処を知って欲しいと、東町の「はしまや」の離れに、柳宗悦、浜田庄司、バーナード・リーチ、河合寛次郎、棟方志功、またサルトル、ボーボワール、司馬遼太郎、小倉遊亀、時にロックフェラーⅢ世など、多彩な文化人を招きます。細い石畳のひやさいを抜け、躙（にじ）り口（ぐち）のようにしてこの離れへと入っていきます。

　このように、倉敷の街並は文化運動から出発し、他の街並保存の歩みとは異なっています。昭和四十三年、「倉敷市伝統美観保存条例」が制定され、この時、初めて「美観地区」という言葉が使われました。近年、観光地化し過ぎたことが惜しまれます。

# 吹屋(ふきや)

## ——ベンガラの赤い町

岡山県高梁市吹屋

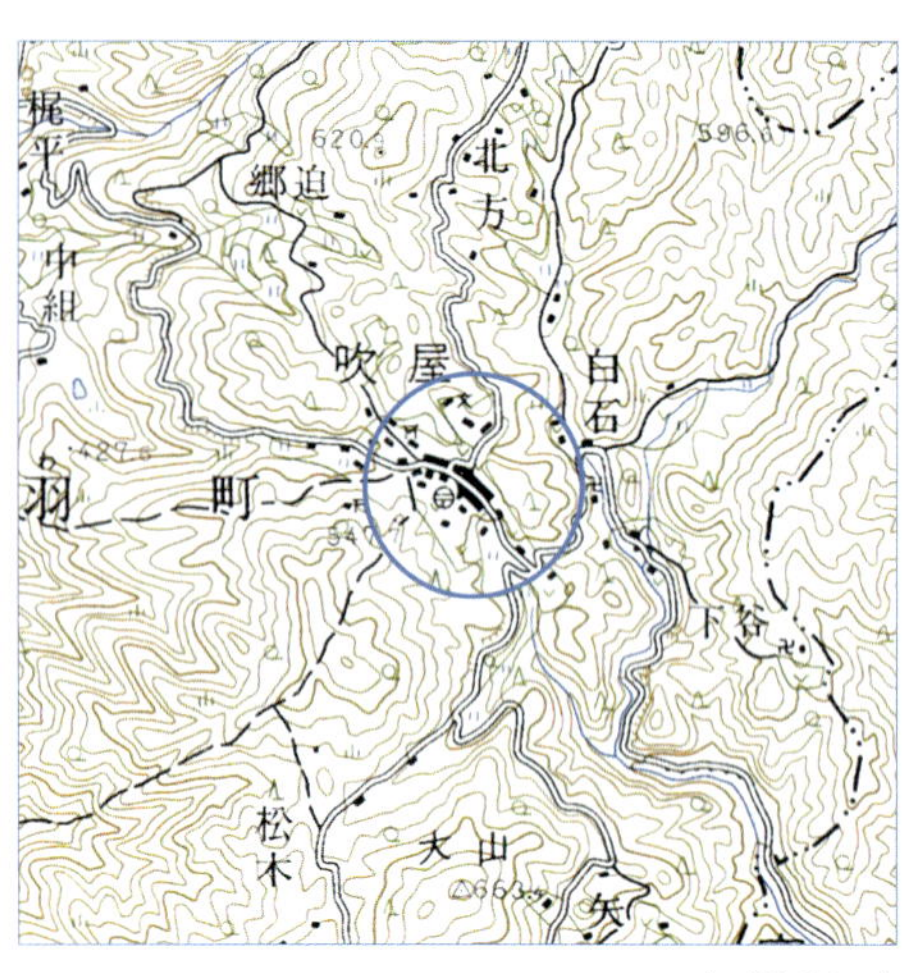


（一辺３km）

中国山地は、海抜六〇〇ｍほどの高原です。その懐に、赤い屋根と白壁の町があります。山笑う頃、赤い家並が早緑に映えて、桃源郷を髣髴させます。ベンガラの町「吹屋」です。

この町は、その美しい姿に反して、意外にも鉱山の町でした。歴史は古く九世紀初めに遡り、十六世紀には大深(おおぶか)銅山の名があります。江戸時代、幕府は天領とし、石塔銅山から吉岡銅山へと名を改めます。大坂の泉屋吉右衛門（後の「住友」）が請負います。泉屋が別子銅山に移った後、地元の大塚家などが採掘しました。明治六年、三菱が採掘権を取得。近代設備を大々的に導入し、日本の三大銅山となります。井川発電所を建設、成羽河岸へのトロッコ道も開削します。西の坂本は、一時、鉱山特有の賑わいを見せていましたが、昭和四十六年に閉山しました。

一方、ベンガラ生産は江戸中期に始まります。下谷の橋本屋と森屋が、銅山経営の傍ら、偶然にその製法を見つけたといいます。宝暦元年（一七五一）、銅山の硫化鉄鉱から「緑礬(ローハ)」の製造に成功し、吹屋で焼成・精製するようになります。緑礬の製造は西江家、谷本家、広兼家の三家、ベンガラの生産は片山家、長尾家、田村家など五家が分担していました。吹屋のベンガラは、大坂の鉄屑から造る鉄丹ベンガラより格段に優れ、ベンガラ商人は巨萬の富を得るようになります。江戸中期、鎖国の影響で中国からの輸入が難しくなり、

赤づくめの街並。赤屋根の家々が、ゆるやかに曲がる吹屋往来沿いに諧調な旋律をもって連なる。赤瓦とベンガラ壁を下地にして、白壁や海鼠壁が紋様のように織り込まれる。この全体の統一と個の変化の調和は、どのようにして創り出されたのであろうか。吹屋の町は、石見地方と「鉄」の商いで繋がっており、家作も石州大工が手掛けたものが多いという。もちろん、屋根も赤い石州瓦である。

旧中野村の庄屋・広兼家の威容。城壁のような高石垣が高々と築かれ楼門を構える。坂本の西江家（大庄屋）も石垣屋敷を構える。

吹屋の独占に拍車がかかります。

ベンガラ（弁柄／紅殻）は酸化鉄の一種で、その名は、インドのベンガル地方に産出したことに由来します。古代より、赤の貴重な顔料で、絵画、染物、陶磁器、漆器、家具のほか、建築塗料、船舶塗装、防錆材、研磨材などと多様な用途に使われてきました。吹屋ベンガラは、伊万里焼、九谷焼、京焼、輪島塗、春慶塗りなどの微妙な赤味の色には欠かせないものでした。

吹屋の町は、中町、下町、千枚が中心で、南東の白石や下谷にも広がります。富の蓄積にともない、造り酒屋、米屋、醤油屋などを兼ねる者や大地主も出現します。ベンガラ商いで得た富を、家屋敷の作事に注ぎ込み、見事な街並をつくり上げました。

街並の基調は、赤銅の屋根瓦、白漆喰壁、海鼠壁、ベンガラ格子で組立てられています。角片山家の背高い二階建てや本片山家の三階建て宝蔵が、ランドマークとなって町の景観を引き締めます。建物は低く抑えられ、下屋も付いていて圧迫感を与えません。赤銅の屋根は、白壁や海鼠壁によっていっそう引き立てられます。この赤瓦は、石見から瓦職人を呼んで焼かせたもので「塩田瓦」とも呼ばれています。釉薬をかけた耐寒性の瓦です。

吹屋は、東城往来で石見とつながっていました。中国山地の鉄は、東城に集められ吹屋を経て、成羽河岸から高瀬舟で玉島湊へ送り出されました。「本長尾家」は古くから鉄問屋でした。この家は、赤い石州瓦に白壁と海鼠壁の格調ある構えをしています。また、「本片山家」（胡屋／重文）は、宝暦九年創業のベンガラ窯元の老舗です。赤瓦に白壁・海鼠壁とベンガラ格子を装う豪商建築です。家勢とともに増改築が重ねられ、複雑な形の建物になっています。特に海鼠壁にはさまざまな工夫が凝らされています。

他方、緑礬の「西江家」と「広兼家」は、少し離れた所にあります。坂本の西江家は、毛利氏の地侍から帰農したあと、惣代庄屋を務めた家です。山裾に石垣を回らし楼門を構え、主屋は御殿のような豪華な建物です。広兼家は、中野村の庄屋を務め、小泉鉱山経営の傍ら緑礬も造っていました。斜面に城壁のような巨大な石垣を築き、楼門を高々と構えます。その城砦のような異様な姿から、映画「八つ墓村」（一九七七年）のロケ地にも使われました。この二つの家の構えは尋常ではありません。尼子氏と毛利氏の草刈場となった備中北部の苦い記憶を物語っています。

かつて、住友と三菱が手をつけたヤマも、山神社に三菱印がただポツンと残るだけです。近年、工場群の夜景写真（工場萌え）が話題となっていますが、果たして次世代の遺産となるのでしょうか。この赤装束の町工場は、ベンガラ商人が残してくれた美しい贈り物となっています。

本片山家の店構え。豪壮で変化に富む建物に、赤瓦・白壁・海鼠壁・目地模様と洒落た意匠を纏う。

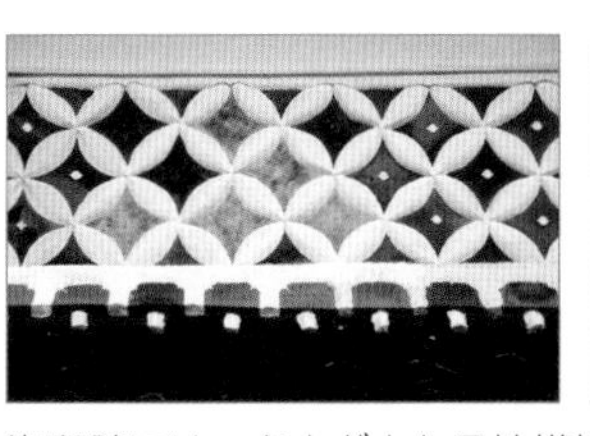

海鼠壁には、さまざまな目地模様が見られる。

# 勝山（かつやま）
## ――高瀬舟の終着駅

岡山県真庭市勝山

（一辺３km）

勝山は、中国山地にある小さな盆地の町です。勝山藩の城下町であり、また出雲街道の高田宿という宿場でもありました。同時に、岡山へと流れる旭川があり、水陸交通の要地でした。この地の利を活かして高瀬舟の終着駅としてたいへん栄えました。

今でも、旭川の河岸（かし）には、高瀬舟の発着した「雁木（がんぎ）」が見事に残っています。この雁木とは、河岸への荷物の積み降ろしや人の乗り降りのための階段のことです。斜めにギザギザした形が、雁行する姿に似ていることに由来します。この河岸を覗くと、往時の賑わいが目に浮かんできます。

このような雁木の景観は、昭和三十年代まで、高梁、津山、大石田など各地に残っていました。しかし、鉄道や自動車の発達による舟運の衰退、また洪水対策の護岸改修で、すっかり姿を消してしまいました。現在、雁木群の景観が残るのは、この勝山河岸だけでしょう。川岸に並ぶ民家は、生活感に溢れた表情をしています。東の丘には武家屋敷や寺院も残ります。また、「高田硯」は名品として知られ、将軍家への献上品として重用されました。

さて、「高瀬舟」とは、もともと、瀬の浅い河川を通船できる平底の舟のことです。この浅瀬用の舟は平安の頃からありました。ところが、この舟は、近世の流通に画期的な変革をもたらすことになります。今流にいえば宅急便でしょうか。京都の豪商・角倉了以

勝山河岸跡に連なる雁木群。高瀬舟が安定して接岸できるように引込用水路が設けられていた。旭川の本流は中州の右を流れている。この河岸には人々の営みが力強く刻み込まれており、その賑いが活き活きと蘇ってきそうである。護岸風景は、石の大小・積み方・形・色、また雁木の造り方もそれぞれ違っている。もちろん、家々の表情も個性に富んでいて、いつまでも見飽きない。

白壁の家並が、褐色の石垣と燻し瓦に小気味よく調和する。絵画のような風景に暫し見惚れてしまう。

が、この川舟を内陸河川の物流システムに応用。大堰川、富士川、天竜川、高瀬川の舟運に投入します。慶長九年（一六〇四）、彼は備前の和計川（吉井川）で、この川舟を見て着想したといわれます。

高瀬舟は、勝山から薪炭、鉄、三椏など、岡山から塩、塩干魚、海産物などを運びました。商人や金毘羅参りの人も利用するなど、生活にまつわるさまざまなものの運び役でした。勝山と岡山の間は約十六里（六四㎞）。下りは舟棹で二日、上りは引き綱で四日ほどかかり、途中には舟宿もありました。舟は長さ八間・幅八尺の帆付きの舟で、船頭三人で操船しました。

さて、この地は、中世の高田庄でしたが、東西南北の十字路にあり、建武年間、足利氏と新田氏の争いから、高田城が築かれています。戦国時代に入ると、北から出雲・尼子氏、西から安芸・毛利氏、南から備前・宇喜多氏らの戦国大名の最前線となります。この高田城の争奪をめぐって激戦が繰り返され、火薬庫と化しました。「八つ墓村」（横溝正史）の尼子残党の怨念にも説得力が増してきます。関ヶ原の後、津山藩領や天領を経て、明和元年（一七六四）、三浦明次が二・三万石で勝山藩を立藩します。

ところで、この地には、要衝の地ゆえに面白い逸話があります。

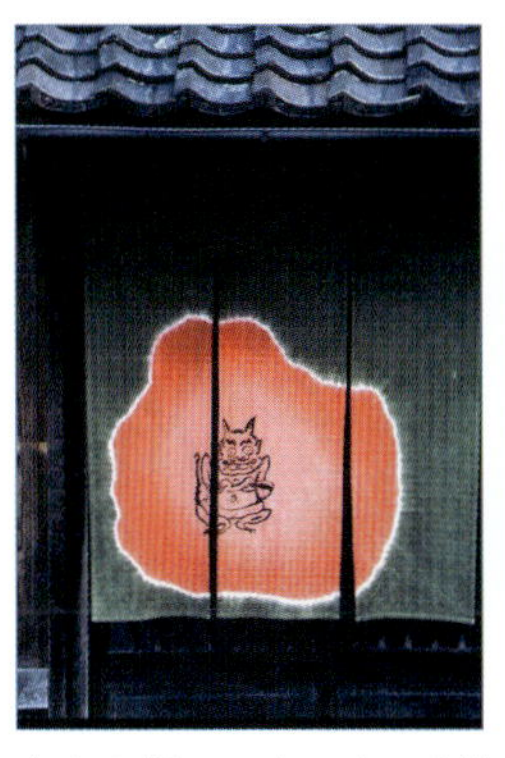

家々の軒に、鬼・車・家紋・紋様など思い思いの暖簾がかけられ、家主の心が伝わってくる。

川岸に顔を出す民家の多様で豊かな表情。

そのひとつは、「お福」という絶世の美女の物語。彼女は、勝山城主・三浦貞勝の妻として仲睦ましく暮らしていました。しかし、永禄八年（一五六五）、貞勝は、毛利方の成羽（なりわ）の三村家親に攻められ自刃。彼女が備前に落ち延びていたところを、噂の美貌ゆえに、備前城主・宇喜多直家の目に止まり正室となります。ところが、機に敏な直家は、織田方に与す証として中国攻めの総大将・羽柴秀吉へ、お福との子・八郎を人質に差し出します。まもなく直家は病死。運命の悪戯か、お福は、秀吉にもひと目惚れされ、八郎の行末を託し側室となります。やがて、八郎は宇喜多秀家を名乗り、備前五七・四万石の戦国大名へ。若干二十四歳にして五大老へと破格の出世をしてゆきます。肖像画をみると、やはりお福譲りの美男子です。

また、政治家の名家・鳩山家のゆかりの地でもあります。幕末、鳩山家は勝山藩の江戸詰め家老を務めていました。鳩山和夫は安政三年（一八五六）に生まれ、母の出は三浦氏です。衆議院議長や早稲田大学総長を務め、鳩山家の名声の礎を築いた人です。この家は、一郎と由紀夫の二人の首相を輩出しています。

近年、勝山では、暖簾（のれん）による町づくりが進められています。表通りには、伝統的な民家が残り、軒先には思いの込められた優しい暖簾が掛けられています。そよ風に揺らぐ風情は、私たちを心地よい和みの世界へ誘ってくれます。

# 鞆の浦(とものうら)

## ——屈指の古湊

広島県福山市鞆

(一辺3km)

春の瀬戸内は、麗らかなさざ波を輝かせ微笑みます。そんな瀬戸内海のほぼ中央に「鞆の浦」があります。満潮時には東西の潮がぶつかり合い、干潮になると、東西に分かれ流れ出す潮の分れ目に当ります。地乗り(じのり)の時代、この潮流をいかに上手く使いこなすかが航海の鍵で、古くから「潮待ち湊」として知られてきました。

こうしたことから、多くの為政者や文化人が足跡を残しています。万葉集には、大伴旅人をはじめ、この浦を詠んだ歌が八首もあります。神宮皇后の三韓征伐、源平合戦、南北朝の鞆合戦、村上水軍、鞆城など話題に事欠きません。近世には、朝鮮通信使、オランダ商館長、琉球使節、参勤交代する西国大名の寄港地でもありました。

頼山陽は「足利氏は鞆に興り鞆に滅ぶ」と譬えました。足利尊氏は、京から九州へ西走する途中、ここで光厳上皇から新田義貞追討の院宣を受け、軍勢を立て直して勝利。室町幕府を開きます。最後の将軍・義昭は、毛利氏を頼って鞆に落ち延び、信長包囲網を模索し鞆幕府ともいわれました。

江戸時代、朝鮮通信使の寄港地に何度も選ばれます。正徳元年(一七一一)、通信使が福禅寺・対潮楼からの景色を「日東第一形勝」と絶賛しています。幕末、七卿落ちの一行も立ち寄りました。本陣の中村家(太田家住宅)で「保命酒(ほうめいしゅ)」を嗜み、帰りにも投錨して保命酒を楽しんでいます。この酒は漢方の薬味酒で名酒として知られ

瀬戸内海の穏やかな古湊風景。岸には「雁木」がぐるりと廻され、大きな常夜燈や「大蔵」（いろは丸展示館）などの建物が並び、足許には舫い杭も残される。常夜灯は高さ5.4mもあり「金毘羅大権現」の銘が刻まれる。後方の高台には、古刹・医王寺（真言宗）が横一線に広がる。日本屈指の古湊の眺めである。雁木の傍らに立つと、どこからか限りない郷愁が込み上げてくる。

医王寺から見た鞆の浦。奥は仙酔島、右の小山は大可島で慶長年間に陸続きとなる。中央に常夜燈、左端の半入母屋が太田家住宅である。

ていました。

また、慶応三年（一八六七）四月に、紀州藩・明光丸と土佐藩・いろは丸（大洲藩籍）の衝突事件が鞆の浦沖で起こります。いろは丸は鞆へ曳航中に沈没。折しも、土佐の坂本龍馬が乗っていました。賠償交渉は、鞆の浦から長崎へ移されます。龍馬は「万国公法」を持ち出し攪乱し、積み荷の鉄砲四〇〇丁や金塊などの賠償金として八万余両を要求。長崎の花街では、紀州藩をあざ笑う俗謡まで流したといいます。翌年十一月、困り果てた紀州藩は七万両を土佐藩に支払います。龍馬は、直後に近江屋事件で暗殺され、この金の行方は謎に包まれたままです。この交渉には岩崎弥太郎（土佐商会→三菱社）も加わっています。近年の潜水調査では、積み荷に何も発見されなかったそうです。快男児・龍馬の変幻自在な強かぶりをみる思いがします。

さて、鞆の浦には、近世の湊湾施設が一堂に残ります。まず、大規模な船着場の「雁木（がんぎ）」。また、湾を包む「波止（はと）」（防波堤）は、大可島（たいがしま）からのものは寛政三年（一七九一）の築造。少し西寄りの浜には、「焚場（たでば）」（幅一〇〇間）の跡が見られます。瀬戸内屈指の焚場でした。木造

湾岸に長大な雁木が廻らされる。潮の干満差が大きいことが判る。

何とも古色然とした保命酒屋・岡本亀太郎本店。

太田家住宅の玄関。平瓦と三和土の意匠が絶品。

の船底には、フジツボやカキ、海藻や船虫が着き、焼いて除去する必要がありました。これを「焚る（たでる）」といい、その場所が「焚場」です。ここでは船の修理も行いました。鞆は潮位の差が大きく、満潮時に船を引き寄せ、干潮時に船底を焚で修理するのに好都合でした。船大工、碇や船釘を造る鍛冶屋が軒を並べていました。澤村船具店はその生き証人です。

伝統的な街並は、西の医王寺から東の福善寺へ至る通りに色濃く残ります。港へ出る路地には保命酒屋が並び、古色蒼然とした佇まいです。保命酒屋だった太田家住宅は、天明八年（一七八八）築で国の重要文化財となっています。玄関土間は、素鼠（すねずみ）色の平瓦と淡い朽葉（くちば）色の三和土（たたき）を、市松模様の四半敷にしています。その洗練度は、数多くの文化人が立ち寄った証しでもあります。他方、湊町に欠かせない「有磯（ありそ）遊郭」もありました。

鞆の浦には、二十もの古刹や神社があります。寺社の集積は富の集積でもあり、その繁栄ぶりが偲ばれます。北西部の山麓には、静観寺、安国寺、法宣寺、小松寺さらに沼隈（ぬなくま）前神社などの寺社が建ち並ぶ一画があります。

しかし、航路が地乗りから沖乗りに変わり、急峻な崖先で後背地もなかったため、時代の流れから取り残されます。山陽本線の開通とともに、物流の拠点は福山や尾道へと移っていきました。

鞆の浦は、「物」というより「人」の交わる場でした。その交流密度は計り知れません。この古湊には、歴史の重みを目で確かめ肌で感じる楽しさがあります。

# 尾道（おのみち）

## ——坂の町

広島県尾道市東土堂町

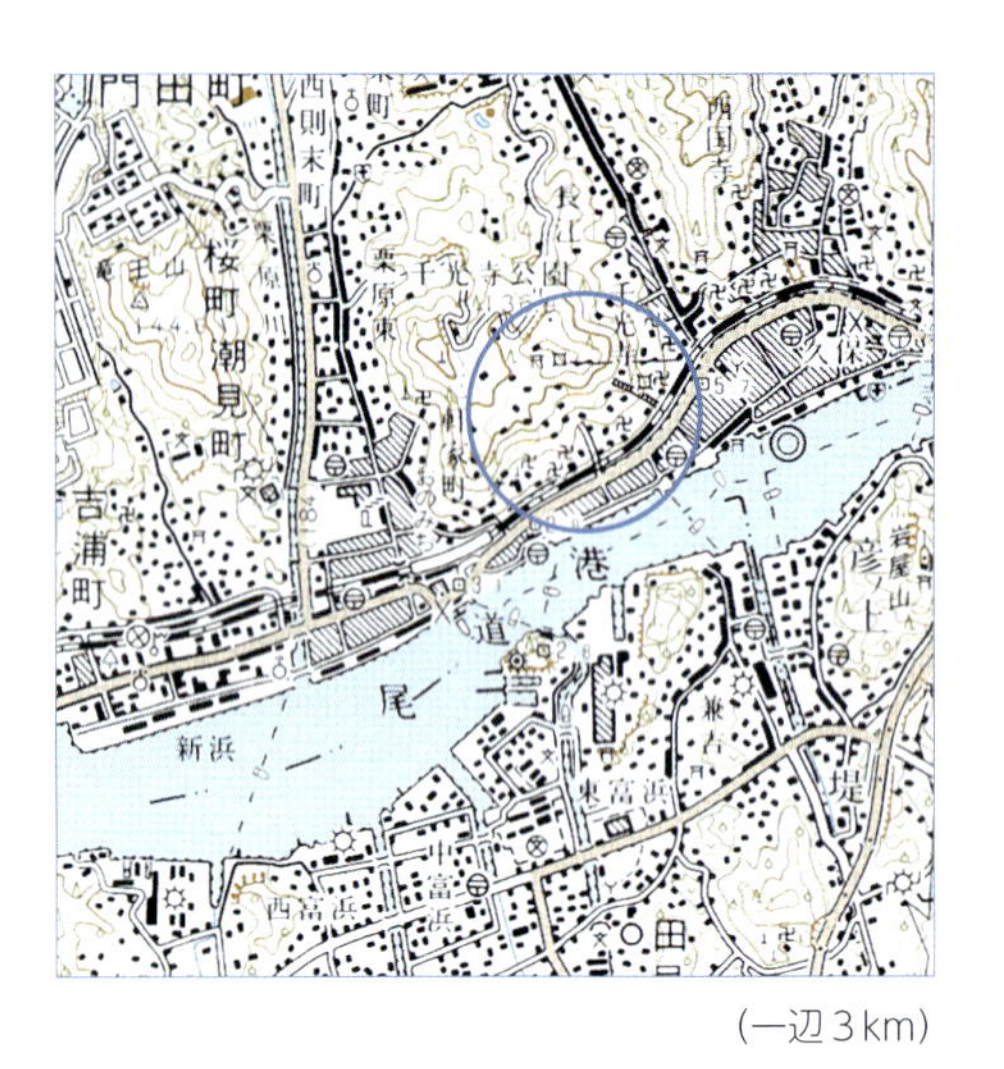

（一辺３km）

今の尾道は、「坂の町」、「文学の町」、「映画の町」として知られ、文化人を惹きつけています。山麓の古い寺社が、坂道や横路で細かく繋がり、その隙間から海が見え隠れします。坂の迷宮のような処が好まれるのでしょうか。

この町は、尾道三山と向島の間を抜ける「尾道水道」の北岸に、東西に長く延びます。この水道は、長さ約七㎞もあるのに、その幅はわずか二〜三〇〇mで、まるで川のような海峡です。

尾道は、古くから海の要所で、浄土寺、西國寺、千光寺などの古刹が散在します。町の起りは、嘉応元年（一一六九）、備後国・大田庄（世羅町）の倉敷地（年貢積出港）となったことです。大田庄が、紀州・高野山に寄進されて「今高野山」となり、その外港・尾道浦が整備されます。地の利を活かして回漕業が発展。江戸時代には、北前船の寄港地として最盛期を迎えます。また、西国街道の宿場、大森銀山からの銀の積出港も担っていました。このように、尾道は、港町、商業町、門前町としてたいへん賑わい繁盛することになります。

初め、湊は長江入江の先辺り（十四日（とよひ）町）にありました。江戸時代なると、薬師堂浜や住吉浜などが次々と埋立られ、港湾施設の整備が進みます。西国街道には、広島藩・尾道町奉行所、本陣（笠岡屋）・脇本陣、また橋本家などの豪商が軒を連ねました。街道から

千光寺新道は、浜から千光寺へ上る新しい参道。大正時代、乾物商を営んでいた天野春吉が私財を投じて整備したという。振り返れば、尾道水道がまるで川のように流れ、対岸に造船所が眺められる。「ああ！　尾道にやって来たのだ」と嬉しくなる。

千光寺新道。「天春の石垣」は精緻な高石垣。

千光寺参道。海を眺めながら下るのも醍醐味。

山側の寺社への参道、生活の小路が延び、尾道の町がつくられていきました。商人たちは海側に、職人は山裾に住むようになります。

こうして、尾道は水陸交通の利便を活かしながら発展し、広島を凌ぐ経済力を持つようになります。広島銀行（明治十一年第六十六国立銀行）の発祥地でもあり、また四国の別子銅山も、尾道港経由で行き来したほどです。すでに明治三十一年には市制を施行しています。

ところで、尾道の「坂の町」はどうしてできたのでしょう。山腹には、財をなした商人が寄進して、多くの寺院が建っていました。彼らは、寺の一画を借りて「茶園（さえん）」（茶室のある別荘）を建てるようになります。南の浜で商い（取り引き）をし、北の山で文化を楽しみました。ここに、いわゆる尾道文化が芽生え、田能村竹田や頼山陽などの文人墨客も訪れ、交流の場となりました。因島出身の本因坊秀策も碁を打っています。

この頃、山の斜面には民家は建っていませんでした。千光寺山には巨石信仰があり、山は聖域だったからです。山の斜面に建物が建つようになるのは、明治二十四年、山陽本線が町を分断するように通ってからです。この立ち退きのために、山の斜面が移転先となります。こうして、堰を切ったように建物が山を這い上がっていきました。今の「坂の町」は意外にも新しくできたものです。古刹への縦坂である千光寺参道、千光寺新道、天寧寺坂は有名ですが、等高線沿いの横道も、甍越えに尾道水道が見えて魅力的です。また、神社の愛嬌ある狛犬や精緻な高石垣にも出会い、優れた尾道石工の存在に気づかされます。この急斜面では建替えもままならず、今に残ることになりました。同じ広島県の「呉」も急崖の町です。軍港として一世を風靡しましたが、尾道とはずいぶん印象を異にしています。「猫の細道」という妙な細路地がありますが、車も通れないので猫たちの天国になりました。

天寧寺坂。小気味良く屈曲していく楽しさ。

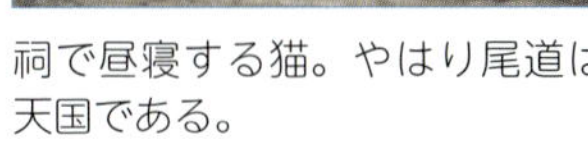

祠で昼寝する猫。やはり尾道は猫天国である。

尾道は「文学の町」であり「映画の町」でもあります。林芙美子の「放浪記」や志賀直哉の「暗夜行路」はあまりにも有名です。多くの文人が一度は尾道に足を運んでいます。かつての尾道文化が呼び寄せているのでしょうか。映画でも、小津安二郎監督の「東京物語」（昭和二十八年／中央桟橋）。また、大林宣彦監督の「転校生」（昭和五十七年／御袖天満宮）の尾道三部作のロケ地となっています。これらは、当時の社会に一石を投じた作品ですが、尾道の懐深い時代背景が必要だったのでしょう。

尾道という町は、経済的にたいへん繁盛した町でありながら、一方で知的な魅力も秘めています。このような背反する二面性を持ち合わせている町、なかなか見当たりません。

# 竹原（たけはら）

## ——製塩の町

広島県竹原市本町

（一辺3km）

「竹原」は瀬戸内にある町です。製塩業で栄え、廻船業や酒造業も起こります。その豊かな富を背景に、普請や教育に力が注がれ、立派な街並が整えられ、高尚な町人文化が花開きました。

古くは、下賀茂神社の竹原荘という荘園で、その外港として馬橋古市という市場町がありました。賀茂川が、土砂堆積で浅くなり南の現在の位置に移ります。

関ケ原の後、広島には、福島正則が四十九・八万石の太守で入ります。しかし、大坂の陣の後、元和五年（一六一九）、幕府から城を無断で修繕したと咎められ、信濃国の小藩・川中島藩に転封（実質的に改易）されます。そのあとへ、和歌山から浅野長晟（ながあきら）が四十二・六万石で入封。浅野藩は新田開発に力を入れ、竹原でも賀茂川河口を干拓することになります。

ところが、干拓した土地は、塩抜きがうまくいかず、水田には向きませんでした。そこで、浅野藩は、塩で成功していた分家の赤穂浅野藩から製塩技術（入浜式塩田）を導入し、承応年間（一六四八〜一六五五）、塩田を切り拓くことにしました。併せて、湊の施設を整備し、浦辺御蔵所から年貢米も積出せるようにしました。この一連の事業を推進したのは、賀茂郡代官の鈴木四郎右衛門という人物でした。この町の命運は、塩に縁のあった浅野家と、鈴木という名代官にめぐり会ったことでしょう。町の盛衰も人生の出会いと似

西方寺の参道。幼馴染の友が飛び出してきそうな懐かしい路地空間。かつて日本のどこにでもあった街角風景である。大林宣彦監督の映画「時をかける少女」（1983年）のロケ地にも使われた。残念ながら、左側の建物は取り壊され、路地でなく小広場になってしまった。

本町通り。平入や妻入の建物が混じり変化に富んだ街並。近世の活気にみなぎる商い通りの空気感が伝わってくる。突き当りが胡堂、その奥に照蓮寺。右奥が頼家。

ています。

　こうして、製塩業が発展します。北前船で、北陸の糸魚川や新潟、さらに酒田や津軽、また名古屋や江戸にも運ばれ、「竹原塩」の名は一躍全国に知れ渡ります。一方、大坂への米を回漕する廻船業も起り、町の経済は活況を呈します。中には酒造業を始める者も現れます。

　安永三年（一七七四）には、賀茂川の瀬替え（河道の変更）を行い、本川の港湾機能の回復を図ります。塩田の面積は一〇〇haに達し、明治二十二年には町制を施行するほどの勢いでした。塩田の盛況は大正期まで続きますが、昭和三十五年、第三次塩業整備により終焉を迎えます。塩田が、日本で異常に隆盛したのは、ヨーロッパなどのように岩塩や塩湖がなかったからです。

　さて、伝統的な町並は、寺山の西麓に南北五〇〇m、東西一〇〇mほどの範囲に広がります。北端の胡堂（えびすどう）と南端の地蔵院に、二つの境界神を祀るという商人の町らしい町割りです。本町通りと運河（本川）は、板屋小路などの横小路で結ばれ、本川の西側一帯に、広大な塩田が広がっていました。

　本町通りの景観は、切妻と入母屋、妻入、平入、下屋付きと、様々な町家が混在し変化に富んでいます。横小路には、春風館や復古館などの立派な豪商屋敷がどっしりと構えられています。また、高台には照蓮寺、西方寺などの古刹、町中にも住吉神社や楠神社、また造り酒屋も散在します。本町通りでは、松坂邸の唐破風屋根が目を惹きます。屋号を「澤田屋」といい、薪問屋（製塩の燃料→石炭問屋）、製塩業、醸造業と手広く営みました。唐破風の屋根は、てりとむくりの独特な形で異国的な感じです。虫籠窓に菱形格子、横桟に透彫りが入る竹原格子など、奇抜な意匠となっています。内装は数寄屋風です。明治十二年に改築されていますが、当時の豪商の財力と気概を伝えています。ニッカウィスキーの創業者・竹鶴正孝（マッサン）の実家である竹鶴酒造も健在です。元首相の池田勇人は、隣町・吉名の造り酒屋の生まれ。忠海中学ではマッサンの後輩で、寮で彼の布団の上げ下げをしていたという逸話もあります。

豪商の松坂邸。独特の唐破風のどっしりとした大屋根が目を惹く。

　そして、竹原では、頼一族に代表される高い町人文化が生まれました。頼春水、頼春風、頼杏坪の兄弟は「三頼」と呼ばれ、春水と杏坪は広島藩儒、春水は江戸の昌平坂学問所で講義もしています。「日本外史」を著した頼山陽は、春水の息子です。

　近年、旅先での驚きや醍醐味は、希薄になりましたが、竹原には、まだ濃いものが残っています。少し前まで、日本には、誇り高い町や村が各地に存在していたことに、改めて気づかされました。西方寺の普明閣へ上り、広がる家並を眺めながら、頼一族などの活躍に想いを馳せながら、その感を強くしました。

# 御手洗(みたらい)

## ——新興の湊町

広島県呉市豊町御手洗

(一辺3km)

御手洗は、芸予諸島の大崎下島の東端にあり、江戸中期にできた新興の湊町です。この島は美味しい大長(おおちょう)みかんでも知られます。

御手洗とは、何か曰くありげそうな地名。神功皇后が、菅原道真が、平清盛が手を洗ったと伝わります。満舟寺付近に水軍の砦があったといい、戦国期には安芸国の小早川氏の差配下となります。西廻航路の発達とともに、航路は、陸伝いの地乗りから沖を通る沖乗りへと変わります。このため、新たな港が必要となり、御手洗に白羽の矢が立てられます。

御手洗の辺りは、もともと大長村の出作畑地でした。ところが、沖乗りの船が、風待ちや潮待ちのための好錨地として停泊するようになります。これに目をつけた大長村の百姓たちは、ひと稼ぎしようとと、寛文六年(一六六六)、広島藩に町屋敷割(湊町づくり)を願い出ます。藩も、正徳三年(一七一三)、町年寄役を置き、浜を埋め立て、雁木(がんぎ)や焚場(たてば)、千砂子波止(ちさごはと)を築き、常夜燈を建て整備を図ります。こうして、御手洗は、またたく間に瀬戸内有数の港となりました。大坂の豪商・鴻池家らも住吉神社を寄進します。

北前船はもちろん、幕府(長崎奉行)、参勤交代、オランダ商館長、琉球使節の公用船も寄港するようになります。伊能忠敬、シーボルト、吉田松陰、河井継之助、大久保利通、坂本龍馬など実に多彩な人たちが行き交い、また七卿落ちの公卿も、豪商・多田家に寄寓し

御手洗の家並。御手洗水道は、対岸に岡村島（愛媛県今治市）、北に平羅島、中ノ島、小島に囲まれて、まるで湖のように波穏やかである。ここにひととき船を休めたくなるのも納得できる。江戸の中頃から、新しい沖乗り航路のサービスエリアとして殷賑を極めた。広島藩公認の遊郭が4軒もあり、オチョロ舟の名で馳せた。若胡子屋跡は中央手前の大屋根の建物で、民家と仲よく同居していた。

相生通りと常盤通りの街角。港町らしく伝統的な民家の中に洋館が混じる。また、このすぐ奥に遊郭・若胡子屋があり、民家と遊郭は、このように仲良く同居していた。

しています。明治には、民俗学者の柳田国男も足跡を残しています。

船の出入りで賑わう湊は、情報の交差点であり、政治的な密約も交わされる場となります。幕末、広島藩は、薩摩藩から軍艦買入れの密取引を行い、薩摩藩、長州藩、広島藩の倒幕同盟もできます。大政奉還のあと、広島藩は、長州藩の軍船とここで合流し、町年寄・金子家で「御手洗条約」を交わし大坂へ向かいました。しかし、鳥羽・伏見の戦では、広島藩は軍を動かすことなく表舞台から外れます。

さて、湊町には遊郭はつきもの。早くも享保九年（一七二四）には若胡子屋（わかえびすや）が開業。続いて藤屋、海老屋、堺屋と四軒の藩公認の茶屋ができています。隣りの大崎上島の木江（きのえ）も、遊郭で賑わいました。

これらの茶屋に加えて、「オチョロ舟」といわれるものがありました。この呼び方は、小舟のチョロ、またお女郎に因みます。遊女を乗せた小舟が、沖に停泊する船へ出かけ、馴染みの船乗りの洗濯や繕いの家事をねぎらう傍ら売春も。船後家とか沖ゲイシャともいわれました。

御手洗には、遊女を大切にする風潮がありました。遊郭とオチョロ舟が船を呼び込み、皆の生きる糧となっていま

相生通り。新光時計店や乙女座などが昭和の香りを伝える。

若胡子屋の跡。すぐ向かい（左側）に町年寄の金子家があった。

新光時計店。赤い懐中時計看板が相生通りに異彩を放つ。

した。御手洗会社で一緒に働くという感覚だったのでしょう。町なかでは、民家と遊郭が仲良く同居していて、若胡子屋は町年寄・金子家のお向かいといった具合でした。昭和三十三年三月三十一日（売春禁止法施行前日）、最後の二艘のオチョロ舟が沖の船へ向かったと伝わります。

街並は、民家が狭い通りに密集し、伝統的な和風家屋の中に洋館建築が散らばって、多様性に富んでいます。切妻・平入りが基本ですが、問屋街だった常盤通りには、妻入りの家屋が整然と並び、趣きを異にしています。洋館建築は、湊町の先取性の証しでもあり、旧越智医院、大西家、平野理容院など洒落た建築が見られます。さらに、遊郭・若胡子屋、薩摩、大洲、宇和島藩の船宿跡が、往時の賑わいを伝えています。この御手洗には、恵美須神社、住吉神社、天満神社、弁天社と、多くの神社がありますが、寺院は大東寺と満舟寺の二つだけです。新興の港では、商いと海の神を優先する合理的な気風が強かったのでしょうか。

最後に、見過ごしてならないのは、赤い時計看板の「新光時計店」（松浦時計店）です。日本で最も古い時計店ともいわれ、店内のアンソニア社製の大柱時計は、一五〇年間一度も止まったことがないそうです。一〇〇%修理の技を持つ匠工房として世界的にも知られています。

御手洗は、いっとき、遊興の湊町として殷賑を極めました。しかし、今ではその残り火も見当たりません。眠りについたように、静かな海辺の町に帰っています。

# 萩（はぎ）

## ——土塀と夏みかん

山口県萩市堀内

（一辺3km）

萩は、松下村塾に代表される明治維新揺籃の地です。また、土塀越しに撓む夏みかんも萩を代表する風景です。

どうして、毛利氏は僻遠の地にやってきたのでしょうか。関ケ原の際、毛利輝元は、西軍総大将に担ぎ出され、徳川家康の巧みな策略に翻弄されます。その挙句、中国八ヶ国一二〇万石から防長二ヶ国三十六石に減封されました。新しい居城を、周防の山口か防府に求めましたが、幕府に長門の萩に押し込められました。この地は、鎌倉時代から津和野・吉見氏の領地で、松本川と橋本川に挟まれた低湿な三角州でした。

多くの家臣が、毛利氏に従ったため、その窮境は大変でした。城下づくりには、家臣総出で当ったと伝わります。萩藩の正月には、家老が「殿、今年は関東を討ちますか」と問うと、藩主が「いや、まだその時期ではあるまい」と応える儀式が密やかに行われていたとも。家臣たちも、徳川への遺恨を忘れないように、江戸の方向へ足を向けて寝ていたそうです。その真偽はともかく、毛利家臣団の怨念は、倒幕への強い原動力となっていました。幕末の長州志士たちの気違い染みた沙汰は、それを如実に物語っているように思えます。

幕末、尊王攘夷が激化すると、藩主・毛利敬親（たかちか）は、文久三年（一八六三）、幕府に無断で本拠地を萩から「山口」に移します。萩で

土塀と夏みかんは萩の代名詞である。時を刻んだ土塀に重く撓かかる夏みかんは一幅の絵である。萩には多種多様な土塀が見られるが、武骨な石垣の上に瓦や石を骨材として荒く埋め込んだ練塀が多い。この方が白漆喰のものより武家らしく野趣味に溢れている。

堀内地区（上級武士の武家屋敷跡）。さまざまな趣向を凝らした意匠の土塀がずっと続く。

石垣や練塀を絵画的に割り付けたものも。

は海からの艦砲射撃に不安があったからとも。「萩藩」ではなく「山口藩」というようになり、廃藩置県でもそのまま山口県となります。このため、萩の町はそのまま残され一気に寂れます。さらに「萩の乱」（明治九年）で、建物は荒廃し土塀と広い屋敷地だけが残りました。

ちょうど、その頃、かつての藩士だった小幡高政という人物が、平安古（ひやこ）の武家屋敷の空地で夏みかんの栽培を始めます。この夏みかんは、西本於長（おちょう）という女性が、長門の青海島（おうみじま）に流れ着いた種を育てたのが始まりとされています。当時、柑橘類は評判の食べ物で、彼はこれを育てて売ると、禄を失った士族救済に役立つのではと考えました。広い武家屋敷には空地があり、土塀が風に弱い夏みかんの風除けにもなります。土壌にも恵まれるという好条件も手伝いました。やがて堀内地区の武家屋敷跡でも植えられるようになります。こうして、夏みかんの栽培はまたたく間に拡がり、萩の風物詩となりました。

夏みかんは「夏だいだい」とも呼ばれます。これは、冬に熟した果実が年を越しても落ちず、新しい実が続いてなります。これに因んで「代々（だいだい）」にわたって栄える縁起物として喜ばれました。

萩の土塀群は、その質と量とも圧巻です。堀内地区や平安古の旧武家屋敷に広く面的に残ります。武家屋敷跡は凍結保存されたように残っていて、古地図だけでも歩けるほどです。土塀には、荒壁のもの、練塀壁のもの、白壁のもの、海鼠壁のもの、石壁のもの、これらを組み合わせたものなど、変幻自在の意匠が採られています。

平安古地区の鍵曲り（追い回し筋）。敵を迷わせ追い詰めるための迷路。

石や練塀を自在に組んで積む。

それに時の刻みが風合いを深めて、いっそう風趣を引き立てています。この意匠溢れる土塀は、萩の人たちの審美眼から生まれたものでしょうか。お互いに競い合い切磋琢磨したのかも知れません。このような土塀壁のショールーム（展示場）は他にありません。そして、この土塀に夏みかんが色添えします。これらの土塀の表情を見て歩くだけでも興味は尽きません。

この柔らかで土臭い土塀は、萩焼と共通するものがあります。萩焼といえば、茶人から「一楽、二萩、三唐津」といわれ、使い込むほど茶や酒が染み込んで肌合いは変わり「萩の七化（ななばけ）」とか「茶馴れ」と珍重されています。その淡い枇杷色をした風合いは、大道土（だいどうつち）という砂礫の多い土を低い温度でじっくり焼いて生まれてくるものだそうです。萩焼は、四〇〇余年前、朝鮮の役で渡来した陶工・李勺光（リシャコウ）と李敬（リケイ）の兄弟によって始められました。この焼物は、萩の人たちの日常的な美意識を高めたに違いありません。

萩は三十六万石の大藩です。堀内地区のほかに、萩城址、菊屋横丁界隈に豪商の家、浜崎地区に御船倉跡、藍場川沿いなど至るところに、城下町の残照が色濃く漂います。

萩に来ると、関ケ原から明治維新に至る歴史群像が、走馬灯のように駆け抜けます。毛利氏と徳川氏の確執の中で、萩の城下は生まれ育ち巣立っていきました。土塀と夏みかんは、黙して何も語りませんが、素敵な贈り物を遺してくれました。

# 祝島

## ―白い練塀の集落

山口県上関町祝島

（一辺3km）

祝島は、瀬戸内海の周防灘と伊予灘の境に浮かぶ小島です。本州から国東半島に渡る最後の湊として、船の安全を祈願する神霊の島と崇められてきました。「神の島」とか「万葉の島」ともいわれました。万葉集には「伊波比島」と記され、航海の無事を願う歌が二首詠まれています。江戸時代には、海に落ち込む急崖の姿から「岩見島」とも呼ばれたようです。

島には、千年以上伝わる「神舞神事」があります。仁和元年（八八六）、豊後国伊美郷の人たちが、石清水八幡宮より分霊をもらって帰る途中、嵐に遭って祝島に漂着します。島民は苦しい生活の中でも、一行を厚くもてなしました。お礼に五穀の種をもらい、以降、島の生活は豊かになりました。島民は大層喜び、毎年、伊美別宮社へ「お種戻し」の参拝をするようになります。そして、四年（今では五年）に一度、祝島と伊美郷との合同で祭事を行うようになります。国東半島の伊美を出発した櫂伝馬船と三隻の神船（御座船）を、大漁旗を立てた百隻ばかりの船が出迎えます。海上絵巻のような荘厳華麗な神事です。

祝島の集落は、北東のわずかな土地に密集しています。瀬戸内というと穏やかな海を想像します。しかし、集落内に入ると、「あいご」と呼ばれる白い練塀に挟まれた狭い通りが、迷路のように廻らされています。家々は、屋敷廻りを練塀でがっちり囲って、鎧を着

祝島の集落には、白い練塀の通りが迷路のように廻らされる。これは「あいご」と呼ばれ、祝島の地言葉で家と家の隙間をいう。この白い練塀の通りは、ここにだけしか見られない異国的な景観である。近くの島や半島にも防風用の石垣は見られるが、白漆喰の目地は塗り込まれていない。リンツ（オーストリア）のペストリンクベルグ教会の聖堂で似た外壁を見た記憶がある。

港から高台へ上る細い路地。

たような装いをしています。その姿は石文化に馴染みの薄い日本人には異国的にさえ映ります。祝島でしか見られない独特の佇まいです。

練塀とは、練り土と瓦を交互に重ねて築き上げ、その上に小屋根瓦を載せた土塀のことです。西宮神社の大練塀や熱田神宮の信長塀がよく知られています。祝島の練塀は、瓦の代わりに自然石を練り土で積み上げ、壁面の目地部分を白漆喰で塗籠めています。通常の練塀とずいぶん違った印象を受けますが、石も瓦と同じ骨材なので練塀の仲間です。この練塀の厚さは五〇㎝ほどもあります。石は、海岸に転がる角のとれたゴロタ石をそのまま使っています。そのため、石と石の隙間も大きくなり、練り土のままでは風雨で傷むので、表面を白漆喰で押さえています。これらの練壁には、ふつうの塀、軒までの高塀、家の壁など、いろいろなものがあります。

どうして、こんなに練塀で頑強に固める必要があったのでしょうか。豊後水道は台風の常襲地帯です。台風が東寄りか西寄りを通るかによって、風向きも違ってきます。練塀は、台風や季節風に対処

練塀に挟まれた「あいご」の通り。

するためと、同時に防火対策でもありました。過去、全島を焼き尽くす大火が二度もありました。風除け石垣は、近くの佐多岬半島の野坂や、西海半島の外泊(そとどまり)でも見られますが、目地には白漆喰は塗籠められていません。祝島の白

一階の軒まで高く積み上げられた練塀

抽象画を思わせる練塀のモザイク模様。

上関原発への反対表示。

い練塀は突然変異のような存在です。壁面の表情は、白いキャンパスに描かれた美しいモザイク模様のようです。その石の形や色の千変万化に見入ってしまいます。生活防衛の手段が、この島では芸術作品に仕立てられているのです。

この辺りは、古くから瀬戸内海で指折りの漁場でしたが、漁業権上で祝島は有利な立場ではありませんでした。そのため、夏は近場の海で漁をしましたが、冬場になると、杜氏の出稼に出かけました。江戸時代、祝島は熊毛杜氏（くまげとうじ）の一角をなす有力な杜氏集団でした。戦前、熊毛杜氏は、遠く朝鮮、満州、上海まで出かけ、秋田、南部、新潟、丹波、但馬、広島と並んで七大杜氏といわれていました。彼らは、各地で見聞したものを島に持ち帰りました。この練塀や白漆喰の技や意匠も、その一つだったのではないでしょうか。対馬や済州島にも似た石垣があります。

集落には、善徳寺、光明寺、照満寺という浄土真宗の寺が三つもあり、島の豊かさを示しています。また、村上水軍との繋がりも彷彿させられ退屈しません。

昭和五十七年、突然、上関原発問題が起こります。対岸三・五㎞の長島・田の浦に原発を建設するというものです。最近、使用済み核燃料の中間貯蔵施設の問題が再び持ち上がっています。

この島は、「祝島」と地名からして謎めいており、その佇まいも特異です。謎をあれこれと詮索するのも旅の醍醐味です。

# 脇町（わきまち）

## ——藍でウダツが揚る

徳島県美馬市脇町

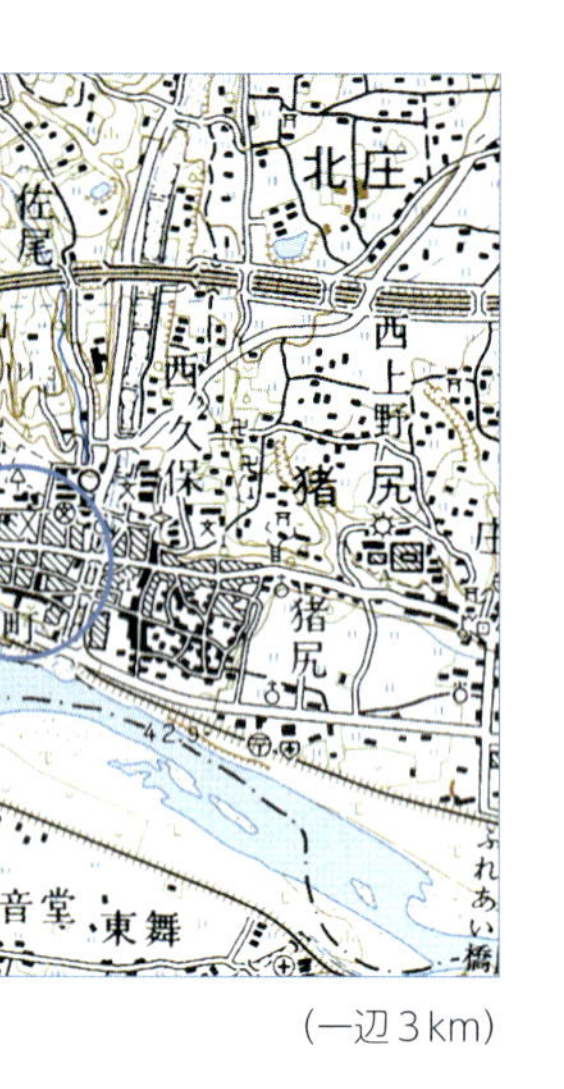


（一辺３km）

脇町は、四国三郎の異名を持つ暴れ川・吉野川の中流にあり、藍（あい）商（しょう）の町で知られます。この暴れ川の繰り返す氾濫が、藍栽培に最適の肥沃な土壌をもたらせてくれました。

阿波国の領主は、鎌倉期に小笠原氏、室町期に細川氏、戦国期には三好氏と変わります。天正十三年（一五八五）、豊臣秀吉は、四国征伐のあと、阿波に蜂須賀家政を入封。家政は、筆頭家老・稲田植元（たねもと）を脇城の城代に据えます。植元は、讃岐や西阿波への押えとして城を整備します。その一方で、商業の開放政策を採り、藍の栽培を奨励しました。

江戸中頃、木綿が普及するようになると、その染料である藍の需要が高まります。阿波の藍は、他所の地藍とは異なり、品質が高く本藍と呼ばれて別格扱いされていました。藍商人は、全国を股にかけて巨万の財を蓄え、阿波大尽（あわだいじん）といわれるほどになります。

藍は、「すくも」が一叺（かます）五十六kg、「藍玉」が一叺（かます）八十kgもあり、舟運が必要でした。脇町は、撫養（むや）街道と吉野川水運を活かし、物資の集散する在郷町として発展します。

財をなした商家は「卯建（ウダツ）」を揚げるようになります。卯建とは、建物の妻側に設けた仕切り壁を指します。もともと、中国の「風火墻」（フォン・フー・チャン）に源流があり、京都から各地に伝わりました。江戸の中頃には、延焼防止に有効と推奨されましたが、

南町通りの街並。切妻・平入で厨子2階の町屋が原則であるが、入母屋・妻入の町屋も混じり街並に変化を与えている。塗籠造り、卯建、虫籠窓、出格子、蔀戸、バッタリ床几、持ち送りと、近世商家の建築意匠が総揃いして残る。とりわけ、戸境に並ぶずんぐり形の二つの卯建が脇町の特徴である。中央の入母屋の町屋は12代将棋名人・小野五平の生家。

吉野川沿いの高石垣と船着場へ下りる石段。

袖ウダツが双子のように仲良く並ぶ。大一と大万のもので、よく見比べると鬼瓦に違いがある。

やがて、装飾的な意味合いが強まり、富の象徴となります。成功した者が、競って卯建を揚げました。逆の「ウダツがあがらない」という言い方は、ここからきています。

ウダツには、形状、位置、材料によって、本ウダツ、袖ウダツ、脇ウダツなどがあります。脇町のウダツは「袖ウダツ」で、大半は幕末以降のものです。その意匠はほぼ統一されていて、背丈が低く壁厚のずんぐり形。寄棟の小屋根を載せ鬼瓦まで据えた厚化粧をしています。隣同士のウダツは、まるで双子のように似ていますが、よく見ると微妙に違えてあります。これらの袖ウダツは、軒裏とウダツの間に隙間があるので、延焼防止にはあまり役立ちそうにありません。近くの貞光という町にもウダツが見られますが、二階建てのウダツや、鏝絵（こてえ）が描かれたものなどさらに装飾性に富んでいます。どこか中国の「馬頭壁」を想わせます。

町の骨格は、天文二年（一五三三）の三好長慶（ながよし）による町割りが、下敷きとなっています。城とカドノハナ（川湊）を結ぶ大手前通りの東一帯に、北町、中町、南町が町割りされました。植元もこれを下敷きに城下の整備を図ります。南町の商家では、表通りから吉野川の船着場へ直接に出られるようになっています。河岸には高石垣と川湊へ下りる石段が造られていました。

街並の建物は、切妻平入・厨子二階・塗籠造り・本瓦葺、それに袖ウダツが卓越し、間口は四間を基本とします。南町通りには、かつての豪商の家が連なっていました。吉田家は屋号を「佐直（さなお）」といい、寛政四年（一七九二）の創業です。藍商と藍師を兼ねて、屋敷地は、表通りから裏の船着場まで続き、藍寝床の蔵も残ります。田村家は藍商から藺商に転業しています。国見家は宝永四年（一七〇七）築で最も古い建物です。

貞光の２階建てウダツ。

貞光の袖ウダツ。鏝絵が描かれている。

ところで、藍の栽培は暴れ川・吉野川の恵みのおかげでした。藍は連作できません。しかし、毎年やってくる台風による洪水により、新しい肥沃な土地に生まれ変わるので、連作ができました。しかも、刈取り時期は、七～八月の台風の来る前なので好都合でした。この肥沃な氾濫原には、田中家住宅（重文）や奥村家などの藍屋敷が点在していました。

明治時代になると、藍の需要は化学染料の進出により減退します。大正三年、徳島線が対岸を通り、交通の優位性が失われます。藺の集散地への転換など再生策を図りますが、時代の趨勢にはなかなか勝てませんでした。

阿波国では、近世、海岸で塩、平地で藍、山で煙草と、多角的な産業振興策が採られました。隣りの讃岐（香川県）でも、「讃岐三白（さぬきさんぱく）」（砂糖、綿、塩）が知られています。かつて、日本の各地には、その土地固有の生業が生きづいており、個性に富んだ街や村がつくられてきました。脇町の藍はそのことを教えています。

# 笠島（かさしま）

## ――水軍のふる里

香川県丸亀市本島町笠島

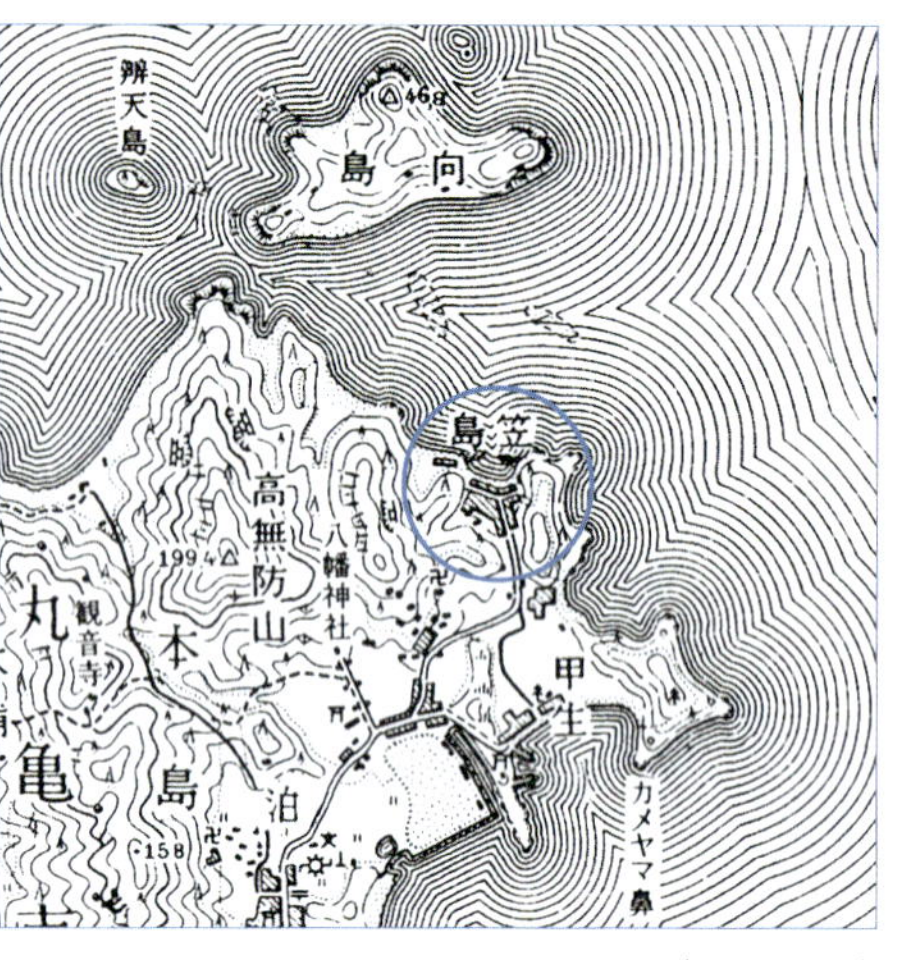


（一辺３km）

本島の「笠島集落」は、塩飽（しわく）水軍の拠点でした。この塩飽とは、瀬戸内海が狭まる備讃瀬戸にあって、東西の潮がぶつかり湧き立つという意味です。

少し西方の芸予諸島の海域は、大小の島々が複雑に入り組み、まるで山中を川（海）が流れているようです。水先が見通せず潮流が激しい上に、島々の高地性集落から襲われる恐れもありました。その昔、大陸から倭国へは、日本海を出雲沖から「高志（こし）」（越（こし）／北陸地方）へと向かっていました。瀬戸内海が通れるようになるのは、大和政権が吉備国を下し、制海権を握ってからと思われます。しかし、そこは、潮の流れを知り尽し操船術に長けた海賊たちの巣窟でした。源氏や足利尊氏、また毛利元就も、この海賊衆を味方につけてこそ、勝利を引き寄せることができました。

戦国期、瀬戸内海の中央海域を差配していたのは村上水軍で、能島、来島、因島の三家がありました。一方、塩飽水軍は、東寄りの海域を縄張りとし、操船術や造船術に長じていました。この両者は、織豊時代を迎え対照的な運命を辿ります。勇者・村上水軍は、敗将・毛利氏の一家臣に甘んじ散り散りとなっていきます。一方、智者・塩飽衆は、歴代の天下人と上手く付き合いながら、強かに生き延びました。

さて、塩飽衆はこの激動期をどう生き抜いたのでしょう。織田信

東山から見たマッチョ通り。本瓦葺きの入母屋と切妻の家並が、幾何学模様のように重なり合い広がる。集落の姿は、無駄や乱れがなく律儀で凛としている。塩飽人名の気概と塩飽大工の確かな腕が伝わってくる。このような景色に出会うと気分も爽快に引き締まる。

南北に抜ける東小路。この通りを下ると北の浜に出る。集落の表情は漁村とは違った佇まいを見せる。

長は、石山本願寺攻めの際、木津川の第一次合戦で毛利方の村上水軍に苦杯を舐めます。しかし、翌天正五年（一五七七）、信長は、塩飽船に堺への優先入港権を与えて囲い込みを図ります。彼らが瀬戸内海の東部海域に精通していたからです。つぎの天下人・豊臣秀吉からは、九州征伐や小田原攻めの海上輸送の功労により、天正十八年、塩飽領一二五〇石を六五〇人の「御用船方」に与えるという特権を得ます。朝鮮出兵でも兵士や兵糧の輸送に貢献します。

　さらに、徳川家康からは、秀吉時代の特権をそのまま安堵され「人名」として取り立てられます。関ケ原では東軍に与し、大坂の陣や島原の乱の兵站、また朝鮮通信使送迎やオランダ商館長参府などを裏方から支えました。まさに幕府の護送船団です。「人名」とは、天領でも旗本領でもなく、人名株を持つ人たちの自治組織です。年貢の代わりに軍役や輸送の義務を負いました。塩飽島中の運営は、宮本、入江、吉田、真木の四家が年寄として当たりました。

　西廻航路が整備されると、塩飽衆は、幕府から輸送任務を一手に引き受けます。平和産業への大転換です。塩飽島中は、元禄期に廻船業で最盛期を迎え、凡そ二〇〇〇余戸、廻船二〇〇艘という海運王国を築き上げました。塩飽衆が、金毘羅大権現の旗を掲げて諸国を廻ったことから、「こんぴら信仰」が広まったといいます。ところが、幕府は、輸送コスト削減のために廻船問屋を活用して商人請負制を導入します。このため、塩飽衆の仕事は激減します。船大工も、家大工や宮大工へ転身しました。しかし、幕末、遣米使節団の咸臨丸では、

塩飽人名の年寄を務めた真木家。主屋は端正な切妻で、土蔵は白壁に四半張りの海鼠壁を添える。

東小路から入る横路地。精緻な石段。

日本人水夫五十名のうち三十五名が塩飽の水主でした。塩飽水軍の面目躍如です。

笠島浦は、海が北に開け三方を低い山に囲まれた集落です。中世の頃、東山に笠島城が築かれ、城下は「城根」と呼ばれていました。集落内の道は、東西にマッチョ通りが通り、南北に東小路が抜け、細路地が連なります。マッチョとは、所謂 macho でなく、町通りが訛ったものです。集落を歩くと、漁村でも、湊町でも、陣屋町でもない不思議な表情をしていて、只者でない顔付です。何処か、近江商人の五個荘や北前船船主の橋立に似た気配もあります。

建物は、江戸後期から明治にかけてのものです。入母屋と切妻の伝統的な建物で、重厚な本瓦葺きの屋根が印象的です。いずれの家も特別な豪壮さはありませんが、外連味の無い律儀さと礼儀正しさを混えています。この集落の姿形は、塩飽人名の気概と塩飽大工の技がつくり出したものです。旧真木家は切妻平入ですが、濃青を帯びた壁に連子格子を設え、土蔵は白壁に海鼠壁の四半張りを添えています。その屋敷構えは品格を具え凛としています。

塩飽衆は、時の趨勢を的確に読み取り、自らの活路を探り当て逞しく生き抜いてきました。情報の収集力、先見性、柔軟な判断力に敬服します。今、笠島の集落は過疎化が進み、昼寝でもしているかのように静かに佇んでいます。

# 内子

## ——木蝋の町

愛媛県内子町八日町

（一辺３km）

内子は、愛媛県南西部の内山盆地にある町です。四国遍路や金毘羅参り人たちも往来する大洲街道（松山街道）が通り、小田川（肱川支流）の水運とも相まって交通の要地でした。廿日市、六日市、八日市の地名が残るように物資の集散地でした。江戸から大正期にかけて、木蝋と和紙で栄え、とりわけ明治期には、木蝋生産で一世を風靡します。その豊かな富を背景に、今も質の高い伝統的な街並が息づいています。

内子の町は、鎌倉時代に願成寺前の門前町（廿日市）から起こり、しだいに北方の六日市、八日市へと広がったといわれます。南端の願成寺から北端の高昌寺まで、大洲街道沿いに一・五㎞も続きます。大洲藩領で、木材、木炭、楮、菜種油、木蝋の集散する地域の中心地として栄えました。大洲和紙は、寛永五年（一六二八）頃から始まり、藩が奨励し紙役所を設け、大坂方面へ出荷されました。

一方、木蝋は、五十崎の綿屋善六が、元文三年（一七三八）、安芸国から蝋職人を招いて製蝋を始めたと伝わります。原料の櫨の木は九州から取り寄せています。木蝋とは、ハゼノキの実から採取される油脂で、採取したままのものを生蝋、漂白したものを晒蝋（白蝋）といいます。蝋燭、つや出し、石鹸などの原料に使われました。

生産が伸びるは、幕末の文久年間、八日市の芳我弥三右衛門が

上芳我家の邸内には、釜場、出店蔵、物置、土蔵などの精蝋施設一式が残る。屋根は燻し桟瓦葺き。外壁は柔和な黄漆喰で塗られ、破風や格子窓の白漆喰がアクセントとなって意匠を引き締めている。この色合いが、街並に内子特有の温かな風合いを醸し出している。

大洲街道。左に重文の大村家と本芳我家が並ぶ。

本芳我家の妻側。(鬼瓦・鳥衾・懸魚が豪華)

「伊予式箱晒法」（蝋花式箱晒法）を発明し、良質な白蝋が大量に造れるようになってからです。八日市の芳我家一族を中心に晒蝋業者が続出し、生産量が飛躍的に伸び大洲藩の重要な財源となります。坂本龍馬が大洲藩から借りた「いろは丸」（瀬戸内海で衝突沈没）の買い入れも、この潤沢な資金で購入されたのかも知れません。明治中期に最盛期を迎え、二十三もの製蝋業者が軒を並べ国内屈指の生産地となります。大正時代に入ると、木蝋の需要は、西洋蝋（パラフィン）の生産、また灯油や電灯の普及により衰退します。

八日市に残る商家は、木蝋生産の繁栄を伝えています。豪壮な塗籠造りの主屋や土蔵、豪華な虫籠窓、桟瓦葺、鬼瓦・鳥衾、出格子、持ち送り、海鼠壁、鏝絵、懸魚、蔀戸、バッタリなど、近世商家の意匠が凍結保存されたように残ります。

「本芳我家」は内子木蝋の繁栄を築いた家です。芳我一族の総本家で、上芳我家、下芳我家、中芳我家など十三家も分家があったといいます。元文元年（一七三六）、木蝋生産を始め、天保十一年（一八四〇）に現在地に移ります。明治期には旭鶴の商標で海外にも輸出。主屋は、明治二十二年築で国の重要文化財です。切妻平入・本二階の塗籠造りで、亀甲の海鼠壁、精巧な鶴・亀・波の鏝絵（こてえ）、立派な鬼瓦・鳥衾・懸魚など、贅を尽くした装飾が施されています。袖蔵は、黄漆喰壁に筋違目地の海鼠壁、また商標・旭鶴の鏝絵が掲げられます。これらの過剰意匠は、

上芳我家の妻側。（黄漆喰・格子窓・海鼠壁）

「せだわ」／上芳我家と中芳我家の間。

土蔵の通気口／石垣は伊予の青石。

木蝋商いで巨万の富が蓄積された証しでしょう。

隣りの「大村家」（重文）は、紺屋を営んだ商家で、切妻平入の厨子二階の建物です。寛政二年（一七九〇）築で、内子で最も古い建物です。また、「上芳我家」（重文）は芳我家の筆頭分家です。主屋は、切妻平入・本二階建ての明治二十七年築で、本家と同じように豪商らしい意匠が施されています。一階は出格子、二階は黄漆喰壁に白漆喰の格子窓という洒落た意匠です。屋敷内に、井戸屋、釜場、薪屋、土蔵などの製蝋生産の施設一式が残り、貴重な遺構で木蝋資料館として公開。南脇を魅力的な細路地が通り抜けていて、内子では「せだわ」と呼ばれています。

内子の外壁は、総じて浅黄色の「黄漆喰」が塗られています。地元の黄土を混ぜたものです。その風合は、とても柔らかく温かい印象を与え、柔和な内子の街並をつくり出しています。どこか蝋燭の肌合に通じるものがあります。

また、「内子座」（重文）という芝居小屋があります。大正天皇即位を祝って建設されたもので、町の絶頂期が偲ばれます。名優・宇野重吉のお気に入りの劇場でした。ノーベル文学賞の大江健三郎は、少し東寄りにある大瀬の出身です。

内子の町は日本一の木蝋生産の工場地帯でした。昭和三十年代にできた新産業都市は、今、その夜景美から工場萌えで着目されています。果たして、将来、どんな風景を私たちに遺してくれるのでしょうか。

# 水荷浦

## ―耕して天に至る

愛媛県宇和島市遊子水ヶ浦

（一辺３km）

水荷浦は、宇和海の三浦半島（蒋淵半島）にある漁村です。山の急斜面に石垣が幾重にも積み上げられ、天に至っています。

段々畑は、この辺りでは「段畑」と呼ばれます。段畑の仕事に出ることを「ソラへいく」というそうで、実に妙を得た言い方です。このような光景は、ひと昔前まで、豊後水道や瀬戸内海ではごくふつうに見られました。現在、段畑の多くは放棄され、自然の山に帰りつつありますが、水荷浦には奇跡的に残ります。この大層な段畑は、イワシ漁の盛衰とともに形成されました。

水荷浦は、江戸初め、イワシ漁の浦として拓かれました。河内地方で、綿作のための干鰯が大切な肥料とされていました。新田開発が進み、魚肥の需要が急激に高まっていきます。関西の干鰯商人は、鰯を求めて遠く房総半島や豊後水道へ進出。二大漁場となります。イワシ漁で人口が増えると、食料自給ために畑も山裾から斜面へと広げる必要がありました。

漁業には豊不漁の波がつきものです。初め豊漁に沸いた浦々も、十八世紀半ばに深刻な不漁期を迎えます。困窮した漁民は、生活の糧を稼ぐために甘藷の栽培を手掛け、甘藷畑が裏山の急斜面に大々的に拓かれます。天保年間、イワシの大群が押し寄せ大漁が続くと、増えた人口を養うため、畑の開墾が必要となります。段畑は上へ上へと這い上ってゆきました。

水荷浦の段畑。海抜80mほどの尾根まで、70段余りの段畑が一気に重畳される。石垣の高さは大体１m、畑の奥行は１～２mぐらい。今は特産物の馬鈴薯が作付けされる。山の仕事は高齢者、海の仕事は若い者。荷の上げ下ろしはモノラック（急傾斜地軌条運搬機）。

山と海の暮らし。段畑と養殖場が広がる。

「ソラ」への階段。水や下肥を担いで上がった。

このように、ある時はイワシの大漁で沸き返り、不漁期には甘藷で食い繋ぎ、豊漁と不漁のシーソーゲームを繰り返し、耕して天に至りました。甘藷作だけなら他の土地へ移り住んだでしょうが、イワシを追う夢を捨て切れませんでした。干鰯はたいへん魅力的な換金商品で、きっと来年こそは、イワシの大群が押し寄せてくるに違いないと、ここで待ち続けてきたのです。明治になって、再びイワシの不漁期を迎えると、甘藷の栽培に力が注がれ、切干（きりぼし）が換金商品として注目されます。ところが、養蚕の方が儲かる噂されると、甘藷畑から一転して桑畑。しかし、生糸価格が暴落すると桑畑もすっかり姿を消しました。

戦時体制に入ると、今度は食料増産のために甘藷と麦の二毛作へと変わります。とくに、切干はデンプンやアルコール原料として高値で買い取られました。浜辺には、切干とイリコを干す光景が、足の踏み場もないように繰り広げられました。戦後の一時期、切干景気に沸きましたが、安いデンプンや糖蜜の輸入が始まると萎みます。この頃、浦の暮らしは、海の仕事も山の仕事も大変苦しい時代で、日本で一番貧しい浜ともいわれました。

昭和三十年代になると、段畑は馬鈴薯へ転換され、今では自慢の作物となっています。昭和五十年頃から、真珠養殖やハマチ・タイ養殖が、軌道に乗って基幹産業となりました。多くの段畑は放棄され、今では、自然の山に還っています。宇和海の暮らしは、海に始まり、山に上り、再び海に戻っています。

この段畑の石垣は比較的新しいものです。石垣化は、明治終りから大正の養蚕業の活況期に、より多くの桑栽培をするために始められました。さらに、戦前の食糧増産や戦後の食糧難という特殊な時代要請が拍車をかけました。作付面積を少しでも増やそうと石垣化を進め、あの凄まじい石垣の段畑となったのです。石垣積みは家族総出で行いましたが、戦後は専門の職人に頼むようになりました。写真家・原田政章の「由良半島」には、まるごと禿山の広がる光景が映っています。

昭和30年代の光景。（原田政章「由良半島」より）

真珠の養殖筏（矢野浦）。鰯漁から養殖へ。

ところで、日清戦争の講和条約で下関に来た李鴻章は、瀬戸内の段々畑を見て「耕して天に至る。以って貧なるを知る」と呟いたといいます。彼が、どうしてこんな貧しい国に負けたのかと慨嘆したかどうか、知る由もありませんが。

また、「裸の島」（昭和三十五年／監督・新藤兼人）という映画があります。瀬戸内の小島の段々畑に暮らす貧しい家族四人の物語です。台詞（せりふ）は一切なく、音楽だけがただ無常に流れてゆくモノクロ映画です。人間の耐え生き抜く姿が、あまりに切なくも力強く描かれています。この段畑につながるものがあります。

急斜面の畑仕事は、下肥や水の運び上げなど大変な重労働です。この過酷な土地に生き抜いてきた人々の不屈の意志と惜しみない労力に脱帽してしまいます。水荷浦の段畑は、日本の貴重な産業遺産です。

# 外泊（そとどまり）

## ——高石垣の漁村

愛媛県愛南町外泊

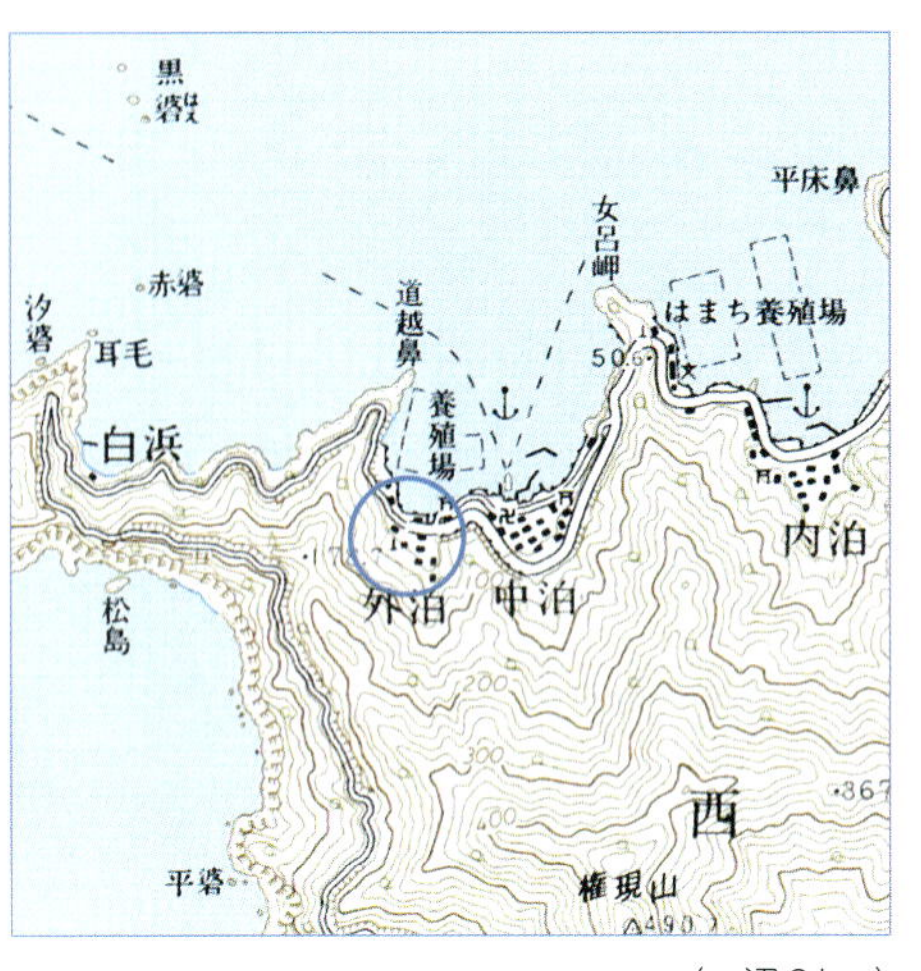


（一辺３km）

豊後水道の西海半島に、内泊・中泊・外泊という三つの浦が連坦しています。「外泊」は、中泊の分村としてつくられた新しい浦で、高石垣が圧倒する特異な景観を呈しています。

江戸初め、関西の漁師たちは、河内木綿の栽培に必要な魚肥（干鰯）を求めて、豊後水道や九十九里浜へと進出します。

「中泊」の浦も、元禄九年（一六九六）、すでに「内泊」に土着していた淡路島出身の吉田喜兵衛が、宇和島藩の許可を得て拓きました。五十戸ほどの集落で、おもだか網での鰯漁を生業としていました。江戸後期になると、鰯漁の進展とともに人口増の対策に迫られます。そこで、網元の三男を新網元として、網子の次男・三男たちを集めて分村する計画が進められます。西隣りのわずかな土地に新しい浦を造成し、明治十二年頃に移住させます。この中泊の分村が「外泊」です。

谷筋を「おさめて川」とし、これを軸に斜面に雛壇状の宅地を高石垣で築き、六〜七十坪程度の画地を四十戸余り造成しました。併せて三区画毎に一区画の共同耕作地（畑）も用意しました。網元の家は別として、宅地の場所決めは籤引きで公平に行いました。計画的につくられた漁村団地です。現在でも、当時の区画は基本的に変わっていません。

併せて、段畑が裏山の急斜面に開墾され、サツマイモや麦が植え

各々の家は、石垣を丁寧に築いて造られた雛壇状の宅地に建てられている。かなり高密に密集しているが、「おさめて川」を軸にして合理的でわかりやすい宅地割りとなっている。この坂はおさめて川から西の宅地へ駆け上っていく路。伊予の青石が緻密に積まれる。

高石垣沿いにオキ（北の海）へ下る坂。

ソラ（南の山）へ上がる狭い坂。

られます。秋に収穫した芋は、土間の床下に掘られた芋ぐら（地下室）に貯蔵し、冬の間の食料としました。昭和三十年頃の写真をみると、段畑が天高く築き上げられているのが見えますが、今では放棄されて自然に帰っています。昭和三十一年から鰯漁は不漁となり、今ではハマチ養殖が中心となっています。

　外泊の浦は北に海が広がります。このため、季節風の「ニシ」や潮風の「シマキ」から家屋敷を守るため、敷地の高石垣の上に、さらに防風石塀を軒近くまで築き上げています。この塀の厚さは六十㎝もあります。遠くから見ると、この高い石垣と石塀が目立ち、まるで要塞のようです。戦時中、由良半島や西海半島は、瀬戸内海への軍事的な要路に当たり、潜水艦探知の調音機や磁器機、またB29迎撃の高射砲基地が設けられていました。この要塞のような高石垣集落は無事だったのでしょうか。

　さて、この石垣や石塀は、開墾の際に出た石を野面積（のづらづみ）にしたものです。自分たちで手がえと呼ばれる共同作業で築きました。手がえとは、手伝ってまた手伝い返されるという相互扶助のことで、いわゆる結（ゆい）の精神です。石は、意外と小さく不規則に鋭く尖っています。これは、年寄りや女子供も総出で手伝えるように小さく割ったものと思われます。民宿の吉田トヨカさんは「石垣は人のまことのつみかさね」と名言を残しています。昭和二十一年の南海地震でも、基盤石垣の被害は少しだったようです。

東西に通る緩やかな坂。高石垣が連なる。

海賊窓（遠見窓）。台所から海の様子が判る。

高石垣の中に「屋敷神様」が祀られる。

家屋は、木造の切妻一階建ての低い建物で、土間・居間・座敷が一列に並ぶものでした。経済的なゆとりとともに家族も増え、中庭を囲んだコ字型やロ字方の間取りも見られるようになります。間取りは、オキ（北側の海）に面した方に炊事場を、またソラ（南側の山）の側に座敷や床の間を採りました。炊事場前の防風石塀には、海賊窓（遠見窓）とも呼ぶ小窓を設け、沖の様子がよく判るように工夫してあります。この窓から主（あるじ）の船が帰ってくるのが見えると、食事の準備に取りかかり、また家族総出で浜へ出迎えに行き、漁の水揚げや漁具の片付けを手伝いました。この物騒な海賊窓という呼び方は、近くの日振島（ひぶりじま）に拠った海賊大将軍・藤原純友に因んでいるのでしょうか。

この外泊の石垣集落は、昭和四十一年、東京芸大がデザインサーベイ（景観調査）を発表し、随筆家や写真家から日本の原風景として注目を浴びました。昭和五十年に、国の重要伝統的建造物保存地区の調査も行われていますが、建築的要素が薄いのか、地元の意向なのか、選定には至っていません。

いずれにしても、オモダカ網という漁単位で分村したという物語は、たいへん興味深いものです。集落内は高密な空間ですが、ふつうの漁村の迷路のような密集形態とは異なります。おさめて川を軸にした計画性を読み取ることができます。この稀有な生活空間を造り上げた意思と労力に感動する一方で、その保全維持に思いを廻らしました。

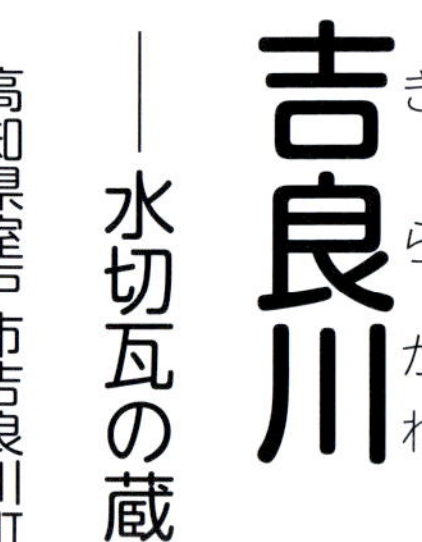

# 吉良川

## ――水切瓦の蔵

高知県室戸市吉良川町

(一辺3km)

吉良川は、室戸岬近くの小さな港町です。今でこそ、国道五十五号線が通っていますが、かつてはまったくの陸の孤島でした。鰻焼や焼鳥に欠かせない備長炭の産地として知られます。町を歩くと、水切瓦の土蔵が独特の街並景観を見せています。

この辺りは山林に恵まれ、古くから木材や薪の産地として知られていました。吉良川は、江戸の中頃、五十戸ほどの浦で、明治時代に、京阪神方面の木炭需要が増え、その生産が盛んになります。

明治時代の終り頃、四国遍路途上の植野蔵次という人物から、周りに自生する姥目樫で「備長炭」（白炭）の製炭を奨められます。蔵次は紀州で備長炭を焼く職人でした。この白炭は、紀州田辺の炭問屋・備中屋長左衛門が始めたことから備長炭と呼ばれています。紀州藩は専売制とし、その技法は江戸時代まで門外不出とされていました。明治時代になると、その縛りはなくなります。

姥目樫に目をつけた蔵次は、息子を連れて土佐に来住し、窯を構えて白炭の製炭技術を伝授してくれることになります。土佐木炭の品質は飛躍的に向上して、「安芸備長炭」（のちに「土佐備長炭」）の銘柄で全国的な評価を受けることになります。

こうして、吉良川は、京阪神への備長炭の積み出し港として繁盛します。帰り船には日用品などの雑貨を持ち帰って商売し、在郷町としても栄えます。同時に廻船業の発展にも繋がりました。当然、

御田八幡宮の参道坂。3段水切瓦のつく土蔵が連なり、光のコントラストが印象的である。水切瓦には「反り」がつけられ雨水ができるだけ壁にかからないようにしてある。八幡宮の御田祭は、鎌倉時代から続くもので重要無形民俗文化財に指定されている。

石ぐろ塀に挟まれる通り。玉石を空積で高く積む。外泊や祝島の防風壁とは異なる印象。

上方の文化も持ち込まれ、京風の格子やブッチョウ（揚見世）なども見られます。立派な土蔵や格子の街並は、この辺りでは異色な存在となっています。

この町には、特筆すべき二つの景観があります。ひとつは、土佐街道の浜地区で見られる「水切瓦」。もう一つは、山裾の丘地区の「石ぐろ」と呼ばれる石塀です。

浜地区には、塗籠造りの商家や土蔵が建ち並びます。これらは、備長炭の生産販売が軌道に乗り、廻船業も盛んになり、その富を背景に建てられました。その中で、とりわけ目を惹くのは土蔵の「水切瓦」です。水切瓦は、雨が壁に当たらないように、また壁面を流れないようにした雨仕舞です。その効果をより高めるために、何段もの水切瓦が設けられます。その段の数は富の象徴でもあったようで、隣の家よりもう一段増やして欲しいという注文があったといいます。隣町の安田町には、水切瓦が六段もある蔵もあります。この水切瓦が白壁に映す陰影はとても印象的です。この水切瓦という雨仕舞が建築意匠へと高められ、土佐固有の建築文化となっています。

併せて、白壁には、耐水性と耐久性に優れた「土佐漆喰」が使われています。地灰（消石灰）にネズサ（発酵処理したワラスサ）を加えて水ごねしたものです。糊（海苔）を入れないため、水に濡れても戻りがなく、きめも細かく厚塗りができ、耐用年数は百年を越えるといわれます。

丘地区の半割石・石ぐろ。練塀で積まれる。

浜地区の５段水切瓦。突き当りは土佐街道。

吉良川北方の安田にある６段水切瓦。

つぎに、山裾の丘地区には、「石ぐろ」と呼ばれる石塀を廻らした集落があります。これは台風の強風から家屋敷を守るものです。石塀は、玉石や半割石を空積（からづみ）や練積（ねりづみ）で積んでいます。玉石は径二十㎝ほどの大きさで、近くの河原（河原石）や海岸（浜石）で拾い集めたものを丁寧に積んでいます。その色や形が変化に富み、素朴で意匠的にも優れています。とりわけ、半割石の小口を見せる石ぐろは、画趣溢れる造形模様となっています。また、丘地区には、昔の農村の地割や畦道がそのまま残り、不規則な道の曲りや辻に懐かしい風景が広がります。

吉良川の街並は、台風の常襲地帯という厳しい気象条件の中で生まれました。ある巡礼者との偶然の出会いから土佐備長炭の商いで繁盛し、上方文化の影響も受けながら形成されてきました。水切瓦は土佐地方の多くの地域で、また石ぐろも奈半利（なはり）、防風壁も東海岸の高岡などで見られます。吉良川では、さまざまな「水切瓦」と「石ぐろ」を一堂に見ることができます。

この吉良川の繁栄は、蔵次というお遍路さんのお陰ということになります。第二十五番札所・津照寺（室津）には、その蔵次の石碑が建てられています。四国の人は、接待の心に厚いといわれ、備長炭はそのお返しだったのかも知れません。ある偶然がある必然を呼び込みました。

江戸から明治にかけ、日本各地にさまざまな固有性が生まれ育ち、多様性豊かな町や村が花開きました。吉良川を歩きながら、日本人の柔軟性や創造性に感銘しました。

# 柳川（やながわ）

## ―掘割の城下町

福岡県柳川市新外町（しんほかまち）ほか

（一辺３km）

柳川といえば、ドンコ舟による掘割（ほりわり）の川下り。また、北原白秋を想う人も多いでしょう。歴史好きの人なら立花宗茂（たちばなむねしげ）。食通の人なら鰻のせいろ蒸しかも知れません。柳川は城下町ですが、古い街並はあまり残りません。しかし、得体の知れない郷愁を無性に掻き立て、追憶を迫る町です。

柳川の地は、筑後川と矢部川の河口にあり、干満差六ｍもある干潟でした。有明海では、古くから干拓が行われてきました。排水路を掘り、掘土を盛って陸地としました。井戸水は塩が出るので使えません。実は、柳川には真水がなかったのです。この掘割は城濠であるとともに、生活用水を貯めおく巨大な水甕でもありました。

さて、戦国武将の中で、今も絶大な人気を持つのが「立花宗成」です。生涯無敗で、秀吉の九州征伐の功で柳河に入り、朝鮮の役では武勇を轟かせ、西国無双の人といわれました。関ケ原では「豊臣の恩顧忘れ難し」と西軍に与したため改易。しかし、陸奥・棚倉藩主を経て、元和六年（一六二〇）、二代将軍・秀忠に信望され、柳川藩主（十・九万石）に返り咲きます。西軍で改易された後、旧領に復帰を果たした唯一の大名です。余程人間力に優れていたのでしょう。維新後も、立花家は、早々と地元に帰り柳川と共に生き、今でも、料亭旅館「御花（おはな）」を営んでいます。

ところが、柳川の町の礎を築いたのは、この宗成でなく「田中吉

柳川の掘割は、総延長930kmに及ぶという。この掘割は、運河というより生活用水の水甕であった。掘割の幅は、城濠では25m、町場の狭いところで1mほどとさまざまで、深さは1mほどである。掘割は、両岸に石垣が積まれ、屋敷の大きな樹木で覆われ、家々の水汲場が顔を覗かせる。碁盤状に廻る掘割は、条里制を下敷きにしたともいわれる。かけがえのない水郷風景である。

北原白秋の生家。藩御用達の海産物問屋。明治初めに造り酒屋に転業。

御花の西洋館。明治42年、立花家の迎賓館として建てられた。

政」という人です。関ケ原の後、岡崎城主から柳河藩の領主となります。柳河城の修復と天守閣を築き、城濠と掘割を整備。城下町は、武士の御家中（城内）、町人の柳河町と沖端町（湊町）の三つに分けます。さらに矢部川の治水、有明海の干拓（慶長本土居）、往還の整備、福島城や久留米城の支城配備などに多くの功績を残しています。吉政は、水郷の町・柳川の土台を築いた人で、土木の神様といわれるほど。掘割脇に田中吉政公銅像があります。因みに、吉政は、関ヶ原で石田三成を捕縛した功で、柳河藩三十二・五万石の太守になったともいわれます。息子・忠正は無嗣断絶となり、早々に田中家は改易となりました。

それでは、掘割の貯水機能や遊水機能をみましょう。掘割は沖端川から取水し、干潮時に水門を開けて排水し、満潮時には閉めて生活水（真水）を貯めます。また、大雨の時には、掘割全体を遊水地とし洪水を防ぎます。

このため、掘割にはいろいろな工夫が施されていました。まず、橋の橋台（きょうだい）間を狭めて、流水量を絞る仕掛を設けています。一種の堰（ダム）のようなもので、掘割全体が貯水池となっています。しかも、橋部の流路断面は逆台形型にしてあり、水位の上下変化に応じて流出量を調節できるようにしてあります。いわば自動流出量調整装置で、掘割の水を安定に保つことができました。これを「もたせ」と呼んでいます。また、城濠には越流堰を設け、排水時に水位が下がらないようにしてありました。もちろん、満潮時、海水の逆流防止の仕掛もありました。一方で、掘割を清潔に保つため、掘割を空にして掃除をする水落し（堀干し）も行われていました。生活用水は、掘割の水汲場から汲みました。生活排水は、一時、敷地内の小さな「溜」（池）に溜めて水芋に浄化さるなど、掘割には直接戻さないようにしました。

掘割の「もたせ」。断面が逆台形で、水位が上がると流量も増える。

掘割の「水汲場」。亀も日向ぼっこ。

ところが、昭和十年頃、上水道が通され、掘割の水を飲み水に使わなくなると、皮肉にも、これが掘割汚濁の引き金となりました。昭和四十年代には、汚れた掘割の埋立計画さえ持ち上がります。これに市職員・広松伝が待ったをかけ、市民ぐるみの浄化作戦を展開。こうした努力で、掘割は再び蘇り、現在の水郷・柳川があります。

北原白秋は、柳川を「さながら水に浮いた灰色の棺である」と詠っています。廃藩置県後、藩主や家臣が東京へ一斉に移り、しかも、明治五年、象徴だった五層天守閣が不審火で焼失してしまいます。一時、柳川は、もぬけの殻状態になります。このような哀惜の念が、白秋の詩歌の背景となっているのでしょう。

柳川の人々は、厄介な地形条件を克服し共生しながら、自らの生活の場を切り拓いてきました。掘割は、その回答にほかなりません。日本の誇るべきふる里です。

# 八女（やめ）

## ――居蔵造りの在郷町

福岡県八女市福島

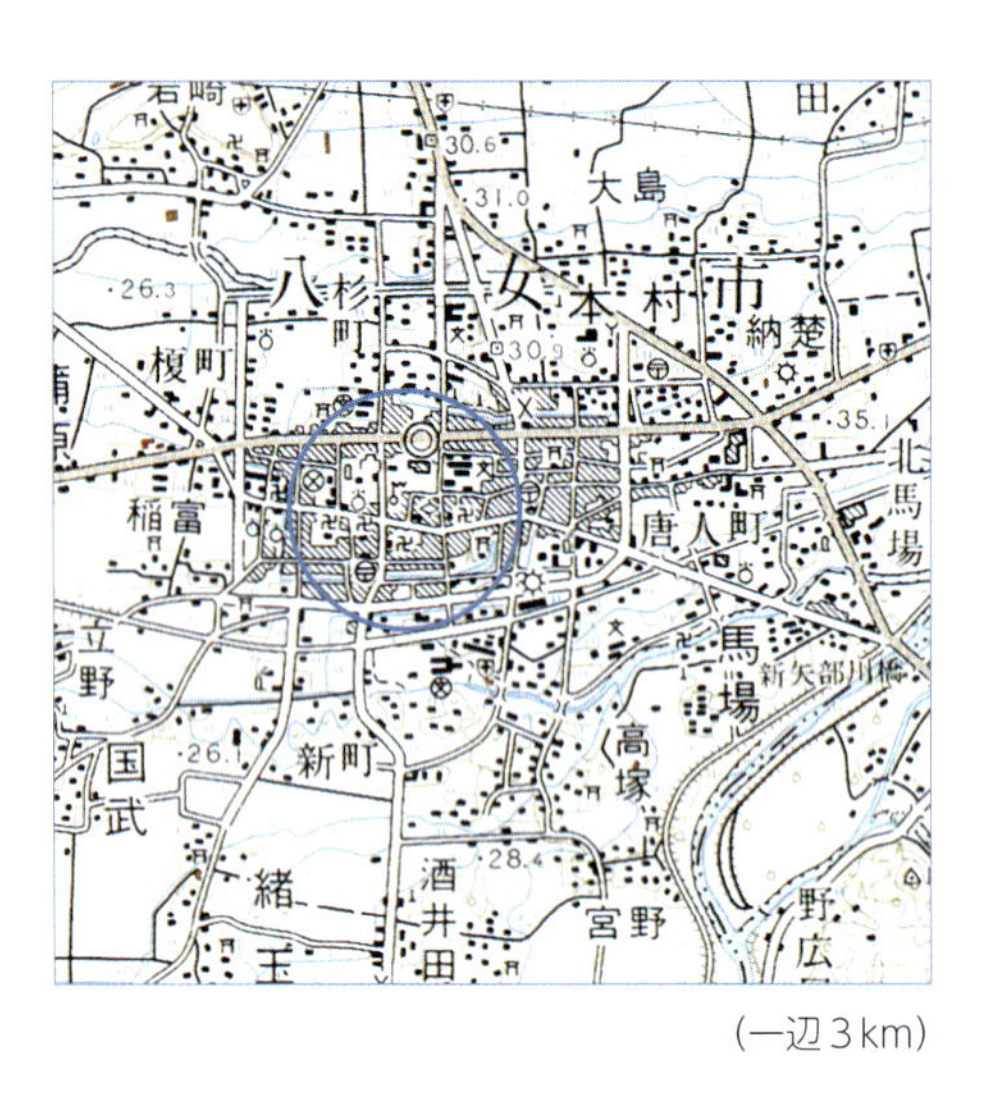

（一辺３km）

「八女」。この艶めかしい響きの地名は、日本書紀にある「この地方に女神あり、その名を八女津媛といい、常に山中にある」に由来するといわれます。

なだらかな八女丘陵には、四～七世紀の古墳が三〇〇基ほどもあり、古代の筑紫君磐井一族のものと考えられています。磐井は、五二七年に大和政権に対し「磐井の乱」を起こし滅ぼされます。岩戸山古墳の石人石馬を見ると、大和とは少し異なる文化の存在に気づきます。この辺りは、矢部川の中流部にあり、肥沃な土地が広がり、太古から人が住み着き、豊かな暮らしが営まれてきました。筑後川右岸にも、大規模な吉野ケ里遺跡が見つかっています。

八女・福島の町は、天正十五年（一五八七）、筑紫広門が築いた砦に始まります。関ケ原の後、田中吉政が、三十二・五万石で柳河城に入り、福島城を支城としました。吉政は、本丸と二の丸を築き三重の堀で囲みます。その堀は今も水路として残ります。中堀と外堀の間に、往還道（豊後別路）を迂回させて、そこに町人地を配しました。現在の町は、この町割りが骨格となっています。田中家が無嗣改易になると、久留米藩有馬家の所領となりますが、一国一城令で、城郭は廃城となりました。

このように、八女・福島の町は城下町としては短命でした。しかし、町人町の方は、近世から近代にかけて、物産の集散地である在

八女・福島の街並（本町）。居蔵造りの商家が誇らし気に軒を連ねる。「居蔵造り」とは、九州北部の町場で明治以降に流行った耐火建築で、入母屋・妻入・二階建ての塗屋造りの建物をいう。入母屋・妻入形式にすると、切妻形式のものより表側に多彩な意匠が採れるので華やかな街並となりやすい。また、妻入方式で建てるのは、町場で狭い間口の矩形敷地にあった合理的な建て方でもある。

福島八幡宮脇の南薩摩屋。角地で居蔵造りの形式が２つ重なる変則型。八幡宮の南には幅18mほどの外堀も残る。

今里家住宅。天保９年（1838）、居蔵造りに改築したもので、八女最古の居蔵造り。入母屋造り・妻入で左右に下屋がつく。

郷町として大いに発展します。八女茶をはじめ、和紙漉き、石燈籠、仏壇、提灯、製蝋、絣など、多岐にわたる手工芸品の取引などを背景に、商業基盤がつくられていきました。農業や商工業の振興により、豊かな富の蓄積がなされます。この財を背景に、町なかには裕福な商家が軒を並べ、八女独特の街並が形成されました。

八女茶は、コクと甘味で高級茶として知られます。その発祥は、応永三十年（一四二三）、明から帰国した周瑞禅師が、霊巌寺（黒木町）で釜炒り茶の栽培や喫茶法を地元に伝えたのが始まりとされています。長い間、山間の集落で細々と作られてきましたが、改良が重ねられて、大正年間にブランド名を確立します。近年では、電照菊も全国有数の生産を誇っています。

八女・福島の町には、「居蔵造り」という特色ある町屋建築が見られます。形態的には入母屋の妻入形式で、外壁を白漆喰で塗籠めた塗屋造りの建物です。

この居蔵造りは、江戸末期から明治にかけ九州北部や山口県などの町場で、耐火建築として流行しました。佐賀県の有田や塩田津、また福岡県の八女や吉井の町で集団的に多く見られます。居蔵造りと呼ばれるのは、蔵造りのよう

許斐（このみ）本家。八女茶を大正期に中興した老舗。

紺屋町の山田八百屋。普段着で歩ける街角の楽しさ。

に居心地が良いということなのでしょうか、定かでありません。なお、広島県の農村部にも、居蔵造りと呼ばれる建物がありますが、入母屋重層の真壁造り（柱が外に出ている形式）で、九州地方でいう居蔵造りとは別物です。

居蔵造りの並ぶ街並は、屋根が波状していて変化に富んでいます。また、妻側の屋根が複雑なことから、派手な印象も受けます。切妻屋根のように軽快で淡白な感じではありません。関西や関東の人は、切妻・平入の町並を見慣れているので、この居蔵造りの華やかでやや重い街並には、戸惑いを感じるかも知れません。

八女の町なかを歩くと、標準的な居蔵造り、左右に下屋のつくもの、また複雑な形の変則的なものと、いろいろな形の居蔵造りの建物が見られます。もちろん、切妻・平入の真壁造りの建物も混在しています。各家の敷地は、狭い間口に奥行の深い短冊形です。間取りは、通り土間に沿って三〜四室が一列に並び、奥座敷に面して中庭が採られ、その奥に離れ座敷や土蔵の附属屋があります。背の高い本二階建ての居蔵造りは、明治以降の新築や改築です。

八女・福島の魅力は、明治から大正の自由な気風を思い切り吸いながら、各家の個性が誇らしげに大らかに発現されているところです。伝統的な工房や庶民的な八百屋さんも散らばり、普段着で気軽に歩ける楽しさがあります。このような等身大の町が、息づいていることにほっとします。

# 大川内山（おおかわちやま）

## ——秘窯・鍋島の山里

佐賀県伊万里市大川内町

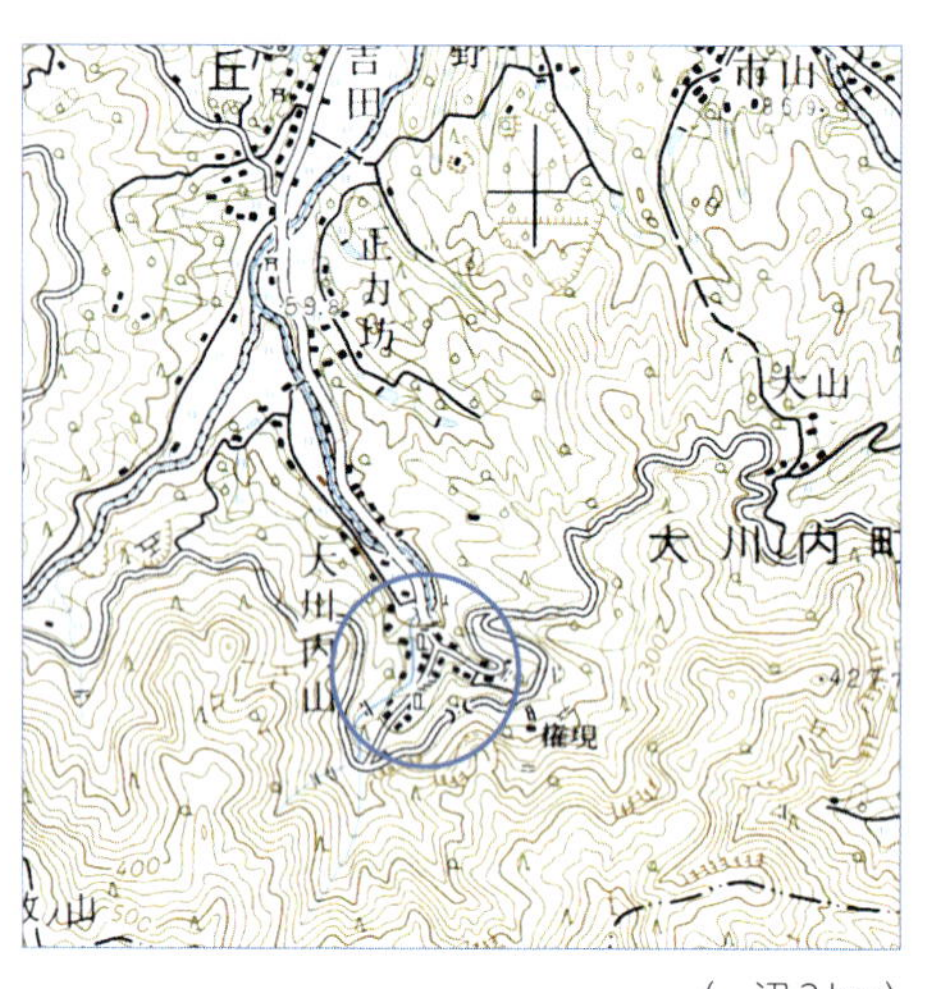


（一辺３km）

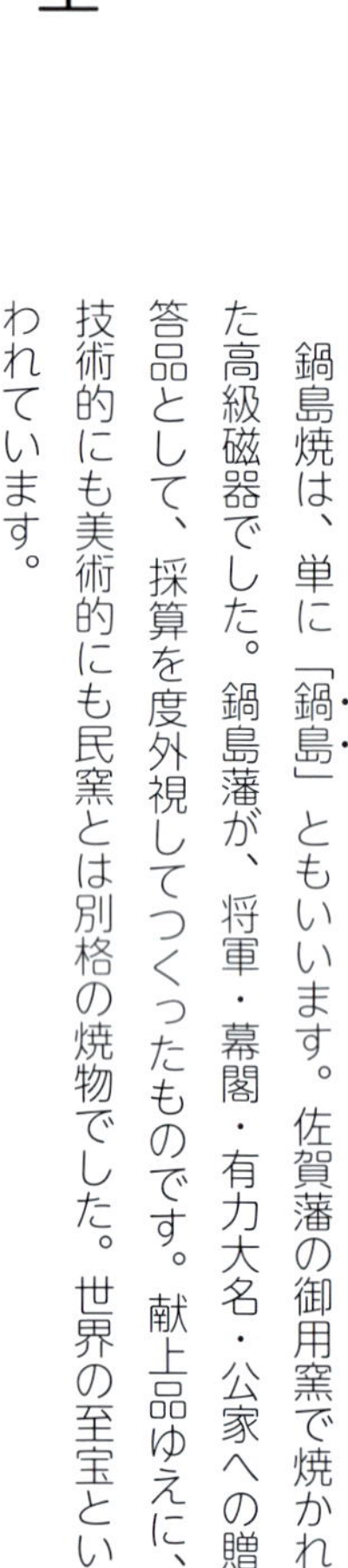

鍋島焼は、単に「鍋島」ともいいます。佐賀藩の御用窯で焼かれた高級磁器でした。鍋島藩が、将軍・幕閣・有力大名・公家への贈答品として、採算を度外視してつくったものです。献上品ゆえに、技術的にも美術的にも民窯とは別格の焼物でした。世界の至宝といわれています。

延宝三年（一六七五）、御用窯は、有田の岩屋川内（いわやごうち）から、この大川内山に移され、明治四年まで二百年間余り、鍋島様式（色鍋島・藍鍋島・鍋島青磁）を焼いてきました。

もともと、肥前の磁器は、朝鮮の役で渡来した李三平（りさんぺい）が、元和二年（一六一六）、有田の泉山（いずみやま）で磁器用の陶石を見つけたことに始まります。酒井田柿右衛門による赤絵磁器の成功などを契機に発展します。国内市場を席巻し、さらに海外へも大量に輸出され、日本窯業の中心を占めることになります。

初代藩主・鍋島勝茂はこの磁器に着目。献上用の磁器を焼くために、特別な藩窯を組織します。当時、鍋島氏は、関ケ原で西軍に与した外様大名。幕府の意向に細心の心配りを払わなければならない事情にありました。藩は、優れた陶工三十一人を選び、陶器方役として藩窯の運営に当たらせます。併せて、技法の漏洩と陶工の移出を恐れ、有田の裏山に当たる秘地・大川内山の地へ御用窯を移して隔離します。三方を山に囲まれた谷あいで、近くに青磁鉱石があっ

大川内山は、黒髪山地の北山麓の谷あいにある。鍋島藩窯坂の正面には、山水画を思わせる奇岩・どんこ岩が聳え、まさに秘窯の里に相応しい構図である。窯元や陶磁器店が建ち並び、30軒ほどの窯元が営まれている。右奥の山腹では青磁用の鉱石が採掘された。

旧関所付近のトンバイ塀。トンバイ塀は登り窯で使った耐火煉瓦の廃材などを赤土で固めた練塀のこと。

たことも一因といわれます。もちろん、入口には関所が設けられていました。

有田では、陶磁器の生産は早くから分業化されていました。このため、鍋島も、本窯焼成までが大川内山の藩窯で行われ、上絵付けは、有田・赤絵町の「今右衛門窯」で行われました。ここでは、斎戒沐浴して色絵付けし、赤絵窯で焚いたと伝えられています。御用窯の廃止後、色鍋島を色濃く継いでいるのは今右衛門かも知れません。

鍋島様式は皿が中心で、その特徴は、端正な形、高めの高台、華麗な色絵、高台の櫛歯紋（くしばもん）、裏面の三紋様などにあります。とりわけ、その精妙無比な藍染付に赤・黄・緑を配した色鍋島は、品格と格調があり人々を魅了します。鍋島は特殊な需要に応えたもので、その存在が一般人に知られるようになるのは大正の頃からです。この秘匿性からいっそう人気を高めることになっています。

大川内山の登り窯は、当初、上部の日峯社辺りに築かれ、全長五十二m・燃焼室数十五と推定されています。周りに、役人や陶工の建物がありました。まもなく、御用窯は下方に移され、全長百四十m・焼成室三十という大規模なものとなります。鍋島そのものは、火の具合の良い中央三室で焼かれ、他はお手伝い窯として民用製品を焼いていたそうです。もちろん、磁石も泉山の最良のものが使われました。鍋島が最も充実したのは、元禄の頃といわれます。このように、大川内山では、藩窯によって鍋島様式が焼かれていました。一方、有田の民窯では、古伊万里や柿右衛門様式を核にした磁器が大量に焼か

せいら（徳永窯）の奥にも屏風岩が聳える。

鍋島藩窯坂を上から見る。昭和の香りの街並。

緑の谷あいに赤い煉瓦造の煙突群。青山窯。

れました。

廃藩置県で藩（会社）が潰され、陶工（社員）も散々になりました。明治十年、藩窯仲間で精巧社（民窯）を設立しますが、時代の流れには逆らえませんでした。火鉢、花器、床置物、盃、茶器などの小物を焼き、細々と凌いできました。現在では、鍋島の伝統を生かした新しい伊万里焼が焼かれつつあります。

大川内山の里には、鍋島藩窯坂の真正面に、山水画を想わせる「とんご岩」が仁王のごとく立ちはだかります。雨の日、この奇峰に雲がかかると、まさに秘窯の里そのものです。この幻想的な構図は唯一無比で、焼物を求めるのもつい忘れてしまいそうです。imari（イマリ）の名に憧れてやってきた欧州人も、大いに満足するでしょう。

この藩窯坂の両側には、窯元の店や土蔵、さらに赤い煉瓦造の煙突が立ち、今風の焼物の里らしい家並が佇んでいます。昭和香る本二階建ての民家やトンバイ塀が、郷愁を誘っています。山裾には登り窯跡や藩役宅跡も残りますが、かつての秘窯の里を髣髴させるようなものはもう見かけられません。

「伊万里焼」の名は、肥前の焼物が伊万里津から江戸や長崎（輸出）へ積み出されたことに因ります。「有田焼」と呼ばれるようになったのは、明治三十年に有田に鉄道が通り、直接出荷されるようになってからです。いずれにしても、鍋島は日本の焼物界の特殊解です。

# 日田（ひた）

## ――西国筋郡代の陣屋町

大分県日田市豆田町（まめだまち）

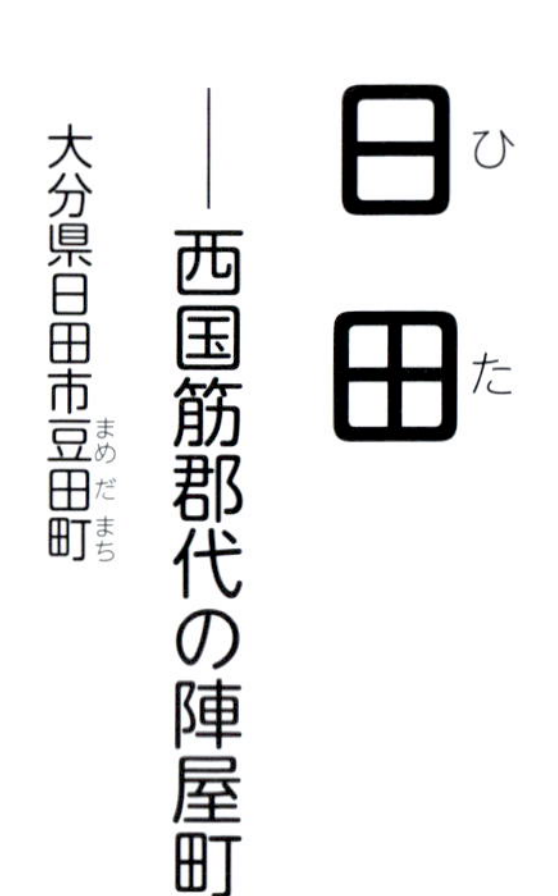


（一辺3km）

日田は、暴れ川・筑紫二郎（筑後川）の上流にある盆地の町です。この大河は、大分県内では大山川に玖珠（くす）川が合流して三隈（みくま）川、福岡県に入ると筑後（ちくご）川と名を変えます。穏やかな盆地に、日隈山、月隈山、星隈山などの丘があり、三隈川と花月川の清流が集まる山紫水明の水郷（すいきょう）の地です。

日田の町は交通の要衝ゆえ、文禄三年（一五九四）、豊臣秀吉が蔵入地（くらいりち）（直轄地）とし、家臣の宮城豊盛に、日隈山（亀山公園）に城を築かせ、対岸に「隈（くま）町」を開いたことに始まります。そのあと、城は北方の月隈山へ移転します。慶長六年（一六〇一）、譜代・石川忠総が入り、城下町を花月川のすぐ南に移して「豆田町」とし、町の中心が隈町から豆田町へと変わります。まもなく幕府の天領となり、永山城の南麓に日田代官所（日田御役所）が置かれました。

明和四年（一七六七）、日田代官は、九州の天領を統括する「西国筋郡代（ぐんだい）」に昇格。一躍、九州の政治経済の中心となりました。郡代とは、重要地域の天領を幾つか束ねる機関でした。全国に、関東、飛騨高山、美濃、日田の四つにしかありません。いかに西国監視に重きが置かれていたかが判ります。その石高はおおむね十七万石にも相当していました。

日田へ向かう幾つかの往還は「日田街道」と呼ばれ、多くの人と物が集まってきました。日田は、商業の町としても繁盛し、裕福な

豆田町を代表する豪商・草野家。この妻側の海鼠壁には、筋目正しい「芋目地」が張られる。通常、在郷町の商家では、商人らしく活動的な斜めの「筋違目地」(四半張り)を使うのが一般的である。しかし、この日田の町では、筋違目地でなく正調な芋目地を使っているのは、西国筋郡代への配慮であろうか。同じ天領の陣屋町・倉敷でも、温厚な「馬乗目地」が張られている。

魚町の広瀬家。豪商でありながら外壁は質実な荒壁塗。屋根は桟瓦寄棟。

御幸通りの街並。平入や妻入の居蔵造の町屋が自在に入り混じる。

商人が次々に生まれます。

　そんな商人の中に「掛屋」と呼ばれる豪商がいました。掛屋とは、代官所に入る年貢米や物産などを販売し、その代金を保管する役目でした。かれらは、この公金を大名や九州一円の商人に貸し付け莫大な利益をあげます。傍らに郡代の威光があったので、貸し倒れの心配がありません。これが「日田金」と称される金融資本で、日田の経済的繁栄を支えた大きな特徴でした。掛屋には、千原家、草野家、広瀬家、手島家、山田家、森家などがありました。因みに、広瀬家では、九州の三十四藩中二十藩に、千原家では十一藩に貸し付けていたといいます。

　豆田の町は、格子状の簡明な道路で構成されています。まず南北方向に、広い御幸通りと上町通りの二本の通りがあり、これに北端の川端町から南の田町まで六本の横道が梯子状に交叉しています。御役所へ通じる御幸通りの南端には、当て曲げと呼ばれる鉤の手が設けられています。

　豆田の町は、幕末から明治にかけて三回も大火に遭っています。このため、江戸末から昭和初めに建てられた建物が混在し、多様性に富んでいます。平入と妻入、また切妻、入母屋、寄棟などが思い思いに散らばります。ややテーマパークのような感じもしますが、日本の伝統的な街並が保たれています。その多様性は、天領の町という自由闊達

水郷・日田を象徴する隈町界隈。庄手川沿いには商人の蔵が並ぶ。

岩尾薬舗。堂々とした三階建の居蔵造。

さからくるものなのか、不思議な街並です。

御幸通りの草野家は屈指の豪商でした。筑後国在国司の末裔でしたが、九州征伐の際に帰農し江戸初めに来住。製蝋業や酒造業で財をなし掛屋や庄屋も務めました。主屋は、十八世紀初の築で、重厚な黒漆喰の居蔵造（いくらづくり）（塗籠造）で重要文化財に指定されています。向いには、当家の古い長屋が残ります。

魚町（いおまち）の広瀬家（国史跡）は、博多屋と号し掛屋も務め、豊前の干拓や日田金の運営に尽力。日田繁栄の功労者とされています。六代目・久兵衛の兄・淡窓は、高名な学者で私塾・咸宜園（かんぎえん）を開き、全国から門人が集まってきました。主屋は質実な荒壁仕上げで、草壁家とは対照的な意匠です。

川端町の薫長（くんちょう）酒造は、印象的な方形（ほうぎょう）屋根の建物です。岩尾薬舗（日本丸館）は大正十五年築の三階建ての居蔵造。住吉町の旧船津歯科も大正十二年の三階建洋館です。このように、個性的な建物も散在しており、町歩きに退屈しません。

また、隈町界隈には、温泉旅館街が広がり、銭渕の鵜飼もよく知られます。日田杉の筏流しで賑わい、山吉（やまきち）（後藤家）の蔵も残ります。

幕藩体制の崩壊とともに、日田は政治的な意味合いを失いますが、地域経済の中心でした。大正五年、日田と久留米間に筑後鉄道が開通します。この伝統的な町は、水郷の町また温泉の町として、魅力的に生き続けています。

# 杵築(きつき)

## ——躍動的な坂の町

大分県杵築市杵築ほか

（一辺3km）

杵築は、坂が遊ぶように躍動する魅力的な町です。これほど多彩で感動的な坂のある町には、なかなか出会えません。

坂の名にも、塩屋(しおや)の坂（志保屋の坂）、酢屋(すや)の坂、勘定場(かんじょうば)の坂、飴屋(あめや)の坂（雨夜(あめや)の坂）、天神坂、番所の坂、岩鼻の坂、紺屋町の坂、ひとつ屋の坂、射場の坂、清水寺の坂、久保の坂、富坂(とみざか)、カブト石の坂などと、心温まる響きがあります。

この地は、鎌倉以来、大友氏の一族・木付(きつき)氏が統治してきました。朝鮮の役で、宗家・大友氏が失態を演じ、豊臣秀吉の勘気に触れ除国（領地没収）。木付氏も共にしました。

江戸時代に入り、寛永九年（一六三二）、小笠原忠知が四万石で木付(きつき)藩を立藩します。その後、譜代の松平氏（三・二万石）が入封し、西国の監視役として明治まで続きました。特産品の「七島表(しっとうおもて)」で経済的にも潤い豊かでした。江戸の中頃、幕府の誤記で「木付」を「杵築」と書くようになったといわれます。

杵築の町は、国東(くにさき)半島の付け根にあり、別府湾内の守江湾に注ぐ八坂川と高山川に挟まれた嘴(くちばし)状の海蝕崖の上に広がります。中世の城は、大潮の時だけ台地側から歩いて渡れる天然要害だったと伝わります。歴代の城主が、この台地を造成し海を埋め立て、元禄の頃までに、町の骨格が整ったとみられます。

天守と藩邸（御殿）は、東端の独立丘（台山）にありました。城

躍動する二連坂。南台の「塩屋の坂」を下り、北台の「酢屋の坂」へ豪快に駆け上がる。坂の名前は塩屋（酒屋）と酢屋があったことに因む。中ほどを商人の谷町が通る。複雑な地形を巧みに克服して造られた城下町の姿が象徴されている。雨に濡れた石畳も旅情をそそる。

勘定場の坂。石畳の敷かれる緩やかな石段坂で、旋律的な土塀群や鬱蒼とした緑陰が思索の坂空間を創り出す。

下は、深い谷で南と北に分断されており、武家屋敷は、「北台武家屋敷」（家老丁）と「南台武家屋敷」（本丁、裏丁）の二つに分かれていました。谷筋は商人町で、谷町、仲町、新町、弓町があり、寺町は南台の西に配されていました。また、城下へ入るには、北浜口など六つの番所がありました。この城下町は、複雑な海食台地の地形を坂道で巧みに繋げており、とても変化に富んでいます。これらの多様多彩な坂が、杵築の町の大きな魅力となっています。

北台には大手筋が東西に通り、大原邸、能見邸、磯矢邸、藩校跡などが並び、上級武士が住んでいたところです。白壁や荒壁の土塀に格式ある門が座り、武家屋敷の佇まいがそのまま残ります。通りを東に向かい「勘定場の坂」を下ると、大手広場に出ます。この妙な坂の名前は、収税や金銭収納の役所があったことからこう呼ばれました。また、南台にも、裏丁や本丁に武家屋敷の土塀が残ります。

北台の大原邸は、酢屋の坂を上がった大手通りの角にあります。間口八間半の長屋門を入ると、正面に、入母屋角屋（つのや）の立派な式台玄関が構えられ、回遊式庭園もあり、格式の高さを感じさせます。主屋は茅葺の変則的な寄棟造りとなっています。この家は、相川東蔵（一二〇石）や中根斎（三百五十石）などの屋敷を経て、御用屋敷・桂花楼とされ、明治元年、大原文蔵（二百石）の家になりました。いずれにしても、上級武士の遺構をよく伝えています。

何より、杵築を象徴するのは、「酢屋（すや）の坂（さか）」と「塩屋（しおや）の坂（さか）」が連なる二連坂です。一直線の二つの坂ですが、北台側から見ても、南台側から見ても、その豪快で躍動的な眺めに感動します。しかも、坂の幅が上方で広がるという面白い坂です。坂には石畳が敷かれ、周りを石垣、土塀、建物、樹陰が協奏して一幅の絵のようです。しばし、立ちつくしてしまいます。高低差二十五mほどの坂は、藩邸への通勤路であり、騎馬や籠で行き来していました。

また、「勘定場の坂」は、緩やかな広場のような石段坂です。石畳道のような優しい石段に、白壁と荒壁の旋律的な土塀群、さらに鬱蒼とした樹陰は、時を刻んで魅力的な坂空間を創り出しています。また、「飴屋の坂」は、谷町から南台にむかって力強く曲がりながら上がる坂で、途中に武家屋敷の白塀と門があり、日本らしい石の坂が演出されています。西外れの「富坂」は、料亭や遊郭で賑わった坂道でした。この町には、至るところに、歩いてみたくなる魅惑的な坂が散らばっています。

飴屋の坂。愛らしい名前は、坂下に飴屋があったから、白っぽい石段が雨の夜でもよく見えたからとか。ついつい登ってみたくなる。

北台武家屋敷。緑陰の下に、表情の微妙に違う土塀が連なる。塀壁の上反りは、雨の時に足下に汚れがかからないようにしたものとか。

これらの坂を廻ると、杵築の町が海蝕台地という特殊な地形をうまくに活かし、防御性も高めながら、いかに愛情深く丁寧につくられてきたかが分かります。どの坂の造りも緻密で造形美に溢れています。この町では、坂を歩くだけで旅の醍醐味を味わうことができます。明治の開国でつくられた神戸や函館の坂とは、一味も二味も違った魅力を持っています。日本の街づくりの真髄の一端を観る思いです。

# 臼杵（うすき）

## ――宗麟の夢の跡

大分県臼杵市二王座

（一辺3km）

臼杵の町は、弘治二年（一五五六）頃、キリシタン大名で有名な大友義鎮（宗麟）が、臼杵湾に浮かぶ丹生嶋に、堅固な海城を築いたことに始まります。

この要害の城は、大分の本城・府内城の詰城とも、宗麟の隠居城ともいわれますが、ここに移り住んで政治の本拠とします。城下には、キリスト教会、修練所、病院などが建ち並び、南蛮船や明船が渡来し、府内とともに国際貿易都市として繁栄しました。

宗麟という人は、波乱万丈に満ち数奇な生涯を送ります。大友氏は、もともと鎌倉期に豊後国守護に任じられ、三代目の時に豊後へ移り住みます。守護大名から戦国大名へと勢力を伸ばします。宗麟の時、潤沢な経済力と巧みな政治力、さらに高橋紹運や立花道雪らの有能な武将にも恵まれ、九州北部六ヶ国を領する戦国大名へとのし上ります。二十一才の若さで、二階崩れという内紛を制して家督を相続。早速、翌年には南蛮貿易の推進を図るため、山口にいた宣教師のフランシスコ・ザビエルを招き、キリスト教の布教を許可します。ポルトガル王へも親書を送ったことから、ヨーロッパでは、豊後王として知られるようになります。徳川家康に外交顧問として仕えたウィリアム・アダムス（三浦按針）らが漂着したのも、臼杵沖の黒島でした。豊後国（BVNGO）の名が、ヨーロッパによく知られていたからでしょう。

旧真光寺から蓮乗寺、善法寺、善正寺と連なる寺町の通りを見る。後方の緑斜面は丹生嶋城（臼杵城）の崖。この「二王座歴史の道」付近には、大きな寺院や武家屋敷跡が連なり、稲葉時代の面影が残る。府内（大分）と臼杵を結ぶ「府中道」の入口に当っていた。

二王座歴史の道。石畳の道に堂々とした寺院が連なり、切通しの甚吉坂へ至る。

浜町の小手川酒造（左／野崎八重子の生家）と小手川商店（右／醤油・味噌）。

しかし、宗麟のキリスト教への傾倒は、家臣団や正室（奈多婦人）との対立を生み出します。彼は、晩年、ドン・フランシスコとしてキリスト教の洗礼を受けています。天正四年（一五七六）、嫡子・義統に家督を譲りますが、隠居したにも拘わらず政治の実権を握り続け、義統との二元政治となります。こうしたことが重り、大友氏の力が削がれていくことになります。

一説によると、宗麟は、日向国にキリスト教の理想郷をつくろうとしていたともいわれます。耳川の戦いでは、宣教師らを連れて無鹿（牟志賀／延岡市）に本営を置きました。無鹿はラテン語で音楽（musica／聖歌）という意味です。しかし、統率のとれていない大友軍は、薩摩軍に大敗し離反者が続出。宗麟は、豊臣秀吉に救援を求め、これが島津征伐となります。一世を風靡した宗麟も、島津氏の降伏を見届けず、失意のうちに五十八歳で病没します。さらに、大友家は朝鮮の役で失態を演じ除封となりました。

大友氏の後、臼杵城には、福田直高（石田三成の妹婿）が居城。慶長二年（一五九七）、太田一吉が入城します。一吉は、臼杵城を近世城郭へ改修、城下の復興、祇園洲を埋め立て三の丸とするなど、現在の礎をつくりました。関ケ原の後、稲葉氏が郡上八幡から入り五万石で立藩し、明治時代まで続きます。

臼杵の町は、島津氏に尽く焼きつくされ、宗麟時代のものは何も残っていません。近年になって、南蛮との交流を連想させるサーレ・デ・うすきや久家（くげ）の大蔵・壁画がつくられています。また、明治以降、埋立が進められて、かつての海城は平山城のようになっています。面白いことに、臼杵の道路は、大手前の辻広場から放射状に延びます。ヨーロッパの道路形態にも似ていて、日本の城下町とは少し違っています。

昭和が香る店看板。（浜町）

臼杵石仏群の大日如来像。

「二王座歴史の道」界隈には、近世城下町の面影が残ります。二王座の名は、祇園社の仁王門があったことに由来しています。府中道が城下へ入る西の入口は、凝灰岩を削った切通しで、その内側に寺院や武士屋敷を配して防御を固めていました。上級武士の屋敷は、大手門の西一帯にありました。

また、町人地は、臼杵川右岸に広がり、唐人町、掛町、浜町、畳屋町など八つの町があり「町八町（まちはっちょう）」と呼ばれました。唐人町や掛町は南蛮貿易の場でした。醤油、味噌、酒の醸造業で栄え、通りには、商店や民家が混在。江戸末から昭和の庶民的な余韻が色濃く残ります。

さて、臼杵というと、「臼杵大仏」（摩崖仏群）が有名です。この石仏群は、平安後期から鎌倉のもので、有力者・大神（おおが）一族に関わるものではないかといわれています。その高い芸術性から国宝に指定されています。

豊後の国というのは、神道（宇佐八幡宮）、仏教（摩崖仏／国東半島や臼杵）、キリスト教（宗麟）と、祈りへの関わり合いが深い土地柄のように思えてきます。

# 知覧（ちらん）

## ——麓（ふもと）集落

鹿児島県南九州市知覧町郡

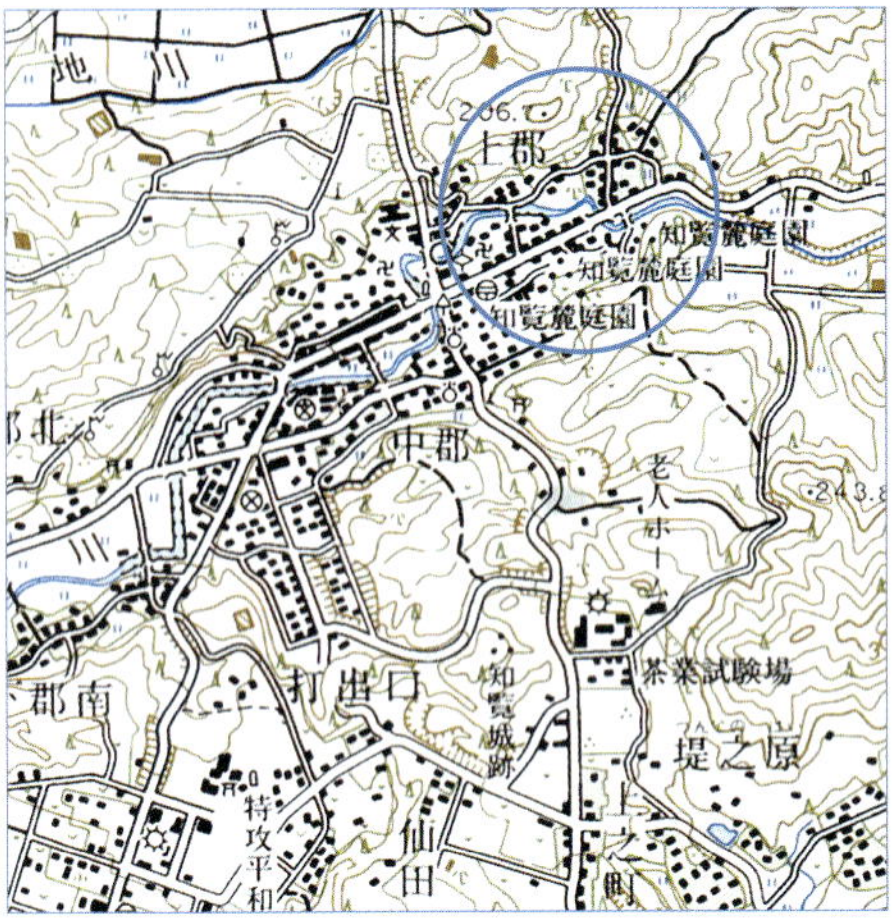

（一辺3km）

「知覧」聞くと、悲壮な気分に襲われます。この特攻基地から、まだ二十歳前後の若者が、片道燃料に二五〇kg爆弾を抱え、沖縄戦へ出撃して行きました。終戦の間際、わずか三ヶ月ほどの間に無残にも四百余名の尊い命が散りました。秀麗な開聞岳を左手に、母国に最後の別れを告げたと想うと胸が締めつけられます。

知覧の集落は、この基地跡のすぐ北にあります。風雅な石垣と刈り込まれた生垣が続き、屋敷に入ると秀逸な庭園が広がります。箱庭のような庭園集落で、別世界に迷い込んだようです。

薩摩・島津氏は、鎌倉初め、近衛家荘園（島津荘）の地頭職に入り、島津姓を名乗ったことに始まります。戦国期に勢力を伸ばし、九州の大半を制圧下に置き、強大な軍事力を誇りました。しかし、豊臣秀吉の九州征伐により、薩摩、大隅、日向（一部）に押し戻されます。このため、武士の人口比率が大変高くなっていました。

こうしたことから、薩摩藩は、本拠の鹿児島城を内城（うちじょう）とし、藩内に外城（とじょう）を置くという独自の統治体制を敷きます。この外城制は、過剰な武士（郷士）を分散・駐屯させ、半農半士の生活をさせるという苦肉の策でした。これは、兵力の温存、国防、治安にも好都合でした。外城には城はなく、幕府の一国一城令にも触れません。中世の土豪社会を踏襲したもので、陣屋町や屯田兵集落とも異なります。この武士団が暮らす集落を「麓（ふもと）」と呼びました。天明四年（一七四

知覧の本馬場通り。まるで庭園の中を歩いているようである。生垣塀は三段構成となっており、一段目は玉石の乱積みや切石積みの石垣、二段目がチャノキの低い帯状の生垣、そして三段目には背の高いイヌマキが配される。とりわけ、イヌマキは、波のように躍動的に大刈り込みされ造形的な彫刻のようである。江戸時代、武士たちは余暇を菊や盆栽や菊の園芸、釣り、俳諧、浪曲、茶などの趣味を楽しんでいたが、知覧では、庭づくりが高じて表通りまで一体的に造園していた。その凛とした姿には、どこか武士の誇り高き気風を宿している。

石敢當（中央）。直進してくるマジムン（魔物）はぶつかり砕け散るとされT字路などに置かれる。中国から琉球に伝来した風習。後は母ヶ岳（517m）。

四）には、百十三もの外城が網目状に配置され、薩摩藩はこれら大小の麓の集合体でした。その一つ知覧麓は、重臣の佐多氏の領地で武家屋敷の町でした。ほかにも出水麓や入来麓などにも、麓集落の名残りが見られます。

知覧の表通り（本馬場通り）には、遠見遮断の曲りや鉤の手が設けられています。これに横小路が丁字状に繋がり、古風な門が顔を出すなど、武家の町らしい姿形を留めます。興味深いことに、道の突き当りには「石敢當（せきかんとう）」が置かれています。これは琉球から伝わった魔除けの石像です。この通りには、生垣塀の群列が、統一感の中に諧調美を奏でながら整然と連なります。見事な生垣塀に比べて、門構えは質実な腕木門です。立派な長屋門や薬医門は見当たりません。ただ、門の棟が本家では二段構え、分家筋では一段と格付けされています。

門を入ると、「屏風岩」（石垣塀）が建てられ、内部が直接見えないようになっています。玄関周りを桝形風にした屋敷もあり、外敵からの防衛にも細心の工夫がなされています。この屏風岩は、琉球の「ヒンプン」と共通するもので、門に扉はなく目隠しの珊瑚石の衝立が建っています。薩摩では、南蛮との抜荷（密貿易）が盛んで、

屋敷内には見事な庭園が設えられ、池泉式、枯山水式、母ヶ岳を借景としたものなどさまざま。後方のイヌマキは表通りの生垣となる。

屏風岩。門からは内部が直接見えないようにしてある。

幕末、この利益で軍備を整えたといわれます。近くの坊津(ぼうのつ)は、倭寇や密貿易の巣窟として知られます。薩摩には、琉球の文化や習慣がさまざまな形で入ってきていました。

また、各屋敷には見事な庭園が造られています。東に聳える母ヶ岳を京の比叡山に見立てて借景にし、また枯山水にするなど洗練されたものもあります。庭のイヌマキは、表通りの生垣塀の一番高い三段目に当たります。内側の庭木と外側の生垣は、緻密な計算の下に表裏一体に造園されており、表の生垣塀にも興趣ある樹姿が現れます。当主の庭造りへの強い拘りと庭師の巧みな技の賜物です。この知覧では、七つの家の庭園が国の名勝庭園に指定されています。これらは、京の庭園文化が薩摩へ持ち帰られたもので、参勤交代の折に、京の名所旧跡を訪ねて見聞を広げるなど、武士たちの楽しみでもありました。帰郷すると、お互いに競うように作庭に精を出したのでしょう。参勤交代は、文化の交流や伝播という面で、少なからぬ役割を果しました。

この比類なき美しい庭園集落は、①薩摩藩の外城制を下敷きに、②京文化の流入、③さらに琉球文化の影響が、混然と交じり合って形成されたひとつの文化といえます。薩摩という独特の風土が生んだ特殊解といえるでしょう。

それにしても、知覧に広がる緑の絨毯のような茶畑の彼方に、端整に聳える開聞岳は素晴らしいの一言に尽きます。

# 竹富島（たけとみじま）

## ——赤瓦屋根の集落

沖縄県竹富町竹富

（一辺3km）

竹富島は、八重山諸島の一つで、沖縄本島からは四〇〇㎞も離れています。珊瑚礁が隆起してできた小さな島で周囲九㎞ほど、最高点の海抜はわずか三〇m余りです。島の中央に東屋敷、西屋敷、仲筋の三つの集落が寄り合い、凡そ三五〇人ほどの人が暮らしています。淡緑青の海に、濃い緑、赤瓦に白砂の道や石塀、鮮やかな花と、沖縄独特の風景が広がります。

琉球は、中国と日本の間に位置し、地政学的に複雑な歴史の中を生き抜いてきました。慶長十四年（一六〇九）に薩摩藩が侵攻してその差配下に置かれ、過酷な人頭税も敷かれました。さらに悲惨な沖縄戦に巻き込まれ米軍占領を経て、昭和四十七年、日本へ返還されます。その前年の大干ばつと台風で壊滅的な打撃を受けた中、外部資本が、返還後の沖縄ブームを当て込んで土地買収に入ってきます。竹富島でも、島の二十％近い土地が買収されます。

驚いた島の人たちは立ち上がり、昭和六十一年、信州の「妻籠」に倣い「竹富島憲章」を定めて保全活動に立ち上がります。八重山諸島を統括した英傑・西塘（にしとう）は、竹富島出身で島の守護神と崇められています。この誇りが竹富の人々を支えていました。

この集落景観を特徴づけるものは、赤瓦屋根、濃緑のフクギ（福木／屋敷林）、白砂の道、珊瑚石の石塀などです。御嶽（ウタキ）、石敢當（いしがんとう）、カー（井戸）、マイヤシ（ヒンプンの竹富島での言い方）があり、シー

竹富島の家並（西屋敷）。集落の風景は、赤瓦の寄棟屋根、フクギの濃い緑、白砂の道、珊瑚石の石垣、鮮やかな南国の花々に象徴される。特に、本島の街並は沖縄戦で破壊され一変されてしまったが、竹富島や渡名喜島などの離島には、まだ沖縄の伝統的な家並が色濃く残る。竹富島の保全はよく守備されているようであるが、少しオーバーツーリズム気味で薄氷を踏む思いがする。

伝統的な屋敷構え。珊瑚石（琉球石灰岩）の石塀で囲まれ、入口にはマイヤシを立て家の中は見えない。地面に伏せるように低く緩やかな寄棟屋根。

与那国家住宅（重文）。極めて開放的な間取りで、アマハジを介して中庭へと開放される。一番奥（南東側）が一番座である。玄関はなく出入りは縁側から。

サーにも出会います。

この赤瓦は、沖縄の代名詞です。高貴な色とされる赤瓦は、かつてグスク（城）や貴族の家でしか葺くことができませんでした。庶民は、粗末な茅葺の掘立形式の穴屋（アナヤー）に住んでいました。庶民の家で赤瓦が葺かれたのは、明治二十二年「敷地家屋制限令」が解除されてからで、ようやく憧れの赤瓦が許されます。竹富島では、明治三十八年が最初といわれます。意外にも、赤瓦葺きの風景は新しい沖縄の風景なのです。この瓦は、本島南部で採れるクチャという鉄分を多く含む泥岩を焼いたものです。

屋根のシーサーも明治以降のものです。この魔除け獅子は、家に入ろうとする魔物を睨むように置かれています。瓦葺職人がおまけに屋根に残してくれたものとか。どこか茶目っ気で愛嬌のある表情で、口を閉じているのがメス、開けているのがオスです。

琉球の伝統的な民家は、主屋（フーヤ）と台所棟（トーラ）の二つが並ぶ分棟型です。屋敷周りには、グックと呼ばれる珊瑚石の石塀が廻らされています。入口にはマイヤシ（屏風門）が立てられ、結界や目隠しの役目をし、強風も防いでくれます。主屋へはマイヤシの右側、台所棟へは左側から入ります。面白いことに、家には玄関というものがなく、家人も客人も、中庭（ナー）に開かれた縁側から部屋へ上がり下りします。

縁側には、大きな軒が張り出しており、この軒下を雨端（アマハジ）といい、接客の場でもあります。雨端柱にはチャーギと呼ばれるイヌマキの自然木が使われ、野趣味ある軒下空間となっています。雨を防ぎ直射日光を避ける工夫でもあります。このように、外部空間と内部空間とが、雨端という中間領域を介して自然に繋っています。

フクギ（屋敷林）の中に南国の花が咲き乱れる。

シーサーは中国から伝来したもの。入口や屋根に置かれる。

琉球の家づくりは、中国の風水思想に基づき、特に台風と風通しに配慮されています。強風や延焼から守るため、屋周りに石塀を廻しフクギを植えています。この木はフィリピン原産で、固い幹と分厚い葉が特徴です。強い風は、まず石塀にぶつかり、フクギで弱められ、低い寄棟屋根を這い上がるように上手く逃がします。もちろん、赤瓦は白漆喰で固められています。一方、間取りは、通気性に優れた開放的なものとなっています。このように、家の造り方は、沖縄特有の気候に合わせたものです。伝統的な民家は、まだ離島には残りますが、本島では台風に強い鉄筋コンクリート造りとなり、その家並風景は一変しています。

沖縄には、中国、日本、アメリカの影響を受忍しながら、独自の文化が育ちました。言語も城（グスク）も家並も異国的です。北海道から沖縄まで三〇〇〇㎞余り、これほど多様性に富んだ風景に出会えるのは改めて贅沢な幸せです。

# 位置図

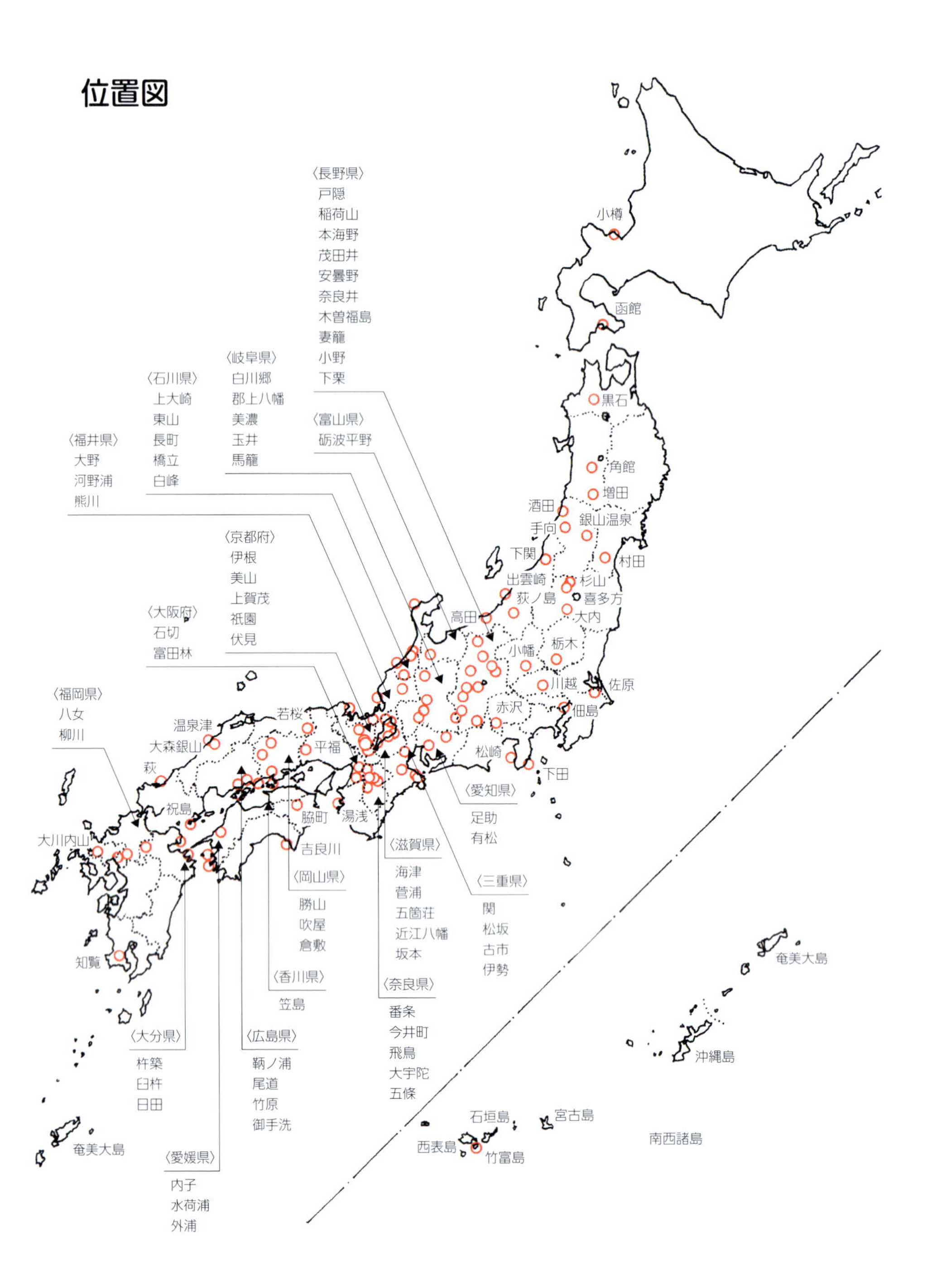
〈長野県〉
戸隠
稲荷山
本海野
茂田井
安曇野
奈良井
木曽福島
妻籠
小野
下栗
〈岐阜県〉
白川郷
郡上八幡
美濃
玉井
馬籠
〈石川県〉
上大崎
東山
長町
橋立
白峰
〈富山県〉
砺波平野
〈福井県〉
大野
河野浦
熊川
〈京都府〉
伊根
美山
上賀茂
祇園
伏見
〈大阪府〉
石切
富田林
〈福岡県〉
八女
柳川
小樽
函館
黒石
角館
増田
酒田
銀山温泉
手向
下関
村田
出雲崎
杉山
荻ノ島
喜多方
高田
大内
栃木
小幡
川越
佐原
赤沢
佃島
松崎
下田
温泉津
若桜
大森銀山
平福
萩
祝島
脇町
湯浅
大川内山
吉良川
知覧
〈愛知県〉
足助
有松
〈滋賀県〉
海津
菅浦
五箇荘
近江八幡
坂本
〈三重県〉
関
松坂
古市
伊勢
〈岡山県〉
勝山
吹屋
倉敷
〈香川県〉
笠島
〈奈良県〉
番条
今井町
飛鳥
大宇陀
五條
〈大分県〉
杵築
臼杵
日田
〈広島県〉
鞆ノ浦
尾道
竹原
御手洗
〈愛媛県〉
内子
水荷浦
外浦
奄美大島
沖縄島
石垣島
宮古島
西表島
竹富島
南西諸島
奄美大島

# おわりに

「九十九」の街や村を歩き、その魅力的な姿や顔立ちに数多く出会いました。これらの原風景は、そこで暮らしてきた人々の営みの積分値です。それが印象的であればあるほど、その生業が個性的だった証しでもあります。

　原風景とは、現実に見えている風景なのか、それとも深奥にある心象風景なのか、よくわからないところがあります。ある時、今まで見たことがない風景に出会っても、原風景と感じることもあります。人は、さまざまな体験や知見を通して、いつの間にか、自分の何処かに、原風景標準ともいえる「物差し」を持ち合わせているのでしょう。

　その原風景標準は、人によって少しずつ違います。日本人が、ヨーロッパの石文化建築を見ても、自らの原風景とは感じません。内地で暮らしてきた人が、小樽の木骨石造りの倉庫群を見て、原風景と感じるかどうかわかりません。沖縄と北海道の風景は、いわゆる日本の原風景とは、少し異なるところにあるようにも思えます。

　よく、情緒のある城下町を「小京都」ということがあります。しかし、そもそも京都は城下町ではありません。この小京都という言葉は、古風で魅力的な町を包括的に表現したもので、原風景標準の一つとなっています。港町や宿場町を小京都と言うことはありません。また、一世を賑わした「○○銀座」も原風景とはいわないようです。

　ところで、日本にある世界遺産をみると、興味深いことに気づきます。世界遺産とされた「平泉」や「石見銀山」は、日本人に少し馴染み薄いようにも思えます。しかし、ヨーロッパ標準に照らし合わせれば、列記とした世界遺産として見えてくるのです。平泉は、マルコポーロの「東方見聞録」に出てくる幻の黄金の国・ジパングを連想。また、石見銀山は、大航海時代の決済通貨であった「銀」の一大産地として、欧州の人々の記憶に生々しく残っていました。長崎の教会群も然りです。これらのことは、日本人とヨーロッパ人の物差しの違いからくるものと思われます。

私たちの生活空間にまつわる風景も、室町時代より以前は、霞かかって想像し難いところがあります。平安時代や鎌倉時代の風景を、具体的に思い浮かべることはなかなかできません。まして、三内丸山遺跡や吉野ケ里遺跡を歩いても、自らの原風景と感じる人は少ないでしょう。ただ、戦国時代の頃になると、例えば、一乗谷（福井市）の復元遺跡を覗くと、自分との接点がどこかにあり、原風景への手掛かりが掴めそうになります。

ある時、忽然と消えた悲運な町の物語へ想いが飛んだりします。大洪水で水没した「草戸千軒」（福山市）、大津波で壊滅した「安濃津」（津市）、天正大地震で一夜にして埋没した「内ケ島館」（白川村）。そっと覗いて見たくなります。

さて、産業革命後、世界は、利潤を追求し生産の合理性を第一義に、大きく変化してきました。日本でも、戦後、高度経済成長の旗印のもとに国土改造が行われました。その結果、生活は合理的で快適なものとなりましたが、身の周りの風景は、全国一律の味気ない均質なものとなりつつあります。

どこの町に行っても、駅前には、チェーン化されたファーストフード店、レストラン店、コンビニ店、ドラッグストア、大型家電量販店が軒を並べます。一歩足を延ばせば、お決まりの無国籍な戸建住宅が延々と広がります。そして、幹線道路には、派手な店が競わんばかりに乱立します。これらが、次世代の原風景になっていくのでしょうか。

江戸時代、幕府や大名は、年貢の安定した確保のため、人々を土地に縛りつけました。「家」という仕組みも、地縁社会の堅持に好都合でした。一方、明治新政府は、一変して中央集権による富国強兵を目指します。このため、地租改正するとともに、労働力も土地から解放します。労働力の自由な移動は、戦後、地縁社会の崩壊とともに「核家族」という言葉を生み出します。このことは、国土づくりや町づくりに、極めて大きな影響を及ぼしました。

他方、税制も町づくりに影響を与えています。歴史的な景観が、相続税のために喪失の危機に瀕しているところもあります。この相続税は、日露戦争の戦費を賄う臨時的な税でしたが、賠償金がロシアから取れなかったため、恒久化してしまいます。今となっては、国を守るはずの税が町を壊してしまう税となっています。

　戦後の日本は、復興と成長を急ぐあまり、海岸部に新産業都市をはじめ大工場地帯を造成し、一方で、郊外に住むだけの町を大量につくりました。郊外に一律的に広がる団地や戸建住宅街です。しかも、それを極めて短期間に達成しました。確かに、経済合理性に適い、日本の発展に大きく貢献してきたことには間違いありません。その反面、地方では、昔からの生業が失われ、限界集落や廃村など深刻な事態が顕在化してきました。驚くことに、最近、大都市周辺部の新興住宅地でも、空家が目立つようになっています。

　単に住むだけの町に、建築や造園などだけの工夫で、生活に根づいた魅力付けをすることは至難な業です。私たちの生活空間は、本来、生業と住むという両面から、つまり、日常的な暮らしの中で時間をかけて生み出されていくべきものです。機能性や合理性を優先して、しかも短期間のうちに、質の高い生活空間をつくることは困難です。生活空間の質は、次世代の子供たちの審美眼にも少なからぬ影響を与えます。「生きる・暮らす・住む」とは何か。もう一度、原点に立ち帰って省みることが、必要なのではないでしょうか。

　十九世紀末、イギリスでは、「田園都市」という社

晩秋の茶畑（宇治田原）。宇治茶は日本茶の原点である。ここでは、茶の閑期に柿でも生業を立てていた。濃緑の絨毯に、鈴生りの赤い柿は日本の絶景である。

会的正義のもとに、職場と住宅をセットにして自立したニュータウン計画が進められました。もちろん、この田園都市でも、高齢化問題などを抱えています。しかし、住民は、丁寧に造られた美しい街を大切にして、悠々と暮らしています。

原風景は知恵の宝庫です。これをどう読み取り、そこから何を学び活かしていくべきか、皆で考えてみる必要があります。観光も一つの考え方でしょうが、あまりに片肺飛行のように思えます。幸いに、日本には、まださまざまな原風景が残ります。これらの生活空間は、生活の場なので民家園のように凍結保存できません。民家園には、確かに歴史的価値の高い建物があります。しかし、そこには、もう、生活臭の漂う生活空間はありません。生きている原風景の中から学びとりたいものです。

私は、仕事柄、多くの街や村を、幅広く歩いてきました。仲間や一人で、また妻・知子とも出かけました。妻には原稿の校正にも助力してもらいました。現地では、歴史資料館の学芸員や案内所の方々にお世話になり感謝しています。また、出版に当たっては、浜名純氏(元毎日新聞記者・ダウラギリ冬期初登頂)と、松坂尚美氏(㈱いりす)にたいへんお世話になりました。なお、掲載の地図は、国土地理院発行の「五万分の一地形図」を使っています。

これからも、機会を見つけ街や村を歩きたいと思っています。今も、私たちの周りには、次世代の原風景が新しく創り造り出されています。これらが、次世代への美しい原風景になっていって欲しいものです。

令和六年師走

近藤　正文

# 参考文献目録

『風土』　和辻哲郎　岩波書店　一九三五年
『ふきやの話――伝統と文化の街』　長尾隆　私家版　一九七六年
『「備中吹屋」を歩く』　前川満　日本文教出版　二〇〇八年
『勝山が生んだ人物略伝』　勝山町教育委員会　一九九九年
『瀬戸内の民族誌――海民史の深層を訪ねて』　沖浦和光　岩波書店　一九九八年
『日本美の再発見』　ブルーノ・タウト（篠田英雄訳）　岩波書店　一九三九年
『萩――緑と土塀の城下町』　近藤隆彦他　萩市郷土博物館友の会　一九七四年
『中山道の白壁の家』　大澤洋三、大澤鎮雄　第一企画　二〇〇六年
『美しい日本のふる里　中国・四国編』　志摩千歳他　産業編集センター　二〇〇八年
『民家は生きてきた』　伊藤ていじ　鹿島出版会　二〇一三年
『北前船から見た河野浦と敦賀湊』　福井県河野村　福井県河野村　一九九九年
『民藝とくらしき』　金光章　吉備人出版　二〇〇二年
『知られざる白川郷――床下の焔硝が村をつくった』　馬路泰蔵編　風媒社　二〇〇九年
『出雲崎町史　近世（二）』　町史編纂委員会　第一法規出版　二〇〇〇年
『由良半島』　原田政章　アトラス出版　二〇〇四年
『イワシからのことづて』　宮本春樹　創風社出版　二〇〇六年
『段畑からのことづて』　宮本春樹　創風社出版　二〇〇六年
『蓮如――聖俗具有の人間像』　五木寛之　岩波新書　一九九四年
『郡上・白川街道、堺・紀州街道ほか　街道をゆく４』　司馬遼太郎　朝日新聞社　一九七八年

『歴史と文化の街並辞典』　文化庁　中央公論美術出版　二〇一五年
『写真で見る民家大事典』　日本民俗建築学会　柏書房　二〇〇五年
『日本の町並み』上巻・下巻　原田知彦、馬場直樹　毎日新聞社　一九七五年
『図説日本の町並み』全十二巻　太田博太郎他　第一法規出版　一九八二年
『日本の町並みⅠ～Ⅲ』　西村幸夫監修　平凡社　二〇〇三～二〇〇四年
『日本の街道』全八巻　児玉幸多ほか　集英社　一九八一年
『角川日本地名大辞典』　同編集委員会　角川書店　一九七八～一九九〇年
『御手洗――町並み20年の歩み』　重伝建を考える会　呉市　二〇一五年
『今井町――蘇る自治都市』　今井町町並み保存会　学芸出版社　二〇〇六年
『下栗の里を歩く』　下栗里の会　（飯田市）　二〇〇三年
『うだつ――その発生と終焉』　中西徹　二瓶社　一九九〇年
『うだつの町』　真鍋利夫　第三セクターふるさとわきまち　二〇〇一年
『石切参道商店街の人々』　橋川恵　桃山学院大学学生論集
『仏教抹殺――なぜ明治維新は寺院を破壊したのか』　鵜飼秀徳　文芸春秋　二〇一八年
『出羽三山史』　出羽三山神社　出羽三山神社　一九五四年
『蔵』　高井潔　淡交社　一九九五年
『日本奥地紀行』　イザベラ・バード（訳：高橋健一）　平凡社　二〇〇〇年
『赤沢』伝統的建造物群保存対策調査報告　稲垣栄三　山梨県早川町　一九九二年
『この宿場、残して　第一巻　村に入って』　相沢韶男　ゆいでく有限会社　二〇一一年
『奥会津　大内宿』　大塚実　歴史春秋出帆株式会社　一九九三年
『命の水　安曇平の水利史・豊科編』　中野正實編　豊科町教育委員会　一九八三年
『水で結ばれたふるさと』安曇野風土記Ⅰ　笹本正治　安曇野市教育委員会　二〇一三年

『安曇野大紀行』 田中欣一編 一草舎出版 二〇〇六年
『京都を学ぶ（洛北編）』 金田章裕他 ナカニシヤ出版 二〇一六年
『城と湖と近江』 琵琶湖がつくる近江の歴史研究会 サンライズ出版 二〇〇二年
『近江商人のふるさとを歩く』 渕上清二他 サンライズ出版 二〇〇〇年
『小樽の建築探訪』 小樽再生フォーラム 北海道新聞社 一九九五年
『函館の建築探訪』 函館建築研究会他 北海道新聞社 一九九七年
『函館のまちなみ』 函館の歴史風土を守る会 五稜出版社 一九八九年
『遊郭に泊まる』 関根虎洸 新潮社 二〇一八年
『歴史の町並み 北海道・東北篇』 足立富士夫他 日本放送出版協会 一九八〇年
『歴史の町並み 関東・中部・北陸篇』 西川幸治他 日本放送出版協会 一九八〇年
『歴史の町並み 京都篇』 西川幸治他 日本放送出版協会 一九七九年
『戸隠譚』 宮沢嘉穂 戸隠史説刊行会 一九六四年
『滅びゆく民家――屋敷まわり・形式』 川島宙次 主婦と生活社 一九七六年
『民家巡礼』 溝口歌子、小林昌人 相模書房 一九七九年
『日本歴史地名大系』 平凡社 一九七九～二〇〇四年
『日本の町』 丸谷才一、山崎正和 文芸春秋 一九九四年
『我が青春の街角へ 小樽 昭和ノスタルジー』 荒浩昭他 ぶらんとマガジン社 二〇一三年
『建築大辞典』 金春国雄 彰国社 一九七四年
『北陸の住まい』 日塔和彦 ＩＮＡＸ出版 一九九六年
『砺波平野の散村』 金田章裕他 砺波市立砺波散村地域研究所 二〇〇一年
『風と建築』 市川健夫他 ＩＮＡＸ出版 二〇〇四年
『石見銀山――歴史ノート』 仲野義文 大田市外2町広域行政組合 二〇〇三年

『よみがえる金沢城1』　石川県教育委員会　北國新聞社　二〇〇六年
『水の民俗』　大野市歴史民俗資料館　大野市歴史民俗資料館　一九九六年
『中近世移行期における大野城下の形成について』　登谷伸宏　建築史学会　二〇一六年
『峠と人生』　奈良信夫　日本放送出版協会　一九七一年
『峠を歩く』　井出孫六　筑摩書房　一九七九年
『修験道と民族』（民俗民芸双書）　戸川安章　岩崎美術社　一九八五年
『近世関川郷史料四』　小村弌　関川村教育委員会　一九八四年
『とちぎ』　栃木観光協会　栃木ボランティア協会　二〇〇〇年
『出羽三山――山岳信仰の歴史を歩く』　岩鼻通明　岩波書店　二〇一七年
『歴史の街並を歩く』　藤井正大　実業之日本社　一九七七年
『白川村の合掌造集落』　白川村教育委員会　柿崎京一ほか　一九八七年
『白川郷・五箇山の合掌造り集落』　斉藤英俊ほか　岐阜県教育委員会　一九九六年
『合掌造り民家成立史考』　佐伯安一　桂書房　二〇〇九年
『越後豪農めぐり』　久保安夫　新潟日報事業社　一九八六年
『日本の民家第五巻　町屋Ⅰ』　吉田靖ほか　学習研究社　一九八〇年
『出雲崎海岸における町家の空間構成に関する研究』　西村伸也ほか　日本建築学会論文集　二〇一九年
『増田の蔵』　加藤勝義　増田「蔵の会」　二〇一二年
『新版　図説城下町都市』　佐藤滋ほか　鹿島出版会　二〇一五年
『日本海の商船　北前船とそのふる里』　牧野隆信　加賀市地域振興事業団　一九七〇年
『北前船からみた河野浦と敦賀湊』　第四回フォーラム記録　河野村　一九九九年
『近畿農村の住まい／日本列島民家の旅④近畿Ⅰ』　平山育男　ＩＮＡＸ出版　一九九四年
『近畿町家の住まい／日本列島民家の旅⑤近畿Ⅱ』　林良彦　ＩＮＡＸ出版　一九九五年

『遊女物語』　中沢正　雄山閣　一九七一年
『日本の美術　第60号　民家』　吉田靖編　至文堂　一九七一年
『日本の美術　第290号　民家と町並　九州・沖縄』　澤村仁　至文堂　一九九〇年
『写真で見る民家大事典』　日本民俗建築学会　柏書房　二〇〇五年
『木造三階建ての宿』　西田成夫編　小学館　一九九五年
『藩と県』　日本各地の意外なつながり　赤岩州五ほか　草思社　二〇一九年
『中村家住宅のひみつ（琉球赤瓦の屋根に学ぶ）』　木下光ほか　遊文舎　二〇一三年
『つげ義春の温泉』　つげ義春　筑摩書房　二〇一二年
『城下町のかたち』　矢守一彦　筑摩書房　一九八八年
『日本の城下町』　福田和彦　読売新聞社　一九七一年
『京都の路地裏図鑑』　路地裏研究所　二〇一三年
『船小屋　風土とかたち』　神崎宣武ほか　ＩＮＡＸ出版　二〇〇七年
『越後豪農めぐり』　久保安夫　新潟日報事業社　一九八六年
『菅浦文書が語る民衆の歴史――日本中世の村落社会』　長浜市長浜歴史館　二〇一四年
『安曇野の屋敷林』　屋敷林と歴史的まちなみプロジェクト　二〇二一年
『塩が育んだ文化の町　竹原』　竹原郷土文化研究誌編集委員会　二〇一九年
『日本の原風景　京都美山かやぶきの里』　北村かやぶき保存会　二〇一八年
『特別展「水の民俗」解説図録』　大野市歴史民俗資料館　一九九六年
『伊豆長八の世界』　村山道宣編　星雲社　二〇〇二年
『図説　イラストで見る中国の伝統住居』　王其鈞　恩田重直監訳　科学出版社東京　二〇一二年

**著者略歴**

**近藤　正文**

1946年、岡山県に生まれる。京都大学工学部卒・同大学院修了。環境計画、都市計画を学ぶ。日本住宅公団に入社。団地の計画・設計やニュータウン計画に携わり、コーポラティブハウジングや幕張新都心（住宅地区）も担当。この間、すまいづくりやまちづくりの仕事を進める上で、日本、ヨーロッパ、東南アジアの町を数多く訪ねる。一級建築士。趣味に、絵画、山、写真、陸上競技、車、陶磁器鑑賞、金継ぎ、京料理など。



**日本の原風景 99**

2025年1月5日　初版1刷発行 ©

著　者　近藤正文
発　行　いりす
〒101-0065 東京都千代田区西神田1－3－6
TEL 03-5244-5433　FAX 03-5244-5434

発　売　同時代社
〒101-0065 東京都千代田区西神田2－7－6
TEL 03-3261-3149　FAX 03-3261-3237

印刷・製本　倉敷印刷株式会社

定価はカバーに表示してあります。落丁・乱丁はおとりかえいたします。
ISBN978-4-88683-980-0